C. L. Gérard d'Hupmaran

LES DOUZE CONVIVES

DU

CHANOINE DE TOURS.

APPROBATION.

Denis-Auguste Affre, par la miséricorde divine et la grâce du saint Siége Apostolique, Archevêque de Paris.

MM. H. Plon et Paul Mellier éditeurs, ayant soumis à notre approbation le troisième volume des Légendes de M. Collin de Plancy (intitulé *les Douze convives du chanoine de Tours*), faisant partie d'une collection qui a pour titre Bibliothèque des Légendes, —

Nous l'avons fait examiner, et sur le rapport qui nous en a été fait, nous avons cru qu'il pouvait offrir une lecture intéressante et sans danger.

Donné à Paris, sous le seing de notre vicaire-général, le sceau de nos armes et le contre-seing de notre Secrétaire, le 7 mai mil huit cent quarante-cinq.

F. DUPANLOUP,
vicaire-général.

Par mandement de Monseigneur l'Archevêque de Paris :

P. Cruice,
secrétaire de la commission.

IMPRIMÉ PAR PLON FRÈRES, 36, RUE DE VAUGIRARD, A PARIS.

HENRI DE MARLAGNE.

LES DOUZE CONVIVES

DU

CHANOINE DE TOURS,

LÉGENDES VARIÉES

PAR

J. COLLIN DE PLANCY.

OUVRAGE APPROUVÉ PAR MONSEIGNEUR L'ARCHEVÊQUE DE PARIS.

PARIS,
PAUL MELLIER, LIBRAIRE-ÉDITEUR,
11, PLACE SAINT-ANDRÉ-DES-ARTS;
LYON,
GUYOT PÈRE ET FILS, LIBRAIRES,
39, GRANDE RUE MERCIÈRE.

LES DOUZE CONVIVES

DU

CHANOINE DE TOURS.

INTRODUCTION.

Pour peu que vous ayez vécu, vous aurez entendu parler, il n'y a pas encore long-temps, d'un bon chanoine de Tours qui, vivant peu dans son époque, ne semblait avoir de goût que pour les choses du passé. Rien d'hostile ni d'anti-progressif ne se manifestait dans ces dispositions; l'honnête chanoine ne recherchait pas les anciens faits, les vieilles mœurs et les récits lointains, pour comparer les temps et condamner le siècle présent au profit des siècles éteints. Il ne jugeait pas; il ranimait; ou plutôt il cherchait à ranimer, comme dans une galerie spéciale, les choses d'autrefois. Sa nombreuse bibliothèque s'enrichissait de chroniques, de légendes, de naïves histoires et de ces bons recueils de traditions, — auxquelles nous devons pourtant un peu de respect, puisqu'elles ont été révérées de nos pères, qui avaient aussi leur valeur. — Mais il se voyait borné à des investigations qui, en général, ne le satisfaisaient pas complétement. Des fragments d'histoire et des récits imparfaits lui faisaient entrevoir seulement les idées qui ont dominé ce qu'il eût voulu dévoiler tout à fait.

Malheureusement, depuis la réforme, les esprits, dans les arts et dans l'histoire, ont été si exclusivement favorables au sensualisme des siècles païens et si opposés au moyen âge, que pour reconstruire la plupart des faits où nos aïeux ont rempli leur personnage, il faut souvent, à travers les documents dispersés ou tronqués, de longues et persévérantes recherches. Le digne chanoine se désolait aussi de ne recueillir que pour lui, et de ne pouvoir convier le public à son banquet des anciens jours.

Comme il en était là, il lui survint un auxiliaire. La Fortune, pour parler ce langage dit classique, qui a semé sur les lettres modernes et sur les créations des artistes tant de glace, la Fortune laissa tomber sur lui un regard opulent. Un vieil oncle qu'il avait au delà des mers, où il plantait prosaïquement des cannes à sucre, mourut un jour et lui laissa, comme à son héritier unique, toutes ses possessions, lesquelles se liquidèrent en un titre régulier de quarante mille francs de rente. Voilà une grande somme pour un chanoine ! Et il était chrétien avant d'être antiquaire. Il décida tout d'abord que les deux tiers de ce revenu seraient donnés aux pauvres. C'était un emploi facile et qu'on a toujours et partout sous la main. Il voulut que l'autre tiers fût consacré à ses utiles et innocents plaisirs. Il rassembla plus que jamais des monuments imprimés, gravés, sculptés, ciselés, enfantements de ces ouvriers féconds, dont trois siècles de vandalisme n'ont pu effacer le passage. Nous disons vandalisme, au point de vue spécial de l'amateur. Nous ne voulons offenser aucune autre opinion.

Puis il lui naquit une idée. Il fit publier partout qu'il tenait désormais table ouverte, à tout homme qui viendrait lui conter des légendes ou des faits restitués du passé. Il fallait lui prouver qu'on s'était occupé de ces sortes d'études. Il s'engageait, après un certain nombre de récits, à récompenser d'une rente de douze cents francs le narrateur qui aurait, dans cette lice, surpassé ses rivaux. Le lecteur se rappellera certainement tout le grand bruit qu'il y eut dans le monde intelligent sur un fait si nouveau. Des conteurs vinrent de toutes parts, moins alléchés sans doute par le frugal dîner que par l'espoir d'enlever gracieusement une honnête aisance. Quel savant a des revenus et quel conteur doute de lui-même? Au bout de trois mois, il se trouva douze hommes d'élite qui remplissaient les conditions du programme. Ces douze hommes furent admis à la table du chanoine, où l'on devait dire des légendes pendant tout le dîner, et dîner tous les jours.

Ces douze élus étaient : Jacques Loyseau, enfant de la Champagne; Lievin van der Dussen, savant flamand; Bruno Meyer, touriste prussien; Matthieu Desprez, ecclésiastique liégeois; don Philippe de Paréja, hidalgo de Madrid; Clovis d'Anzac, poëte du Périgord; Antoine Lenoir, abbé du diocèse de Cambrai; le baron de Nilinse, Savoyard; Jacques

Saint-Albin, compilateur, qui pouvait être de Paris; Arnold Mertens, abbé brabançon; Frédéric van Swieten, Hollandais ; William Brind, Anglais.

A ces douze hommes, il faut joindre le chanoine de Tours, et Grégoire Moreau, son secrétaire, qui devaient conter aussi, mais sans concourir. Il était établi que les légendes historiques devaient être exactes ; que les légendes merveilleuses devaient s'appuyer sur des traditions et des monuments ; que les anecdotes non garanties devaient être vraisemblables.

— Les esprits éclairés, dit le chanoine, sauront faire ici le discernement. Mais n'oublions pas que, pour règle générale, nous devons reconstruire et non inventer ; nous pouvons tirer des inductions, deviner quelquefois, non pas imaginer.

— Donc, pour ouvrir la carrière, dit aussitôt Lievin van der Dussen, je vais, messieurs, vous exposer une première historiette, pleinement historique. La parole sera sans doute après moi à qui la prendra.

Et il conta ce qui suit (1) :

(1) Nous devons répéter ici ce qui déjà a été dit en tête des volumes intitulés : Légendes des sept péchés capitaux, et Légendes des Commandements de Dieu : — « Plusieurs des légendes qui composent ce volume ont paru isolément depuis une douzaine d'années, éparses dans différents recueils littéraires et dans divers organes de la presse périodique, en Hollande, en Belgique et en France. Quelques-unes ont même été traduites en allemand, en hollandais, en espagnol, et de ces langues sont parfois revenues dans des journaux français, qui leur attribuaient ainsi une fausse origine. — Avant de les réunir, on les a revues et complétées. »

UNE HISTOIRE DE RÉVOLTÉS.

Væ victis!
BRENNUS.

Par une belle journée de la fin de septembre, époque de l'équinoxe et des temps incertains, en l'année 1328, c'était grand mouvement à l'embouchure de l'Escaut occidental, dans l'île de Walcheren. Là se trouvait réunie une bande de Flamands rebelles qui avaient reculé, à Cassel et à Lille, devant les armes de Louis de Nevers, leur comte, soutenu de ses auxiliaires, mais qui demeuraient insurgés contre lui, voulant à toute force le détrôner et jurant sa déchéance. Tous ces hommes examinaient leurs embarcations ; et comptant trouver encore de la sympathie en Flandre, ils s'apprêtaient à se remettre en mer, à faire une descente sur les côtes du Damme, et à forcer le comte Louis à fuir devant eux à son tour. Le chef de ce noyau de mécontents était Zegher Jansson, hardi capitaine, intrépide aventurier, dont le sang ne cessait de bouillonner pour une indépendance qu'il comprenait assez mal : car, avec son esprit un peu roide, il était absolu de sa personne et voulait autour de lui une soumission passive, que pourtant il n'obtenait guère.

— Debout ! mes braves, disait-il aux artisans devenus soldats qui l'entouraient, nous allons reprendre la Flandre, la reconquérir, l'émanciper, revoir nos foyers et chasser ce souverain que les étrangers nous imposent.

— Ce sera merveille assurément, répondit avec flegme Jean de Jung, gros tisserand qui se trouvait parmi les révoltés, pourvu que ce souverain ne revienne pas embrouiller de nouveau nos bobines.

— Nous serions des lâches de le souffrir. La Flandre n'en veut plus.

— Un métier que le maître abandonne ne va pas tout seul, répondit le tisserand; et la Flandre, s'il s'en va, n'a plus de chef.... excepté vous pourtant, myn heer Jansson. Mais pourrez-vous éviter le sort des autres?

— De quels autres? s'écria Zegher, de ceux qui ont mal fini? C'étaient des sots!

— Capitaine, interrompit un des assistants, Nick Zanneken n'était pas un sot.

— Non pas celui-là, certainement, dit Jansson; celui-là, c'était un héros. Il est mort à la bataille de Cassel. Il a mieux aimé mourir que se laisser prendre. C'était un habile compagnon! Mais les autres se sont jetés dans la nasse.

— Avant la bataille de Cassel, reprit le tisserand, les choses n'étaient pas ce qu'elles sont aujourd'hui. Les fils n'étaient pas cassés; la trame se suivait. Nous tenions toute la Flandre. Nous combattions avec une bonne armée; et pourtant nous avons eu le dessous.

— Nous prendrons notre revanche.

— Oui; mais Louis de Nevers tient à présent la navette, et il la fait jouer solidement. Il a profité de l'expérience. Le roi de France, en le ramenant à Bruges, lui a dit : — Beau cousin, je suis venu encore une fois pour reprendre votre besogne. La voilà toute remontée. Tenez-vous bien; car s'il me fallait faire un nouveau voyage, c'est pour moi que je travaillerais. — Et il prendrait la Flandre, continua le tisserand. Louis de Nevers le sait bien. C'est pourquoi il a l'œil devant lui. Voilà déjà quatre cents rebelles qu'on vient d'occire. Vous ne l'ignorez pas. Jean Craye et Lamber Boonem, vos collègues, myn heer, sont pincés dans la travée.

— Ce sont des sots, qui se sont laissé prendre.

— Bon! c'est votre mot. Des cinq chefs que nous avions, vous survivez seul, myn heer, dit encore le tisserand.

— Bah! reprit le capitaine; et Guillaume Cane?

— Guillaume Cane, myn heer! ne savez-vous pas comment sa pièce s'est déroulée? Au lieu de venir avec nous, car au moins quand on est en nombre on se serre et l'étoffe ne s'entame pas si vite, il s'en est allé seul, comme un bout perdu, chez le duc de Brabant.

— En faisant cela, il avait son idée. Est-ce que le duc de Brabant l'a mal reçu?

— Non pas; au contraire. Mais le pauvre Brugeois, car Guillaume Cane est né à Bruges, tout comme moi, le pauvre Guillaume, myn heer, proposa donc à Jean III, le duc de Brabant, de faire la guerre au comte de Flandre, lui offrant, par notre moyen sans doute, et sans savoir si notre chaîne tenait encore, des soldats, des chevaux, des munitions et des vivres. Guillaume Cane était seul. Il fallait n'avoir pas le plus petit coupon de bon sens, pour faire des ouvertures pareilles. Il eut du bonheur. Le duc de Brabant, qui sait que le comte de Flandre se dispose à lui disputer Malines, consentit à faire la guerre au comte Louis...

—Vive le duc de Brabant, notre allié! Tel fut le cri d'une centaine d'hommes qui écoutaient le récit.

—Attendez donc, vous autres, interrompit le tisserand, et n'applaudissez pas avant la fin du couplet. Vous êtes comme une touffe lâchée de brins de fil que le vent fait voltiger. Le duc de Brabant, qui est un homme de grande qualité, mais un peu retors, ne voulut pas aller seul.

« Je consens, dit-il, à me liguer avec mes bons amis les Flamands contre leur comte; mais je ne puis me lancer qu'avec l'assentiment du roi de France. Autrement nous ne ferions qu'une besogne inutile. Philippe viendrait et tout serait gâté. Il ambitionne pour lui-même une partie de la Flandre. Allez-le trouver, Guillaume; offrez-lui mon concours, pour lequel je ne demande que quelques villages à ma convenance dans le pays d'Alost... »

Guillaume se laissa persuader. On s'égare aisément dans les temps de troubles; il ne vit pas de mal à sacrifier ainsi une portion de son pays, qu'il voulait sauver, disait-il ; et il partit pour la cour de France.

— L'imbécile! dit un foulon; comme si nous avions besoin des étrangers !

— Le roi de France, dès qu'il sut que Guillaume Cane était un des chefs de la révolte flamande, au lieu de l'écouter honnêtement, le fit mettre aux fers. On eut beau représenter que c'était un envoyé du duc de Brabant; comme il était envoyé sans héraut, sans bannière, sans cérémonie, en façon d'agent secret, on l'appliqua le lendemain à la torture, le surlendemain au pilori.

— C'est affreux, s'écria Jansson.

— Le troisième jour, poursuivit paisiblement le narrateur, on lui coupa les poings ; après quoi on l'exposa sur une roue; puis on l'attacha *à la queue d'une charrette*, et on le traîna jusqu'à une potence.

— Enfin? interrompit le foulon.

— Eh bien! enfin, c'est clair; il fut pendu.

— Pendu! s'écrièrent les assistants.

— Des sots, ceux qui se laissent prendre! répéta le capitaine, d'une voix sombre.

Puis il continua :

— Ces hommes, Nicolas Zanneken, Jean Craye, Lambert Boonem et Guillaume Cane, nous allons les venger. Tout nous secondera. Les priviléges des Brugeois sont supprimés; les villes sont accablées d'exactions ; le sang coule de toutes parts. Marchons ! Les Flamands nous tendent les bras. Dans huit jours, le pays sera libre.

— Voilà ce qu'on dit toujours, marmotta dans ses dents Jean de Jung.

Une sourde clameur d'approbation répondit tant bien que mal à cette petite harangue. Zegher Jansson pouvait se faire des illusions ; mais c'était un homme d'action, qui ne doutait de rien et qui était décidé. Quoiqu'il n'eût avec lui que deux cents hommes, il se persuadait qu'il allait bientôt commander une armée. Il embarqua sa petite troupe sur douze barques; et le lendemain il se livra intrépidement à la mer. Mais ses frêles bâtiments, malgré les réparations qu'on leur avait faites, ne purent tenir long-temps; il lui fallut revenir en Zélande, où quelques-uns de ses amis l'abandonnèrent. Il fut joint toutefois par d'autres fugitifs qui maintinrent ses deux cents hommes au complet; et il put reprendre la mer au mois de février 1329. Il était alors assez bien équipé. Il s'empara de quelques petites embarcations dont il augmenta sa flotte; puis il alla débarquer à Ostende, qui n'était alors qu'un village de pêcheurs sans défense. Il regarda néanmoins l'occupation de cette place comme une conquête et marcha sur Ardenbourg. Là, il fut fort surpris d'éprouver de la résistance.

— Vous voyez, lui dit Jean de Jung, qui ne l'avait pas quitté, vous voyez, myn heer, que le peuple ne veut pas trop de nous, et que les Flamands, las de si longues guerres, aiment encore mieux payer des impôts que de voir tous les mois leurs maisons brûlées. Allons-nous-en, car nous serons pris.

— Il n'y a que les sots qui se laissent prendre, repartit encore le capitaine. Va-t'en, si tu as peur.

— Pas encore, répliqua le tisserand.

Mais le lendemain, quand il eut reconnu qu'en avançant, la troupe téméraire de Jansson ne s'augmentait pas, Jean de Jung disparut sans bruit, au moment même où l'on apprenait que l'écoutète (1) de Bruges arrivait, avec un petit corps d'armée, contre les rebelles.

Peu de temps après, une action s'engagea. Jansson, repoussé d'abord, rallia ses soldats et revint à la charge. Ses deux cents compagnons en moins d'une heure furent tués ou dispersés. Pour lui, qu'on avait recommandé spécialement, il fut pris vivant, malgré la bonté de son cheval. On le conduisit à Bruges. Son procès fut bientôt fait. On le promena dans toutes les rues, à rebours sur une vieille charrette, nu jusqu'à la ceinture, en la compagnie du bourreau, qui le brûlait de temps en temps avec un fer chaud.

Lorsqu'il arriva au pied de la potence, terme prévu de son fatal voyage, il vit devant lui, dans la foule, Jean de Jung, qui lui dit tranquillement :

— Il n'y a que les sots qui se laissent prendre!...

(1) L'écoutète était le chef des officiers municipaux.

Le capitaine voulut répondre un mot; mais il avait la corde au cou; les aides du bourreau la tirèrent et tout fut fini.

— Voilà ce qui prouve, dit le tisserand, heureux d'échapper, que la rébellion n'est bonne que quand tout le monde s'en mêle.

— La morale de ceci, dit l'abbé Lenoir, s'appliquera facilement aux guerres civiles. Je vais vous exposer, sur le même sujet, une autre légende, dont tout le résumé se trouve exactement dans un chapitre du vieil Oudegherst (1).

MESSIRE OLIVIER VAN STEELAND.

C'étaient des temps que ceux-là !
GOLDSMITH.

Le fait que j'annonce eut lieu comme qui dirait entre les années mil trois cent soixante et un et mil trois cent soixante-deux, à l'époque où le roi Jean gouvernait la France, qui ne l'aimait guère ; où le comte Louis de Maele régnait sur la Flandre, qui ne l'aimait pas.

A la suite des troubles qui avaient longuement désolé le pays, beaucoup de gens avaient été mis à

(1) Annales et Chroniques de Flandre.

mort par le comte Louis ; beaucoup d'autres s'étaient sauvés de toutes les villes. On les avait condamnés par contumace ; et des récompenses étaient accordées à ceux qui pouvaient les saisir adroitement en pays étranger, les ramener en Flandre et les livrer à ce qu'on appelait alors la justice du comte. Ces exploits avaient parfois des suites remarquables.

En ladite année 1361, un gentilhomme flamand, du quartier d'Ypres, nommé Olivier van Steeland, s'achemina vers le Hainaut, pour une affaire particulière. Il était suivi d'un écuyer et d'un page, à cheval comme lui. En passant par un village voisin de Tournay, Olivier vit, devant la porte du curé, un banni d'Ypres. On donnait le nom de bannis aux fugitifs. Celui-ci était Florent Mulghewart, qui dans les tumultes passés avait été un des principaux chefs des rebelles. Il avait cherché asile dans le Tournaisis, parceque c'était une seigneurie qui appartenait au roi de France, et que là le comte de Flandre n'avait pas juridiction sur lui. Il aurait pu gagner terrain un peu plus loin ; mais, comme tous les séditieux, qui espèrent toujours rentrer prochainement dans leur pays à la faveur de quelque révolution, il se tenait aux portes de la Flandre : conduite ordinairement périlleuse.

Olivier van Steeland le reconnaissant, soit par haine politique, soit à cause de la récompense promise, mit prestement la main sur lui, le campa sur le cheval de son page et se hâta de passer outre, avec l'intention de le livrer au comte de Flandre. Au cri de Florent, le bon curé chez qui il était logé accourut et voulut s'opposer à la violence que subissait son hôte. L'écuyer du Flamand, qui s'appelait Jean du Four, irrité des reproches faits à son maître, saisit le prêtre lui-même, l'enleva sur son cheval et courut après Olivier sur le chemin de la Flandre.

Mais, en passant à côté de Tournay, par un petit chemin creux, les trois cavaliers rencontrèrent les gens de la ville qui faisaient une procession; car c'était l'octave de Notre-Dame d'Août. Le curé demanda secours, criant au meurtre. Olivier, s'apercevant qu'on courait après lui, piqua son cheval, pressa son page devant lui et s'échappa avec son prisonnier, qu'il conduisit à Termonde, où était le comte Louis.

Le curé fut délivré, et l'écuyer pris par les bonnes gens de Tournay, qui le mirent dans la prison de la ville.

Deux jours après, on fut informé que le comte Louis avait envoyé Florent à Ypres, où il avait eu la tête tranchée. Incontinent l'écuyer fut mené au gibet et pendu haut et court. C'était l'usage du temps.

En apprenant cela, messire Olivier, saisi de dépit et de crève-cœur, s'écria que son serviteur avait été gentilhomme et qu'il le vengerait. Il en demanda la permission au comte de Flandre. — Faites-le, répondit Louis de Maele; je le veux, pour le grand plaisir que vous m'avez fait. Mais je ne dois pas avoir l'air de m'en mêler.

Olivier aussitôt envoya défier ceux de Tournay ; et il partit avec ses parents et amis, qu'il amena devant la ville. Ayant rencontré un bourgeois de Tournay, ils le tuèrent ; ils en maltraitèrent plusieurs autres, et, contents pour une première fois, ils se retirèrent.

Ce fut grande rumeur dans Tournay, à la nouvelle de ces excès. Les bourgeois courroucés envoyèrent une députation vers le comte de Flandre, pour lui demander réparation de ce qui s'était fait. Louis de Maele fit semblant d'abord de ne pas les comprendre ; puis il leur déclara qu'il ne pouvait rien dans cette affaire. Il proposa à la fin un arrangement qui donnait raison à messire Olivier ; car il exigeait que ceux de Tournay vinssent réparer le tort qu'ils lui avaient fait par la mort de son écuyer.

Les bourgeois de la ville ne voulurent pas accepter un tel accommodement. Sur quoi, Olivier van Steeland, recommençant de plus belle, assembla soixante hommes d'armes de ses parents et amis, et retourna avec eux devant Tournay. Là, il abattit le petit gibet et se tint avec sa troupe au pied du grand, qu'il ne sut pas renverser, parce qu'il était trop solidement construit. Et voyant que personne ne venait contre lui, il s'approcha davantage encore. Il n'était qu'à deux traits d'arc des portes, lorsqu'elles s'ouvrirent pour donner passage à quatre cents hommes, qui sortaient en armes, bannières déployées. Olivier, dès qu'il les vit, fit semblant de fuir avec ses gens ; il courut jusqu'à un petit pont, qui était à une demi-lieue de Tournay. Voyant alors qu'il avait beaucoup de terrain sur ceux qui le poursuivaient, et que soixante à quatre-vingts à peine avaient passé le pont sur ses traces, il se retourna contre eux avec grande furie, en tua trente-six, et après avoir mis le reste en fuite regagna la Flandre, sans avoir perdu un seul homme de sa compagnie.

Ce coup de main plus inouï jeta Tournay dans le deuil. Ce fut pour lors au roi de France, son seigneur, que la ville adressa ses plaintes amères. Le roi Jean trouva les faits qu'on lui exposait si inconcevables, qu'il les crut exagérés ; il envoya en Flandre messire Arnoul de Reyneval, chargé d'arranger le différend. La justice en ce temps-là se livrait souvent au plus habile, au plus adroit, au plus riche. Que ce fût par le fait de Louis de Maele, ou par Olivier van Steeland et ses amis, le sire de Reyneval fut gagné. A la suite d'une conférence qu'il eut à Termonde, il vint à Tournay, décidé fermement à mettre tous les torts sur le compte de cette ville. C'était bizarre ; il en fut pourtant ainsi.

L'official et les bonnes gens de Tournay eurent beau représenter les griefs sérieux dont ils faisaient plainte, l'envoyé que le roi de France avait commis pour les protéger leur dit crûment qu'ils n'avaient eu que ce qu'ils méritaient, en mettant au gibet un

écuyer gentilhomme; et il fut stipulé comme il suit ;
ce sont des clauses curieuses :

1° Que ceux de Tournay obtiendront, à leurs dépens, pour messire Olivier, rémission et pardon du roi de France, de tout ce qu'il a fait, perpétré et commis sur eux; — ensemble, quittance de toutes amendes corporelles, criminelles et civiles ; et ce avant Pâques prochain, le tout sous peine de six mille francs d'or à payer au comte de Flandre.

2° Que ledit messire Olivier, ses parents, amis et complices, pourront librement demeurer à Tournay, s'ils le veulent, sans que jamais on leur puisse rien demander pour les choses passées. — Que la ville sera tenue expressément de tenir ledit messire Olivier et ses complices quittes et déchargés, envers les parents et amis des morts et des navrés, de tous griefs et dommages.

3° Que lesdits bourgeois de Tournay donneront, avant Pâques prochain, à l'abbé de Saint-Pierre de Gand cent livres de gros, pour les distribuer, savoir : cinquante aux parents de Jean du Four et cinquante à l'entretien d'une chapelle pour l'âme dudit Jean. — Que de plus ils donneront à messire Olivier six cents francs au coin de monseigneur de Flandre, pour en faire à son plaisir.

4° Que trente-six hommes de Tournay, lesquels seront au choix du comte, se soumettront à faire les pèlerinages qu'il leur ordonnera, et se rendront devant lui au lieu et au temps qu'il lui plaira d'indiquer.

— Que s'ils ne venaient lorsqu'ils seraient mandés, la ville de Tournay payerait au comte de Flandre la somme de douze mille francs d'or.

5º Que les bonnes gens de Tournay jureront solennellement de ne jamais obtenir du roi de France grâce et quittance de cette convention, ni d'aucun des points et articles qui y sont contenus.

Cette paix surprenante fut rédigée et signée le 31 mars 1362; les Tournaisiens, à qui on forçait la main, furent long-temps à se reconnaître; ils se croyaient sous le poids d'un mauvais rêve; ils se regardaient les uns les autres d'un air stupéfait. Mais le sire de Reyneval, plénipotentiaire du roi de France, revêtu de tous pouvoirs, était leur arbitre souverain; et ils étaient obligés de se laisser vendre et livrer. Ils n'avaient pas même l'espérance de recourir au roi Jean, leur seigneur, pour faire casser un acte si inique, puisqu'on poussait la précaution jusqu'à leur faire jurer qu'ils renonçaient à ce recours.

Les bonnes gens s'exécutèrent, en disant que la suprême justice de ce monde était bien surprenante. Ils blanchirent le meurtrier de leurs concitoyens devant le roi de France; ils payèrent les sommes auxquelles ils étaient condamnés et se bornèrent à demander qu'on leur fît remise des pèlerinages. Mais, le 20 mai suivant, le comte de Flandre, qui n'aimait pas ceux de Tournay, répondit en envoyant la liste des trente-six bourgeois qu'il sommait de se rendre devant lui à Termonde, pour recevoir ses ordres.

Une nouvelle scène de désolation éclata dans Tournay. Les trente-six bourgeois que le comte avait choisis étaient tous de bons pères de famille, dont l'absence devait ruiner les affaires; et ils s'attendaient tous à être envoyés aux pèlerinages les plus lointains et les plus périlleux; car le comte Louis était un prince plein de malice. Ils aimèrent mieux payer les douze mille francs d'or, qu'ils déboursèrent en soupirant, et dont quittance pour solde de tout compte leur fut donnée, le 18 août 1362, par Pierre, fils de Jean, receveur de Flandre.

N'est-il pas vrai que ce trait d'histoire oublié est un curieux chapitre à méditation?....

— Le moyen âge, dit alors Matthieu Desprez, nous a laissé, couvert de son écorce pittoresque, plus d'un triste préjugé que nous caressons encore. Telle est surtout la guerre, qui est la violence matérielle dans ses excès les plus affreux, et qui devrait peut-être avoir moins de partisans insensés parmi les hommes d'intelligence.

Les rudes actions du passé sont belles dans un récit, belles de fracas et d'horreur; dans la réalité ce sont de formidables spectacles, teints de sang, de larmes et d'épouvante.

Je vais vous dire, comme tableaux très-historiques d'une époque sauvage, les deux légendes du grand évêque Notger. Elles ne se lient qu'à demi aux récits précédents; mais elles se lient pourtant aux mœurs que fait la guerre. Et puis, dans nos récits, nous ne sommes pas astreints à un plan philosophique, qui tuerait la variété.

HENRI DE MARLAGNE.

PREMIÈRE LÉGENDE DE L'ÉVÊQUE NOTGER.

> Si c'était un vieux voleur, ce juge disait : Pendez, pendez ; il en a fait bien d'autres. Si le voleur était tout jeune, il disait : Pendez, pendez, il en ferait bien d'autres.
>
> HENRI ESTIENNE.

Par une fraîche matinée d'avril, — permettez-moi aussi ce début, qui est de mode, — en l'année 972, un homme de bonne mine, entre deux âges, s'était arrêté devant une petite maison de construction singulière, qu'on apercevait isolée à cent pas de la Payen-Porte, près de Liége. Cette maison était ronde, bâtie en palissades d'osier hourdées d'un mastic durci, couverte de joncs rassemblés en pointe de ruche, et ornée à l'extérieur de grossières peintures qui représentaient des ours, des loups et d'autres bêtes féroces. Elle n'avait de fenêtres que deux étroites baies refermées par des volets de bois blanchi. Au-dessus de la porte, qui était close, s'étendait le cadavre à demi desséché d'une vaste chouette; sous ce trophée pendait à une corde de cuir un maillet de bois, avec lequel on frappait lorsqu'on demandait à entrer.

La seule chambre qui composât cette maison était fort grande. Elle n'avait pour tout mobilier qu'un poêle en briques, une très-longue table, quelques escabeaux, des armes et un coffre; mais ce coffre, qui renfermait la vaisselle d'étain, contenait aussi, disait-on, beaucoup d'or.

Le maître de cette maison, assis sur une lourde escabelle, la tête appuyée sur sa main droite et le coude posé sur la table, semblait plongé en ce moment dans une méditation sérieuse. Les doigts de sa main gauche maniaient le manche d'un long et large poignard, passé dans sa ceinture de laine verte. Ses jambes étaient vêtues d'un pantalon étroit de drap jaune de Liége, et son corps serré dans un pourpoint de buffle lacé par-devant. Sa tête nue et ses longs cheveux noirs, répandus en désordre sur ses épaules larges, laissaient voir une mâle et rude figure brunie, où se dessinaient avec fermeté tous les traits d'un caractère résolu. Cet homme de haute taille était Henri de Marlagne.

Devant lui, de l'autre côté de la table, était assise Anne Bouille, sa femme, insouciante créature au jugement des étrangers, qui se trompaient à l'apparence; mais compagne adroite et résolue du robuste chef qu'elle avait choisi pour époux. Elle était fière de Henri de Marlagne, parce qu'elle le voyait redouté...

Tout à coup, en jetant un coup d'œil à travers une fente de la porte, elle aperçut l'homme arrêté sur le chemin.

— Que veut cet homme, qui examine ainsi notre demeure? dit-elle.

Henri se détourna lentement, ouvrit un des petits volets et regarda. En voyant l'homme, coiffé d'un bonnet de pelleteries blanches et vêtu d'une sorte de tunique sombre, étroite, qui tombait, fendue des deux côtés, jusqu'au milieu de la cuisse, sur un large pantalon violet, Henri de Marlagne se retira d'un air presque indifférent, referma le volet, rentra dans le demi-jour qui était habituel à sa maison, et dit doucement :

— C'est un chanoine de Saint-Lambert, ou c'est un étranger; ce n'est rien d'inquiétant.

Et il retomba dans sa méditation.

Cependant l'homme, en l'apercevant, s'était retiré.

— Tu ne crains donc rien, Henri? dit la jeune femme, après un moment de silence, en prenant son petit enfant dans son berceau : on dit bien des choses du nouveau prince.

— Que dit-on? demanda Henri de Marlagne, d'un ton distrait.

— Mais on dit que Notger.... Il s'appelle Notger, n'est-ce pas? le nouveau prince-évêque.

— Notger, en effet.

— De quel pays est-il?

— De la Souabe, je crois. Il a été moine, en Suisse, au monastère de Saint-Gal; puis il a dirigé dans ce pays les écoles de l'abbaye de Stavelot. C'est un savant homme (1). Il nous est donné pour prince et seigneur par l'empereur Otton.

— Est-il sacré?

— Il l'a été par l'archevêque de Cologne.

— On dit donc que l'évêque Notger veut rétablir l'ordre et la police dans le pays de Liége; qu'il a préparé beaucoup de lois; qu'il a parlé de soumettre Henri de Marlagne et sa bande, comme il appelle tes braves compagnons....

— Nous verrons! répliqua violemment Henri, en serrant le manche de son poignard.

Et il se leva.

Après avoir fait quelques pas incertains, il mit sur sa tête une toque de cuir surmontée d'une plume verte, prit son bâton ferré et sortit.

Tout le monde dans Liége semblait le connaître, et l'honorer ou le craindre; tout le monde le saluait. Il parcourut les rues tortueuses, s'arrêtant fréquemment pour dire un mot à la porte de ses amis ou plutôt de ses sujets; car il y avait dans la ville deux cent vingt hommes de résolution qui le reconnais-

(1) On prétend à Liége que Notger est le même que ce *moine de Saint-Gal*, auteur anonyme d'une curieuse histoire de Charlemagne, écrite à grands traits sur les récits de deux vieux compagnons de l'illustre empereur.

saient pour leur seigneur. Il traversa le pont de la Meuse, que Notger faisait réparer, et qui, dit-on, avait été bâti par Ogier-le-Danois, ce vaillant neveu de Charlemagne, que les Liégeois réclament comme leur concitoyen. Il fit une course dans la campagne et ne rentra à sa maison qu'à la chute du jour. On y avait apporté une grande quantité de viandes, que la jeune femme faisait rôtir; cinquante grands pots d'étain, pleins de vin de la Meuse, étaient rangés sur la longue table. Bientôt tous les amis et sujets de Henri arrivèrent, et le souper commença.

Ils parlèrent de leurs exploits, de leurs prises, des maisons riches qu'ils avaient dépouillées, des marchands qu'ils avaient détroussés sur les routes. Ils burent à la santé de leur chef Henri de Marlagne.

Ces hommes formaient, comme je l'ai dit, une bande de deux cent vingt brigands, qui habitaient Liége et infestaient le pays. Ils étaient tous d'anciens hommes de guerre, que les sanglantes querelles du temps avaient habitués à ne plus vivre que de rapines. Chacun d'eux avait sa maison dans la ville ou aux portes. Ils étaient connus tous; on savait leur profession, et on les redoutait tellement qu'on n'avait pu jusqu'alors les dompter. La justice d'Eracle, le précédent évêque, avait échoué devant eux. Lorsque les officiers de police avaient saisi un des brigands, et qu'on voulait le jeter en prison, il était aussitôt enlevé par un détachement de ses camarades, pendant que d'autres pillaient et détruisaient la maison du juge qui avait osé s'attaquer à eux. On n'osait plus même porter plainte.

Comme ces bandits, sachant bien ce qu'ils faisaient, protégeaient les pauvres gens contre les seigneurs, ils avaient pour eux les masses. Les marchands, qui avaient besoin de traverser le pays sans mésaventure, n'avaient qu'un moyen : ils payaient une contribution à Henri de Marlagne, qui leur donnait une escorte ; et ils s'accommodaient de cette protection. Les hommes riches, qui voulaient de leur côté dormir en paix, avaient soin d'envoyer tous les mois un présent au chef ; Henri prenait pour lui double part et distribuait le reste à tous ses camarades, avec une parfaite intégrité.

On racontait de lui une foule de traits. Un jour qu'un pauvre homme avait été condamné à une amende d'un marc d'argent, comme il ne pouvait le payer, il allait être mis en prison. Henri alla trouver le juge qui avait porté la sentence. — Je suis Henri de Marlagne, lui dit-il ; j'ai besoin d'un marc d'argent. Le juge, un peu effrayé, se hâta de compter la somme, que le chef porta au condamné.

Mille anecdotes de ce genre, plus ou moins fondées, circulaient ; mais on en racontait aussi de plus sinistres. Ceux qui résistaient à la bande de Henri étaient mis à mort ; on savait bien des meurtres et bien des crimes horibles. Tout le monde se plaignait, mais à voix basse, même ceux qui transigeaient avec le chef. On murmurait contre la molle justice du prédécesseur de Notger. On témoignait quelque espoir dans la vigueur de celui-ci.

Henri de Marlagne en était préoccupé ; c'était pour aviser qu'il avait réuni ses hommes.

— Je vous ai rassemblés tous, — leur dit-il, — et, à l'exception de quatre sentinelles qui sont dehors, je vous vois bien tous ici. Nous avons à traiter une question grave. Notger, le nouveau prince des Liégeois, n'est plus assurément cet Éracle, qui nous laissait vivre (1). Notger, quoiqu'il vienne de la Souabe, se prétend originaire du pays de Liége, et descendant du sang de Charlemagne. Il en a toute l'activité et toute l'énergie. Il veut, je le sais, réformer nos manières, éteindre les coutumes de la guerre et nous soumettre à sa loi. Le souffrirons-nous? Changerons-nous nos habitudes? Je vous ai réunis, camarades, prévoyant bien votre réponse, pour vous proposer de recueillir chacun ce que nous possédons, et de nous retirer demain, une heure après la nuit, à la forteresse de Chièvremont...

J'aurai soin, reprit Henri, de prévenir le seigneur

---

(1) Voici comment Henri de Marlagne entendait qu'on le laissât vivre. « L'audace de cet homme allait si loin, qu'un jour il pénétra de vive force dans le palais d'Éracle, brisa les portes de ses caves, enfonça les tonneaux et donna le vin à boire aux gens de sa suite, à la vue de tout le peuple. Le bon évêque se contenta de dire en soupirant : « Il viendra quelqu'un après moi qui ne laissera pas ces outrages impunis. » (M. de Gerlache, *Histoire de Liége*, p. 50.) Notger accomplira la prédiction.

Immon, qui commande cette belle montagne et qui nous aime. Nous serons au moins là dans un abri imprenable. Nous ne craindrons ni surprise, ni violences. Rien ne sera nouveau dans nos usages, excepté le logement; et Liége demeurera toujours sous notre main; car le château de Chiévremont, où je puis vous promettre que nous serons reçus à bras ouverts, n'est qu'à deux lieues d'ici...

Henri de Marlagne se tut, et un bruit confus de chuchotements et de conversations vives emplit aussitôt la salle rustique.

— Le chef a raison, dirent enfin toutes les voix; Chiévremont! Chiévremont!

Un seul homme se montra contraire à cette manifestation unanime. C'était Harlet.

— Je n'approuve pas, dit-il, pour mon compte, la retraite à Chiévremont. Réunir toutes nos forces en un seul point, ce serait nous exposer à périr tous ensemble, sans espoir de secours et de diversion. Songeons plutôt à nous disperser adroitement dans le pays. Je sais d'ailleurs qu'il est dans les projets de Notger, qui veut à tout prix ramener la paix publique dans le pays de Liége, d'enlever et de détruire la forteresse de Chiévremont...

— Quand Notger enlèvera Chiévremont, dit grossièrement un des bandits, toi, Harlet, tu prendras la lune.

Il parait que ce dicton avait cours déjà au dixième siècle.

— Chiévremont! s'écria un autre, une forteresse où des armées réglées ont échoué !

— Bâtie dans les airs sur un rocher à pic! dit un troisième brigand.

— Mais, s'écria Harlet, ne peut-on pas s'en rendre maître par surprise?

— Jamais, quand nous y serons! Ce fut le cri général. Chiévrémont! Chiévremont! et vive Henri de Marlagne!

— Si vous me croyez, ajouta un des assistants, au signe duquel on fit silence, puisque la résolution est bonne, exécutons-la de suite. On ne se repent jamais que du temps perdu. Trois heures nous suffisent pour nos apprêts; et nous pouvons partir avant le jour.

Harlet pâlit à ces paroles. C'était le seul traître de la bande, si on peut appeler traître celui qui trahit des voleurs. Mais puisqu'un seul traître suffit pour trafiquer d'une nation, un seul aussi peut livrer une bande de brigands. Harlet s'était vendu à Notger. Il lui avait promis, moyennant une solide récompense, de lui donner les moyens de s'emparer de Henri et de ses compagnons. S'ils se retiraient à Chiévremont, qui était un repaire inexpugnable, son marché manquait. Il s'efforça donc de gagner du moins jusqu'au lendemain soir, comme l'avait d'abord proposé Henri de Marlagne. Mais on ne l'écouta point; et il fut décidé qu'on partirait à quatre heures du matin.

Tous les bandits burent un dernier coup; et chacun d'eux se leva pour aller faire ses préparatifs. Harlet se rendit à la hâte chez le prince-évêque, qui allait se mettre au lit. Il lui conta ce qui se passait.

— Tu es un fidèle serviteur, lui dit Notger; il n'y a donc pas une heure à perdre!

L'habile prince avait pris ses mesures de justice : pour être toujours prêt à l'occasion, il avait fait juger les brigands par un tribunal régulier; et il était muni de leur sentence.

Il appela aussitôt ses officiers, remit son bonnet de pelleteries blanches et sa tunique noire; car c'était l'homme qu'Anne Bouille avait vu le matin examinant la maison de Henri. Il envoya éveiller tous ses hommes d'armes, qui arrivèrent au nombre de huit cents. Il leur adjoignit des bourgeois armés, sur lesquels il pouvait compter, et dont il connaissait le courage. Puis, ayant fait l'examen de toutes ses forces dans la cour de son palais épiscopal, il les divisa en deux cent dix-neuf petits pelotons; il assigna à chacun le poste où il devait se rendre et la besogne précise qu'il avait à faire. Il distribua de sa main deux cent dix-neuf cordes; et tous ces hommes sortirent en silence à deux heures du matin...

A la pointe du jour, — ce fut dans tout Liége une grande rumeur. Tout le monde poussait des cris de surprise. On se heurtait dans tous les sens. Aux portes de deux cent dix-neuf maisons, on voyait un homme pendu. C'étaient, excepté Harlet, tous les compagnons de Henri de Marlagne. Plus ou moins criminels, plus ou moins vieillis dans la vie de brigands, on leur avait fait à tous égale justice. Leurs femmes et leurs enfants pleuraient avec désespoir et n'osaient plus se montrer, lorsqu'il parut un héraut, qui déclara à tous les carrefours que les familles des morts étaient sous la formelle protection du Prince, et qu'il était interdit à tout Liégeois de leur nuire, sous peine d'offenser la personne même du seigneur-évêque.

Pendant que la plus grande partie du peuple se félicitait d'être délivrée ainsi d'une bande formidable, qui avait fait si longtemps la terreur de la ville, Harlet se dirigea vers la maison de Henri. Il fut étonné de ne pas le voir pendu à sa porte.

— Se serait-il échappé ! pensa-t-il avec frayeur.

Il s'approcha ; il vit au-dessus de la chouette un grand clou auquel un bout de corde était encore attaché.

— On l'aura sauvé, dit-il en sentant redoubler son effroi.

Après un moment d'hésitation, il entra ; il vit à terre un corps mort ; c'était celui de Henri de Marlagne.

Anne Bouille, en pleurs, était agenouillée à côté, et penchée sur le visage, qu'elle arrosait de ses larmes. Elle leva la tête lentement, au bruit de la porte qui s'ouvrait, et tira doucement le long poignard de Henri. Harlet ne vit pas ce mouvement.

En reconnaissant cet homme, une sorte de consternation pesa sur elle.

— Quoi! c'est vous, Harlet! dit-elle, vous n'êtes pas mort comme eux tous? vous êtes le seul!

— Le seul, il est vrai, reprit le traître, et je venais vous offrir des consolations.

Une rougeur de colère envahit à ces mots la pâle figure d'Anne Bouille.

— Des consolations! dites-vous; je me souviens du personnage que vous faisiez hier; et, je le sens, c'est vous qui nous avez trahis! Vous aviez juré pourtant de mourir tous ensemble! Tenez donc votre serment!

Elle n'avait pas achevé cette parole, qu'en une seconde elle avait frappé de son poignard le cœur de Harlet.

Le dernier des brigands tomba avec un hurlement étouffé; et la jeune femme, prenant son enfant dans ses bras, s'enfuit à travers la campagne.

Le soir de ce jour-là, elle occupait en sûreté une petite chambre tapissée de cuir vert dans une des tours du château de Chièvremont.

LE REPAIRE DE CHIÉVREMONT.

DEUXIÈME LÉGENDE DE L'ÉVÊQUE NOTGER.

> Qu'importe le moyen ! pourvu qu'on nous délivre.
> GARNIER, *OEdipe.*

On voit à deux lieues au sud-est de Liége une montagne à pic, presque partout inaccessible, où jadis habitaient seuls de pauvres chevriers qui y paissaient leurs troupeaux ; on l'appelait de temps immémorial Chiévremont, ou la Montagne des Chèvres.

Quand vint, sous les successeurs impuissants de Charlemagne, la grande désorganisation féodale, quand chaque capitaine ou seigneur, refusant d'obéir à des princes qu'il ne révérait plus, voulut se faire indépendant, quand les invasions des Normands obligèrent chaque localité à se défendre, chaque manoir à soutenir l'assaut, sans attendre l'aide du souverain, partout il s'éleva des forteresses. Celles qui résistèrent le mieux donnèrent le plus de fierté à leurs maîtres. Une foule de petits seigneurs essayèrent du pouvoir absolu.

Un descendant de la race de Clovis, s'étant emparé du mont des Chèvres, y bâtit au sommet un château-fort et entoura la base d'une lourde muraille, sur laquelle ses hommes se promenaient à cheval. Il se déclara libre de tout devoir envers les suzerains du sang de Charlemagne qui, disait-il, avaient usurpé les droits de sa race. On assiégea vainement Chiévremont; il y demeura indépendant.

Immon, son petit-fils ou du moins son successeur, était seigneur de Chiévremont, en 972, sous le règne de Notger. Celui-ci, relevant de l'Empire pour le temporel de ses états, souffrait impatiemment de ne pas recevoir les hommages du sire de Chiévremont; il souffrait plus encore des brigandages que le seigneur Immon faisait peser sur son peuple.

Plusieurs fois, il l'avait sommé de le reconnaître pour son suzerain et de lui rendre les devoirs et les redevances de vassal. Immon n'avait pas même daigné lui répondre. Dans son orgueil, lui qui sortait, disait-il, de la tige des premiers rois Francs, renversée par Pepin-le-Bref, il se croyait bien au-dessus de Notger, lequel, venu de la Souabe, n'était issu que du sang de Charlemagne. Loin donc de saluer un souverain dans Notger, il semblait ne trouver en lui qu'un ennemi; et s'il n'avait pas assez de troupes pour lui faire une guerre réglée, il le harcelait par des escarmouches perpétuelles et par de petites guerres de partisans qui désolaient le pays.

Comme presque tous les seigneurs, depuis les dévastations normandes, Immon faisait consister la plus riche partie de sa fortune dans la rapine et les expéditions de grande route. Long-temps, il s'était entendu avec Henri de Marlague. Mais depuis que

Notger, ayant surpris Henri et sa bande, les avait fait tous pendre à leur porte, Immon n'avait plus d'ami; il n'avait dans les autres seigneurs fortifiés du voisinage que des concurrents, qui détroussaient comme lui les voyageurs et pillaient comme lui les maisons où ils pouvaient s'introduire. Seulement ces autres chefs de manoir, moins habiles que lui, ou moins sûrs de leurs retraites, se laissaient battre plus souvent. Notger de temps en temps en soumettait quelques-uns; et le nombre des brigands était sensiblement diminué dans le pays (1). Immon n'en

(1) Voici un trait que nous empruntons encore à la belle *Histoire de Liége* de M. de Gerlache: « Radus des Prés, homme riche et puissant, possédait, dit-on, une maison forte, élevée sur une hauteur (dans Liége même) entre les églises de Saint-Pierre et de Saint-Martin. De là il dominait la ville. Notger, ne sachant comment s'affranchir d'une sujétion si menaçante, imagina un voyage en Allemagne et pria Radus de l'accompagner. En partant, il avait donné des ordres secrets à son neveu pour l'accomplissement de ses desseins. Celui-ci, conformément aux instructions de l'Évêque, procéda en hâte à la démolition du château de Radus des Prés et fit jeter sur la même place les fondements de l'église Sainte-Croix. Lorsque l'Évêque supposa les choses assez avancées, il revint d'Allemagne avec Radus. Mais celui-ci, en rentrant à Liége, cherchait en vain son manoir; il avait beau regarder; à la place de son château, il ne voyait qu'une église. Il en témoigna sa vive surprise à son compagnon de voyage, qui, rompant enfin le silence, lui répondit doucement: — Mon cher Radus, des motifs de haute politique m'ont forcé d'en agir ainsi... Toutefois, je suis si loin de vouloir vous faire tort, que je vais vous céder à l'instant même des propriétés d'une valeur bien plus considérable que votre château... La chose était faite; il fallut bien que Radus se contentât de l'explication et du dédommagement. Telle est la version adoptée par Fisen et par le père Bouille, sur la foi de Jean d'Outre-Meuse. Anselme, auteur presque contemporain et par conséquent plus digne de foi, dit simplement (dans Chapeauville, tome Ier, p. 204)

était pas fâché; sa chasse, comme il disait, en devenait plus abondante.

Il avait, dans son vaste repaire, quatre cents hommes robustes et vaillants, que rien n'avait pu séduire; et une armée de trente mille hommes ne l'eût pas délogé des tours de Chiévremont, toujours munies de vivres pour une année. Il avait fait creuser, à une profondeur inouïe, un puits intarissable; car il descendait au niveau d'une petite rivière voisine. Il bravait donc impunément Notger.

Cependant le Prince-Évêque lui fit faire des propositions si avantageuses, il lui offrit tant de terres, tant de profits et de bénéfices, s'il voulait renoncer à sa vie aventureuse et faire un simple hommage, non pas au prince, mais à l'église de Liége; il lui présenta d'une façon si gracieuse les nobles fonctions de défenseur de Saint-Lambert; il lui offrit avec tant de déférence la bannière de l'église cathédrale, que le vaillant Immon fut ébranlé. Il en parla à ses hommes d'armes, auxquels il faisait de bonnes parts.

Ce bruit vint aux oreilles d'Anne Bouille, qui, depuis quelques mois, habitait une tourelle du château de Chiévremont. La veuve de Henri de Mar-

---

qu'un seigneur dont les intentions lui étaient suspectes ayant demandé à Notger un terrain, entre les églises Saint-Pierre et Saint-Martin, pour y élever une maison, l'Évêque donna l'ordre au prévôt de Saint-Lambert d'occuper promptement cette place et d'y construire une église. »

lagne frémit à la pensée d'une paix avec les bourreaux de son époux et de ses amis. Toute occupée jusque-là de sa douleur et de son petit enfant, elle n'avait paru que deux ou trois fois devant Immon, qui ne l'avait pas remarquée. Alors elle s'alla jeter à ses pieds.

Remise de ses premières angoisses, animée par une passion ardente, elle supplia le chef de se défier des promesses qu'on lui faisait; elle lui rappela l'exécution nocturne des deux cent vingt compagnons de Henri, au moment où il voulait réunir sa troupe aux braves de Chièvremont : elle parla avec tant de feu et tant d'éloquence qu'elle changea les idées d'Immon. Un sentiment nouveau en fut peut-être aussi la cause. Immon se surprit étonné de n'avoir pas remarqué plus tôt le trésor qu'il possédait dans son manoir. Il releva la jeune veuve et, fasciné par elle, il lui promit tout, si elle voulait l'épouser.

— Veuve de Henri de Marlagne, dit-elle, je ne lui donnerai jamais un successeur que pour le venger. Voyez, seigneur, si cette dot vous convient.

Immon n'était pas marié; il avait trente-cinq ans; il trouvait sa vie de brigand douce et commode; il promit tout, de nouveau; il renvoya à l'instant, avec un refus formel, l'émissaire de Notger, épousa Anne et adopta le fils de Henri, en jurant de venger son père.

Les courses recommencèrent donc. Tout marchand qui venait dans le pays de Liége, s'il n'avait pas transigé avec Immon et acheté un sauf-conduit, était bien sûr d'être pillé. Tout Liégeois qui sortait de la ville était détroussé ; et s'il résistait, mis à mort. Toute maison riche qui ne pouvait soutenir un siége était dévalisée. Des escouades armées sortaient souvent de leur retraite, descendaient la montagne et allaient faire du butin dans Liége même.

Anne, que son nouvel époux comblait d'or et de riches étoffes, se réjouissait et battait des mains toutes les fois qu'on avait tué un des hommes d'armes, ou mis à rançon quelque officier de la justice de Liége.

Plusieurs mois se passèrent ainsi ; la désolation croissait dans le pays ; les habitants tremblaient dans leurs demeures et n'osaient pas en sortir.

Anne Bouille, que ces désastres réjouissaient, allait bientôt rendre père le seigneur Immon. Il lui vint une pensée dictée encore par la vengeance, et calculée avec assez d'habileté.

— Je vais vous donner un fils, dit-elle à Immon. Il faut que cet enfant soit un lien de plus entre nous, et que sa naissance achève l'accomplissement des promesses que vous m'avez faites. Cessez pour un instant de faire la guerre au Prince-Évêque. Envoyez-lui un héraut qui lui dise que vous consentez à la paix, que vous traiterez avec sa suzeraineté, que vous déposerez les armes, mais que vous souhaitez qu'il vienne baptiser l'enfant qui va bientôt naître. Il sera réjoui de vos offres ; il viendra, n'en doutez pas : il amènera les principaux dignitaires de son clergé pour vous faire honneur ; peut-être ses conseillers. Ceux-là, nous les pendrons aux créneaux de vos tours ; le clergé, nous le mettrons à rançon, parce qu'il est consacré à Dieu; quant à lui, qui est l'oint du Seigneur, nous nous contenterons de lui faire signer une charte, qui vous donnera tout ce qu'il vous a offert, en vous laissant votre indépendance. Nous l'obligerons encore à vous nommer haut-avoué de la Hesbaie. Cette vengeance me suffira.

Immon, toujours subjugué par Anne, lui répondit qu'il serait fait comme elle souhaitait; et il donna des ordres à sa troupe, qui se tint en repos.

Il envoya son héraut à l'Évêque. Notger fut ravi de ces ouvertures. Mais les derniers excès de la bande de Chièvremont avaient excité, dans Liége tant de clameurs et de colère, qu'il n'était pas facile de faire approuver au peuple une paix sans justice, c'est-à-dire sans châtiments, avec les brigands d'Immon. D'ailleurs, lui-même, Notger sentait qu'il devait punir un rebelle insolent. Sans donc soupçonner qu'on lui tendît un piége, il avisa aussi un stratagème, pour se défaire, s'il le pouvait, d'Immon et de sa troupe, comme il s'était délivré de Henri de Marlagne et de ses compagnons.

Pour être plus sûr de son projet, il n'en confia le secret à personne; il attendit le jour de l'exécution. Ainsi des deux parts on se dressait des embûches. Ici ce n'étaient plus les formes de la justice ; c'était la guerre, avec ce qu'on est convenu d'appeler ses surprises.

Anne Bouille mit au monde un fils, qui fut reçu par Immon avec de grands transports de joie. Elle demanda qu'on ne le baptisât que le dixième jour, afin qu'elle pût être présente à la vengeance qu'elle méditait.

Le seigneur de Chièvremont fit donc prévenir Notger du jour où il désirait le recevoir. L'Évêque répondit qu'il irait avec son clergé en procession solennelle. C'était justement ce qu'espérait la jeune femme.

Au jour assigné, on vit arriver de Liége une troupe nombreuse de gens d'église qui marchaient deux à deux, tous revêtus de chapes, de surplis, de dalmatiques, tous ayant la tête couverte du camail et portant des flambeaux à la main. Anne les comptait du haut des remparts. Ils étaient plus de six cents.

— Voyez, disait-elle, comme Notger veut nous séduire, et quels honneurs il nous fait ! Il y a là toutes ses paroisses. Quelles rançons nous allons avoir ! et déjà je reconnais deux conseillers !

Pâle et souffrante encore, elle souriait à son mari, pendant qu'au pied de la montagne on ouvrait les portes de la première enceinte à la phalange de l'Évêque, et que les gardes s'inclinaient devant les croix et les bannières. Le Prince fermait la marche ; et l'on voyait sa troupe brillante montant lourdement par les sentiers sinueux.

Tous les habitants de Chiévremont s'étaient rangés sur les remparts pour recevoir Notger. Ils étaient quatre cents hommes, comme on l'a dit, avec leurs familles. Car ce manoir n'était pas un simple château; c'était une petite cité fortifiée, qui avait des rues et des places. On y comptait même deux églises, dédiées à la sainte Vierge et à saint Jean; une troisième au pied de la montagne était sous l'invocation des saints Cosme et Damien.

Après une demi-heure de marche pénible, la tête de la procession parut à la porte de la citadelle. Immon aussitôt rangea ses soldats en deux haies sur l'esplanade, afin de cerner la troupe de l'Évêque, et il fit lever les herses.

Les Liégeois en chapes et en surplis étendirent en avançant leurs deux lignes devant les soldats du chef; tout s'arrangeait des deux parts d'une manière convenable.

Quand Notger fut entré, on referma les portes; Anne Bouille poussa un cri de joie. Mais son allégresse fut courte.

— Seigneur, dit Notger en s'avançant vers Immon, cette forteresse ne vous appartient plus. Elle est à moi.

— Sans doute, reprit Immon étonné, vous ne parlez pas sérieusement, seigneur Évêque.

— Très-sérieusement. Comme seul prince et seigneur du pays de Liége, j'ai seul droit aussi de tenir cette forteresse; et, si vous en sortez de bonne grâce, je vous offre encore d'amples dédommagements....

Le châtelain ne répondait plus que par des accents de fureur étouffés, mêlés de regards ironiques. Il éleva la main vers ses bandits. Mais sans attendre qu'on le prévînt davantage, Notger, en sommant de nouveau le brigand de se rendre, donna un signal convenu. Aussitôt les camails, les chapes, les surplis tombèrent à terre et laissèrent voir, au lieu de clercs et de chanoines, six cents hommes d'armes revêtus de casques, de cuirasses, de lourdes épées et de bonnes haches d'armes. Ayant lancé leurs flambeaux à la figure des soldats d'Immon, qui étaient loin de prévoir une telle péripétie, les hommes d'armes de l'Évêque tombèrent à grands cris sur les quatre cents voleurs. Ce fut une bataille vive et terrible et un épouvantable massacre.

Notger s'était fait accompagner des plus déterminés Liégeois. Les quatre cents sujets d'Immon, au bout d'une heure, étaient tous mis à mort. Anne, s'attachant à son époux, avait cherché à lui faire un rempart de son corps. Un homme d'armes la saisit, et, reconnaissant la veuve de Henri de Marlagne, il la précipita dans le puits de Chiévremont, qui était un abîme, pendant que d'autres lançaient Immon lui-même, du haut des remparts, dans les précipices où il tomba sans vie (1).

(1) Ces dernières circonstances, comme le remarque aussi M. de Gerlache, ne sont point rapportées dans les chroniques contemporaines. Elles n'ont été écrites que long-temps après, peut-être sur des docu-

Après cela, les hommes du Prince mirent le feu à la place, démolirent tout, jusqu'aux églises, dont ils emportèrent les reliques, et ils ne sortirent qu'après avoir fait du repaire un monceau de ruines.

L'enfant d'Immon et d'Anne fut baptisé et emporté à Liége. On ignore ce qu'il devint ensuite. Mais, si vous allez à Chiévremont, les villageois vous diront que sur cette montagne, qui n'est plus un coupe-gorge, on entend encore la nuit des gémissements dans le feuillage, où trois âmes se viennent lamenter, celles d'Immon, de sa femme et de son enfant...

Quant à Notger, il poursuivit glorieusement son administration, qui l'a fait regarder comme le véritable fondateur de Liége. A sa mort, tout le monde le pleura; et pourtant, dans la ville qui lui doit tout, il n'a pas d'autre monument que cette belle inscription, qu'on trouve dans des livres, mais qui n'est gravée nulle part :

Notgerum Christo, Notgero, cætera debes (1).

— Sortons un peu des légendes de guerre et des scènes tragiques, dit alors Jacques Loyseau; et puisque l'histoire qui se termine nous a conduits dans le

---

ments que nous n'avons plus. — On a publié à Liége, il y a quelques années, un roman sans couleur et sans aucune espèce de vérité, intitulé : *La prise de Chiévremont*. Ce squelette in-8°, à prétentions historiques, s'est vu privé de tout succès.

(1) Liége a reçu du ciel Notger, et de Notger tout le reste.

pays de Liége, permettez-moi de vous occuper un moment d'une célébrité plus populaire.

MATTHIEU LAENSBERGH.

> Voilà donc le sublime siége
> Où, flanqué des trente-deux vents,
> L'auteur de l'Almanach de Liége
> Lorgne l'histoire du beau temps
> Et fabrique avec privilége
> Ses astronomiques romans.
>
> GRESSET.

Toutes les cloches de Saint-Lambert de Liége avaient sonné à grandes volées la messe de la Fête-Dieu de l'année 1628; le Prince-Évêque, réconcilié avec ses turbulents sujets, officiait ce jour-là. Il le fit avec tant de splendeur que jamais, de l'avis des assistants, depuis seize années que régnait son altesse monseigneur Ferdinand de Bavière, il n'avait été déployé plus de pompe. Les soixante chanoines de Saint-Lambert l'assistaient dans tout l'éclat de leur dignité; l'évêque d'Osnabruck et d'autres prélats remplissaient les fonctions de diacres et de sous-diacres. Le Prince-Évêque était revêtu d'une magnifique chasuble du plus haut prix, où l'on voyait par-devant la Vierge Marie brodée en or, tenant dans ses bras l'Enfant Jésus tout en perles fines; et de l'autre côté un crucifix éclatant, la croix brodée en argent pur, le Seigneur en perles orientales, dont les nuances faisaient les ombres; les clous des pieds et des mains en gros diamants.

Cet ornement splendide n'était porté que par l'Évêque, dans les plus hautes solennités. C'était un présent du pape Grégoire X, qui, avant de parvenir au souverain pontificat, avait été archidiacre de Saint-Lambert de Liége, et n'avait pas oublié sous la tiare ses chers Liégeois.

Parmi les personnages importants qui remplissaient l'église cathédrale, à la messe de la Fête-Dieu de l'année 1628, on remarquait deux jeunes hommes qui paraissaient tous deux avoir trente ans. L'un, au regard poétique, aux traits doux et fins, était le jeune peintre Gérard Douffet, élève de Rubens et récemment arrivé de Rome. L'autre était un gentilhomme à la figure ouverte et franche; il se nommait Guillaume Beeckman, seigneur de Vieux-Sart.

Beeckman avait promis à Douffet, dont il était l'ami, de lui faire voir à la procession Catherine d'Ardespine, sa fiancée, qu'il devait épouser sous peu de jours. Et en effet, lorsque devant le portique de Saint-Lambert les bannières de Saint-Barthélemi furent venues, comme toutes les autres paroisses, se joindre au clergé de l'église cathédrale, Beeckman, d'un léger coup d'œil, indiqua à l'artiste une jeune fille remarquable par sa gracieuse modestie. C'était Catherine.

Douffet l'admira longuement; et il se fut aperçu que lui-même il en devenait épris, si la pensée qui lui revint, qu'elle était la fiancée de son ami, ne la lui eût présentée aussitôt comme un être sacré pour lui.

Les deux artistes suivirent la procession; ils assistèrent pieusement aux pompes de la sainte messe; et après que l'Évêque eut donné la bénédiction au peuple, ils sortirent de la foule. Beeckman était rayonnant de bonheur; Gérard, préoccupé. Dans leur entretien, on eût pu remarquer que le premier, à la manière dont il exposait ses sentiments, était heureux d'une espérance qui servait ses intérêts; le second semblait chercher à rétablir la sérénité de son âme, qu'un nuage enveloppait.

— N'est-ce pas, disait Beeckman, que c'est une charmante jeune fille?

— Toute ravissante, assurément; et vous l'aimez?

— Elle m'aime beaucoup.

— Quelle est sa famille?

— Très-honorable. Mais elle n'a plus qu'un oncle, qui l'a élevée, un vieux chanoine de Saint-Barthélemi.

— A-t-elle de la fortune?

— Peu. Mais la fortune acquise n'est rien; l'important, mon cher Gérard, c'est la fortune à faire: voilà ce qui m'attache à Catherine. Son oncle, ce bon chanoine qui, au moyen de l'astrologie et des horoscopes, a le don de prévoir les choses futures... Mais vous l'avez vu à la procession. C'était ce beau vieillard aux cheveux gris ondoyants, à la figure rose et bienveillante, autour duquel la foule se pressait avec tant de respect et d'affection... Eh bien! il a prévu de grandes choses pour l'époux de sa nièce. Et qui sait? Jusqu'ici tous ses pronostics se sont confirmés. Aussi le peuple le révère.

— Mais, entre nous, qu'a-t-il prédit?

— Je puis vous le dire en secret, mon brave Gérard. Il a lu, dans le ciel sans doute, que sa nièce Catherine épouserait un homme qui croîtrait en dignités, et qu'elle serait heureuse lorsque ses concitoyens auraient élevé son mari au-dessus d'eux tous.

Gérard Douffet, devant ce mystérieux oracle de l'astrologie, tomba dans une sorte de méditation. Beeckman l'en tira bien vite.

— Si vous voulez faire un peu de toilette, dit-il, car vous êtes couvert de poussière, je vous présenterai tout à l'heure à ma fiancée et à son oncle.

— De tout mon cœur, dit Gérard.

— Êtes-vous des Chiroux ou des Grignoux?...

L'artiste fit répéter ces mots, qui étaient nouveaux pour lui; et il faut savoir, pour comprendre cette question, que les Liégeois alors, comme presque toujours, étaient divisés en deux factions. Les petits-maîtres, qui tenaient pour le parti de l'Évêque, avaient rapporté de Paris le pourpoint serré de la cour de Louis XIII, le feutre à larges bords orné d'une longue plume, la vaste culotte bouffante qui tombait, panachée de nombreux rubans, sur le haut du mollet, et laissait voir le bas de la jambe chaussée de blanc. On les nommait Chiroux, parce qu'on trouvait qu'ils ressemblaient un peu à des hirondelles à queue blanche, qui portent ce nom à Liége. Les autres, qui faisaient de l'opposition à l'Évêque et tenaient aux anciens costumes du pays, étaient appelés Grignoux, d'un mot wallon qui signifie grichus, mécontents, grognards ou grondeurs. Ils étaient les plus nombreux, et Beeckman était de leur parti.

Gérard Douffet, à l'interpellation plus clairement répétée de son ami, répondit :

— Moi, je suis peintre.

— C'est parfait, dit Beeckman; mettez alors votre costume romain; vous ne déplairez à personne. Et en avant !

Les deux amis passèrent par la rue d'Amay, où demeurait Gérard, qui s'habilla à la hâte, et ils se rendirent à la rue de la Sirène, où se trouvait la maison du bon chanoine de Saint-Barthélemi et de sa jolie nièce.

Ce fut Catherine qui vint ouvrir. Elle accueillit avec une naïve aisance Beeckman et son ami.

— Je vous présente, dit Beeckman, un élève du grand Rubens, un Romain, ou du moins un Liégeois qui vient de Rome, qui excelle dans le portrait, et qui pourra faire le vôtre.

La jeune fille rougit; et Gérard sentit encore qu'il se troublait.

— Pourrons-nous voir votre excellent oncle? reprit Beeckman; je veux lui faire connaître mon peintre.

— Il est un peu fatigué, dit Catherine; il a passé une partie de la nuit dans le clocher de Saint-Barthélemi. Mais vous savez qu'il aime toujours à vous recevoir. Il est là avec un de ses amis.

En achevant ces mots, la jeune fille ouvrit une petite porte qui donnait dans un cabinet assez vaste, mais obstrué de globes, de sphères, de télescopes, de compas, de manuscrits et de livres, d'instruments d'astrologie et de mathématiques. Gérard, en entrant, salua un homme d'environ soixante ans, dont les cheveux étaient gris, le regard plein d'esprit et de bonté. — Eh bien, mon père! dit Beeckman, où en sont les Centuries?

— Elles avancent, mon enfant, dit le vieillard, vous y trouverez des choses curieuses sur les mœurs et les usages des différents peuples.

Mais Gérard ne reconnaissait pas le chanoine de la procession; et en effet celui qui venait de parler était le vénérable Ernest Surlet de Chokier, chanoine et grand-vicaire de Saint-Lambert, savant qui à la fois composait des ouvrages utiles et faisait bâtir des hôpitaux dans Liége, sa ville natale, où l'on n'a pas oublié sa mémoire. Un autre personnage, plus âgé, plus gros et plus réjoui, sortit alors d'une embrasure de fenêtre, où des piles d'in-folio l'avaient caché un instant, et vint à la voix de Beeckman, tenant à la main un cahier griffonné de signes hiéroglyphiques. Celui-là était l'oncle de Catherine, le bon chanoine Matthieu Laensbergh, mathématicien et astrologue, quoique professeur de philosophie.

— Salut à mon brave Guillaume, dit Matthieu en prenant la main de Beeckman ; tu nous amènes un artiste, un grand peintre. Il sera de nos amis.

— Quand je vous disais qu'il est sorcier ! s'écria joyeusement Beeckman, tourné vers Gérard. De la bonne sorcellerie pourtant, ajouta-t-il, et sans commerce avec le diable. Mais vous voyez, Douffet, qu'il vous devine.

Le peintre salua, un peu surpris.

— Et publierez-vous bientôt votre almanach? reprit Beeckman.

— Pas encore, dit l'astrologue. J'aime à vivre en paix; et les médecins se révoltent déjà, parce que j'empiète, disent-ils, sur le droit qu'ils ont exclusivement de traiter les gens, — qu'ils traitent si bien !

En même temps le chanoine de Saint-Barthélemi montrait un calendrier, où il avait marqué les travaux champêtres et les conseils de l'hygiène par des emblèmes. Ainsi une petite paire de ciseaux dénotait le jour où il faisait bon se couper les cheveux, un robinet le jour où l'on pouvait se baigner, une petite main le jour où l'on devait se rogner les ongles, une fiole le jour de médecine, une lancette le jour favorable à la saignée.

On causa ensuite de sciences et d'horoscopes.

L'astrologue engagea les deux amis à remettre une partie de campagne, qu'ils projetaient pour le lendemain, en leur annonçant un orage (qui eut lieu). Gérard était aussi étonné de l'oncle que charmé de la nièce.

Deux jours avant le mariage de Guillaume Beeckman avec Catherine, soit que la jeune fille eût une pensée que nous ne savons pas, soit qu'elle commençât à douter du sentiment qu'elle avait pour Guillaume, se trouvant seule avec son oncle, elle lui demanda s'il ne consentirait pas, avant qu'elle s'engageât par le nœud éternel, à lui faire l'horoscope de son fiancé?

— Non, ma fille, dit Matthieu Laensbergh. La vie est déjà assez pleine d'inquiétudes. Je ne veux là-dessus ni en avoir, ni t'en donner. Il arrivera ce qu'il plaira à Dieu. Qu'il nous suffise de savoir que Guillaume est un brave garçon, ambitieux peut-être plus qu'il ne faudrait; mais ton sort est d'avoir, comme tu sais, un mari élevé en honneurs.

Guillaume Beeckman et Catherine d'Ardespine furent donc unis; et Gérard Douffet, en assistant à leur noce, qui fut brillante et splendide, leur annonça qu'il partait, le lendemain, pour un petit voyage. Il sentait qu'il devait étouffer à sa naissance une passion qu'il ne lui était plus permis de nourrir; en conséquence, le lendemain, il prit la route de l'Allemagne, dont il voulait étudier les artistes.

Quelque temps après, Ferdinand de Bavière gouvernant sa principauté avec assez peu de bonheur, il survint de nouveaux troubles à Liége. Le prétexte en était l'établissement d'un nouvel impôt sur la viande. Les bouchers avaient déclaré que, si on tentait de lever cet impôt, ils résisteraient, et que, comme sous Adolphe de Waldeck, ils étaleraient et vendraient leur viande, le sabre à la main. Dans ces circonstances, les métiers et les bourgeois nommèrent bourgmestre Guillaume Beeckman, qui vit ainsi commencer l'horoscope.

Le Prince-Évêque voulut casser cette élection faite par les mécontents. Il n'en put venir à bout et ne fit qu'accroître le tumulte.

Mais un matin, on trouva au milieu du chœur de Saint-Lambert un paquet cacheté. On alla l'ouvrir à la porte de l'église, en présence du bourgmestre. C'était une sentence d'excommunication, lancée par l'Évêque, qui mettait la ville en interdit. Un grignoux saisit aussitôt cette pièce, et montant sur une borne :

— Liége, s'écria-t-il, est la fille de l'Église Romaine, comme dit la légende du grand sceau de notre ville, *Legia Ecclesiæ Romanæ unica filia*. Le Pape seul a le droit de nous excommunier.

— C'est vrai, dit un houilleur. A bas Ferdinand de Bavière !

La foule égarée se jeta sur la sentence de l'Évêque et la mit en pièces.

4.

— A bas le Prince-Évêque !

— Soutenons nos priviléges et nos franchises !

— Vivent les bourgmestres !

— A bas les Chiroux !

— Vive Guillaume Beeckman !

— Au perron ! il faut nommer un mambour !

Tels étaient les cris de la multitude.

Le perron, au milieu de la grande place, était, comme on le sait, le forum du peuple liégeois. Lorsqu'il n'avait pas d'évêque ou qu'il déposait son prince, il nommait un mambour, qui était un administrateur pour le temporel pendant l'interrègne. Beeckman frémit de joie.

— Une fois mambour, disait-il, j'aurai droit de mener les Liégeois à la guerre. Je serai dictateur en quelque sorte. L'horoscope va son chemin ; et sait-on si je ne serai pas prince ?

Mais en arrivant au perron, la foule y aperçut deux vieillards, dont l'aspect imposa le calme. C'était le bon chanoine Surlet de Chokier avec Matthieu Laensbergh. Le premier apportait une lettre du Prince-Évêque, qui reconnaissait les élections faites par le peuple, renonçait aux nouveaux impôts et accordait toutes les concessions qu'on demandait. Aussitôt le peuple rentra dans le devoir ; et chacun s'en retourna chez soi.

Matthieu Laensbergh prit la main de Beeckman, qui semblait un peu désappointé.

— Vous vous attendiez, mon fils, lui dit-il, à un

accroissement de dignité. C'est sur cette place même qu'il doit avoir lieu. Mais le jour n'en est pas encore venu. Je désire aussi vivement que vous qu'il ne se fasse pas attendre.

Beeckman parut légèrement interdit; car le vieillard soupirait en se retirant. Et en effet le bourgmestre, tout en proie à ses idées d'ambition, était loin de rendre sa femme heureuse. Il s'en occupait à peine; il la rudoyait; et la pauvre Catherine pleurait en silence. Mais son oncle voyait clair. Le digne astrologue croyait lui-même de très-bonne foi à ses prédictions. Il souhaitait donc véritablement, tout autant que Beeckman, de le voir en position de faire le bonheur de sa nièce, puisque l'horoscope disait qu'elle serait heureuse, quand elle verrait son mari élevé au-dessus de ses concitoyens.

Mais un accident vint déranger les magnifiques calculs de l'ambitieux bourgmestre. A la suite d'un festin, Guillaume Beeckman mourut subitement, le 29 janvier de l'année 1630, empoisonné, dit-on, par ses ennemis, ou plutôt frappé d'un coup d'apoplexie.

Cette mort imprévue désenchanta un instant Matthieu Laensbergh de l'astrologie. Catherine pleura son mari, — quoiqu'elle perdît peu de tendresse. Gérard Douffet, qui, pour éviter de voir une femme qu'il ne lui était plus permis d'aimer, était allé s'établir à Dusseldorf, où il achevait son beau tableau de l'invention ou découverte de la sainte Croix par l'im pératrice Hélène, où il commençait sa grande composition du martyre de Sainte-Catherine, Gérard n'eut pas plutôt appris la mort de Beeckman, qu'il revint à Liége.

Vous devinerez facilement la suite. Catherine l'aimait aussi. Après l'année de deuil, elle épousa Gérard Douffet, qui lui fit connaître les jours heureux.

Cependant les bourgeois de Liége, dont Guillaume Beeckman avait été la créature, lui firent élever devant le perron une statue, sur un haut piédestal; et un soir que Matthieu Laensbergh contemplait sa nièce, berçant tendrement son enfant sur ses genoux, au murmure d'une naïve ballade qu'elle avait faite elle-même:

— Voilà Beeckman élevé au dessus de ses concitoyens, dit l'astrologue; que pensez-vous, Catherine, de mon horoscope?

La jeune femme ne répondit que par un timide sourire.

Mais le peuple proclama Matthieu Laensbergh un homme admirable; et son almanach, qui paraît glorieusement chaque année, depuis 1636, inépuisable dans ses prophéties, ne cesse tous les ans de nous inonder de bonnes prédictions, qu'il faut seulement savoir comprendre....

— Pour moi, dit Frédéric van Swieten après ce récit, je désire vous conter, complètement restituée, une légende qu'on a défigurée partout ; elle se rattache, non à la guerre, ni aux Liégeois, mais à Philippe-le-Bon. J'use de la liberté qui nous est accordée de ne pas suivre un thème logique.

LE PRINCE D'UN JOUR.

> Si vous croyez que c'est si aisé d'être prince et d'en faire la charge!
>
> *Arlequin roi par hasard.* (Ancien Théâtre Italien.)

Philippe-le-Bon, duc de Bourgogne, comte de Flandre, souverain de la plus grande partie des Pays-Bas méridionaux, étant devenu encore, par l'abdication de Jacqueline de Bavière, comte de Hollande, de Zélande et de Frise, alla recevoir dans ses nouveaux États les serments de fidélité. Il était accompagné d'Isabelle de Portugal, sa jeune épouse, en l'honneur de laquelle il donna de belles fêtes, dans le palais de la cour de Hollande, à La Haye.

Pendant ces ébats, qui égayèrent les vastes édifices qu'on appelle aujourd'hui à La Haye le Binnenhof, il arriva une petite aventure que quelques chroniqueurs ont placée à Bruges, et d'autres à Dijon, mais sans raison et sans autorité; car le héros de l'histoire est un ivrogne, dont la conduite scandalisait la ville ; ce qui est conforme aux mœurs de La Haye, alors très-réglées ; tandis qu'à Bruges en ce temps-là, et à Dijon dans tous les temps, les gens qui laissent leur raison au fond d'un verre, sont malheureusement en si grand nombre, qu'on flétrit à peine leurs écarts.

Du reste, le fait a été célébré de plus d'une manière et mis au théâtre plus d'une fois, mais toujours avec de nombreuses altérations. Le père Ducerceau en a fait une charmante comédie de collége. Nous donnerons de ce trait singulier une narration fidèle, établie sur les récits et les traditions les plus exactes.

I.

Il y avait à La Haye, au coin de la rue dite Korte-Poote, ou rue des Petits-Pieds, et de la rue des Grands-Pieds (Lange-Poote), une modeste boutique où vivait joyeusement un jeune homme qui se nommait Willem. Il était du métier des savetiers. Il travaillait si vite et si bien, qu'il gagnait très-agréablement sa vie et celle de sa mère, qui n'avait d'autre soutien que lui. Quoiqu'il eût trente ans il n'était pas marié. La raison en était que les sages jeunes filles du voisinage ne voulaient point pour époux un homme qui avait de mauvaises habitudes. Willem ne pouvait souffrir qu'une fête passât devant lui sans la célébrer comme un homme très-altéré ; et les réjouissances publiques ne manquaient jamais de mettre sa bourse à sec. Si quelques princes donnaient un festin ou un bal, il se croyait tenu à leur faire raison en buvant à leur santé dans quelque cabaret. Sa mère, après beaucoup de réprimandes inutiles, avait pris son parti de cette habitude, que Willem rachetait par ses soins, son travail et sa tendresse filiale.

Or, pendant les fêtes que Philippe-le-Bon donnait avec faste, Willem, à qui tous les princes étaient chers, s'imagina qu'il faisait partie essentielle des joies de la cour; et muni de quelques florins, qu'il avait cachés à sa mère, il se mit à boire gaiement, pour montrer qu'il prenait part au contentement de son souverain, vidant chaque coup à son honneur, et s'appuyant cordialement sur cet absurde usage de s'enivrer à la santé d'un homme qui ne s'en porte pas mieux.

Le bon duc Philippe, avec un caractère peut-être un peu trop absolu, étant homme d'imagination, avait coutume de se promener quelquefois la nuit, sans entourage nombreux, habillé en simple gentilhomme, soit pour juger par ses yeux de l'état et de la police des villes, soit pour jouir aussi du plaisir qui n'est pas à dédaigner de se trouver un moment hors de l'étiquette, libre comme un homme après avoir été tout le jour esclave comme un prince. Ainsi faisait le fameux kalife Haroun-al-Reschid, le héros des *Mille et une Nuits;* ainsi avaient fait en

Espagne Pèdre-le-Justicier, et Charles-le-Sage en France; ainsi fit plus tard Charles-Quint.

La même nuit où nous avons laissé Willem à table, après que le klaperman ou crieur nocturne eût annoncé minuit, Philippe-le-Bon, profitant d'un délicieux clair de lune, sortit du Binnenhof par une petite porte bastionnée, aujourd'hui la porte de Maurice, et traversant le potager du palais, à présent le *Plein*, il tourna à gauche, monta au Tournooiveld ou champ des Tournois, et gagna la promenade plantée du Voorhout.

Il n'était suivi que de trois de ses officiers, à savoir Jacot de Roussay, Hue de Lannoy et Jean de Berghe.

La fraîcheur de la nuit l'engageait à doubler le pas, lorsqu'au pied d'un arbre il aperçut un homme étendu sans mouvement.

— Il n'est pas possible, dit-il, que cet homme dorme par le froid qu'il fait. Serait-ce là un meurtre?

— Il n'y a pas de meurtres à La Haye, répondit Jean de Berghe.

Philippe s'étant approché de l'homme, le remua du pied sans qu'il donnât signe de vie. Il l'appela; l'homme ne répondit point.

— Voyez, messieurs, s'il n'est pas mort, dit le Prince.

Hue de Lannoy, s'étant penché, reconnut que le cœur battait et n'aperçut ni plaie ni contusion.

— C'est un homme ivre, dit Jacot de Roussay.

La lune dans son plein jetait ses rayons sur la figure du dormeur. Jean de Berghe le regarda un instant, puis il s'écria :

— Par le lion de Hollande, monseigneur, cet homme endormi est le joyeux Willem ; il faut qu'il ait bu largement aujourd'hui à la santé de Votre Altesse.

Le bon duc Philippe, satisfait de n'avoir pas là un crime à rechercher, et réjoui de ce qu'on lui raconta de Willem, conçut tout à coup une idée folle.

— Nous avons compassion, dit-il, du réveil de cet homme ; et puisqu'il aime la joie, nous voulons qu'il ait demain une fête à laquelle il ne s'attend pas. Il pourra en même temps nous égayer aussi, et divertir par un plaisir tout nouveau notre royale épouse. Messieurs, emportons ce dormeur à notre palais, et je vous ferai pour demain une journée de liesse.

Jean de Berghe et Hue de Lannoy chargèrent Willem sur les vigoureuses épaules de Jacot de Roussay, qui l'emporta au palais des comtes de Hollande, sans que le pauvre diable s'éveillât. Il ronflait avec tant de rondeur, que Philippe-le-Bon en était tout émerveillé, et qu'il se complaisait de plus en plus dans la pensée des plaisirs que cette rencontre allait lui donner.

On ôta à Willem ses vieux habits ; on le lava d'eau de senteur ; on lui mit une fine chemise de toile de Harlem ; on le coiffa d'un élégant bonnet de soie. Après quoi on le coucha, toujours dormant comme s'il eût été enchanté, dans le lit même de Philippe-le-Bon. Le Duc et ses officiers se retirèrent ensuite pour aller prendre du repos, bien assurés que le jeune dormeur ne s'éveillerait pas avant le jour, dans son excellent lit de prince.

Isabelle de Portugal attendait au milieu de ses femmes le Duc son époux. Quoiqu'elle fût d'un caractère sérieux, elle ne put s'empêcher de sourire d'avance à l'espoir du spectacle que le réveil du savetier lui réservait.

II.

Et le lendemain matin, dès l'aube du jour, le Prince et la Princesse, très-simplement vêtus, se mêlèrent à leur cour brillante et nombreuse, qui se rendait à la vaste salle ornée de soie et d'or, où Willem était couché.

Il dormait encore.

Le maréchal de Bourgogne, en grand costume, s'approcha du lit, touchant légèrement l'ivrogne à l'épaule : — Monseigneur, lui dit-il, il est l'heure où votre altesse se lève.

Car Philippe-le-Bon voulait qu'on fît croire à ce pauvre homme qu'il était le prince souverain.

Comme il ne répondit point, un page lui prit la main, dans laquelle il frappa doucement pour l'éveiller.

Willem entr'ouvrit les yeux, puis les frotta comme pour dissiper un éblouissement, puis les ouvrit tout grands, regarda autour de lui d'un air effaré; et sans doute persuadé qu'il était bercé par un doux songe, il se retourna pour se rendormir, le sourire sur les lèvres.

Mais on le secoua plus vivement; on l'éveilla de nouveau; et de nouveau le maréchal de Bourgogne s'approcha et lui dit :

— Monseigneur....

— Hein? répondit Willem en tressaillant; vous avez dit : Monseigneur. A qui parlez-vous donc là? Est-ce qu'il y a ici un prince?

Il mit encore la main sur ses yeux, regarda d'une manière indéfinissable tout autour de lui, et surpris de ce qu'il voyait :

— Si c'est un rêve, dit-il en se parlant à lui-même, c'est un beau rêve.

Il s'était mis sur son séant.

— Monseigneur, reprit très-gravement le maréchal de Bourgogne, voici l'heure où votre altesse se lève.

— Monseigneur, répéta Willem en se parlant derechef à lui-même, monseigneur !.... où suis-je donc?

Alors, sans attendre de réponse à la question qu'il se faisait, il se mit à tâter les rideaux splendides qui garnissaient son lit, la riche courte-pointe brodée qui le couvrait, les draps fins dans lesquels il était couché, la chemise de prince dont il était vêtu. Il ôta son bonnet de soie, dont l'élégance le consterna. Il flaira ses mains, qu'on avait lavées avec des odeurs suaves, et qui en étaient encore parfumées.

— Où suis-je? reprit-il, et qu'est-ce que c'est que tout cela?

Ne reconnaissant autour de lui ni son cabaret, ni sa boutique, il se touchait et se pinçait, pour s'assurer qu'il était bien lui.

— Si je suis en prison, dit-il enfin, on n'y est pas mal.

Les spectateurs de ce réveil s'en amusaient extrêmement. Tandis qu'il fixait, d'un air presque hébété, les officiers éclatants et les dames de la cour qui entouraient la chambre, le maréchal de Bourgogne revint à la charge:

— Ne nous reconnaissez-vous pas, monseigneur? dit-il; et votre altesse aurait-elle fait un mauvais somme? Je suis votre maréchal de Bourgogne?

— Et moi, monseigneur, votre chancelier, dit un autre en s'avançant.

— Et moi, monseigneur, votre grand-échanson.

— Et moi, monseigneur, votre maître-d'hôtel.

— Et moi, monseigneur, votre grand-panetier.

— Et nous, monseigneur, les pages de votre altesse, poursuivirent plusieurs voix lutines, comme disent les dames qui font des romans.

— Et moi, monseigneur, le capitaine de vos gardes.

— Et moi, monseigneur, le maître de votre artillerie.

— Et nous, monseigneur, vos greffiers de justice.

— Et moi, monseigneur, l'intendant de votre garde-robe.

— Et moi, monseigneur, le gouverneur de votre palais de La Haye.

Tous les officiers présents passèrent en revue devant Willem, à qui ils déclinèrent respectueusement leurs titres.

Une femme de chambre de la Princesse vint à son tour, dans un gracieux costume :

— Et moi, monseigneur, ajouta-t-elle, ne suis-je pas la royale épouse de votre altesse ?

— Ah ! vous êtes mon épouse ! dit vivement le savetier, en sortant avec effort de sa stupéfaction ; je ne savais pas être marié encore. Mais pourtant je ne m'en repens pas.

Tout le monde éclata de rire, à cette galanterie de Willem. Pour lui, le pauvre garçon, son esprit se perdait dans toutes ces émotions si rapides ; et il ne se croyait pas encore ce qu'on voulait lui persuader qu'il était.

Cependant il eut beau affirmer qu'il était Willem, on ne cessa de lui répondre qu'il voulait affliger ses fidèles serviteurs ; on lui protesta si unanimement et si chaudement qu'il était le seigneur comte de Hollande, que la tête du jeune homme se dérangea, et qu'il finit par penser que son ancien état pouvait bien n'être qu'un mauvais souvenir.

— Au fait, s'écria-t-il, j'aime autant être prince que savetier. Mais j'étais furieusement ensorcelé jusqu'ici, car j'ai cru long-temps que j'étais savetier au coin du Korte-Poote. Ainsi, poursuivit-il, je ne m'appellerais pas Willem?

— Monseigneur veut nous désoler, dit la femme de chambre.

— Ainsi je serais le très-glorieux, très-puissant et très-noble Philippe, duc de Lothier et de Bourgogne, comte de Hollande et de Zélande, de Flandre et de Hainaut, seigneur de Frise?.... S'il n'y a pas de sorcellerie là-dessous, c'est superbe.

— Monseigneur sait bien ce qu'il est, et son altesse prend ce matin un petit divertissement! dit avec une gaieté respectueuse le maréchal de Bourgogne.

— Vous avez raison, répliqua Willem d'un air très-accablé. C'est moi qui suis une bête. L'esprit humain est bien faible, continua-t-il. Je suis certainement le duc de Bourgogne, puisque vous le dites. Mais où m'étais-je imaginé que j'étais savetier au Korte-Poote? Tout ce palais est donc à moi?

— Monseigneur peut-il en douter?

— Et ce lit aussi? C'est un excellent lit. Je n'ai jamais dormi d'un meilleur somme. Et vous reconnaissez que cette jeune dame est mon épouse? J'en suis bien flatté.

L'assemblée rit de nouveau, en se contenant. La femme de chambre, qui remplissait le personnage de la Duchesse, dit alors :

— Nous allons nous retirer un moment pour le lever de son altesse.

Les dames sortirent.

— Quel haut-de-chausses monseigneur veut-il mettre aujourd'hui? demanda, en s'approchant de l'air le plus digne, l'intendant de la garde-robe.

— Quel haut-de-chausses? Il paraît que j'ai l'embarras du choix. En vérité, je ne m'en doutais pas. Donnez-moi le haut-de-chausses que vous voudrez, pourvu qu'il n'y ait pas de trous.

— Monseigneur est bien gai ce matin. Aucun de ses hauts-de-chausses n'est en mauvais état. Votre altesse veut-elle, poursuivit l'intendant, son haut-de-chausses de velours vert brodé d'or?

— Donnez le haut-de-chausses de velours vert brodé d'or, dit le savetier.

— Les jarretières de grenat et les poulaines de même?

— Donnez tout cela, comme vous dites.

— Les souliers à la poulaine en maroquin rouge?

— S'il vous plaît.

— Le pourpoint de satin ponceau?

— Ce sera à merveille.

— La ceinture de filet de soie puce et argent?

— C'est parfait.

— La toque noire à crevés de pourpre?

— Si cela vous fait plaisir.

— Et, pour la messe, le manteau d'hermine?

— Je suis de votre avis.

Quatre pages apportèrent ces pièces d'habillements sur des carreaux de soie et se disposèrent à en vêtir l'honnête Willem.

— Laissez donc, dit-il; croyez-vous que je n'aie pas la force de m'habiller moi-même?

— Ce n'est pas l'usage de votre altesse, dit l'intendant de la garde-robe, — à moins que monseigneur ne soit malade; et alors ses fidèles serviteurs doivent au contraire redoubler de zèle.

Malgré qu'il en eût, le comte de Hollande improvisé fut obligé de se laisser habiller par les officiers et les pages. Pendant ce temps-là, on voyait qu'il luttait intérieurement contre ses préoccupations. Il paraissait chercher dans ses mains les vieilles odeurs du cuir et de la poix, qu'il n'y retrouvait plus. Il avait l'air d'éprouver une succession de surprises, qu'il n'osait plus exprimer, à mesure qu'on l'affublait d'or et de pierreries. Quand il fut habillé, on fut étonné de le voir se placer devant un miroir, s'ajuster et se donner une contenance qui annonçait un certain goût inné. Il sembla enfin avoir pris son parti, demandant les choses dont il avait besoin, mais parlant toujours avec une humble bienveillance.

La Cour le conduisit à la salle à manger, où l'on avait servi un déjeuner friand et recherché. Il fut tellement séduit par la bonne chère et par quelques verres d'excellent vin qu'on lui versa, que décidément il ne recula plus devant les conséquences de son titre de comte de Hollande, et qu'il se laissa faire.

Après le déjeuner, il témoigna le désir de s'aller promener dans les rues de La Haye, sous son riche vêtement. On n'a jamais bien su quelle pouvait être sa pensée. Mais on lui représenta qu'il fallait aller à la messe, et on le fit entrer dans la chapelle de la Cour, dont on admirait les trois splendides autels, consacrés à Notre-Dame, à saint Yves et à saint André. Comme, malgré ses défauts, Willem avait toujours conservé des sentiments religieux, et qu'il remplissait ses devoirs de chrétien, on fut ravi de le voir dire humblement ses prières, dans une contenance à la fois grave et modeste.

Mais à dix heures, il fut plus embarrassé, lorsqu'ayant été conduit à la salle du trône, on lui dit qu'il fallait présider une séance de justice et rendre des sentences.

III.

Ce serait assurément une comédie très-plaisante que la fidèle peinture, dans tous ses détails, de la mémorable journée que nous retraçons ici. Mais n'ayant pas été spectateur de ce drame bizarre, nous devons nous borner à rapporter ce que nous ont transmis les récits contemporains.

Dès que Willem fut assis sur le trône, on appela devant lui diverses causes ; on fit paraître des plaideurs. Les circonstances de ces procès burlesques sont pour la plupart d'une nature si triviale, ou du moins les documents que nous en avons sont si altérés, que nous n'osons les consigner ici. Ils sont d'ailleurs sans intérêt.

Le savetier-prince rendit plusieurs arrêts, avec un aplomb qui étonna Philippe-le-Bon et sa cour. Alors on fit entrer un homme qui réclamait, au nom du maître d'un cabaret de la chaussée de Schéveningue, une somme de onze florins que lui devait, disait-il, un certain ivrogne du métier des savetiers, appelé Willem.

— Je connais ce garçon-là, interrompit le juge ; et il n'est pas nécessaire que vous le traitiez d'ivrogne. S'il ne paie pas, c'est qu'il n'en a probablement pas les moyens. Je lui veux du bien. N'ai-je pas là un trésorier ?

— C'est moi, monseigneur, dit un vieux gentilhomme en s'avançant.

— Eh bien ! reprit Willem, faites-moi le plaisir de payer les onze florins qu'on réclame et d'en tirer bonne quittance. Et pendant que vous y êtes, ajouta-t-il en s'avisant, vous allez envoyer de suite à mon ami Willem, au Korte-Poote, deux cents bons florins tout neufs.

— Votre altesse veut rire, dit le chancelier, en appelant un savetier son ami.

— Je sais ce que je dis, répliqua Willem. De plus, qu'on lui porte vingt-cinq bouteilles de cet excellent vin blanc que j'ai bu ce matin. Qu'on tire reçu du tout, et allons dîner.

On fit observer au prince qu'on ne dînait qu'à midi. On lui apporta des actes à signer. Le pauvre garçon ne savait pas écrire.

— Que me demandez-vous-là? dit-il à son chancelier.

— Je demande que votre altesse signe.

— J'ai à la main une crampe ou un froid qui ne me permet guère de tenir la plume, dit adroitement Willem. Signez pour moi, si la chose presse, ou remettons cela à un autre jour. Dans tous les cas, j'aimerais assez qu'on me lût mes actes avant de parler de signature : un prince, si je ne me trompe, n'est pas plus dispensé qu'un autre de savoir ce qu'il fait.

On lut un arrêté du bon duc qui accordait diverses petites pensions à de pauvres gens.

— Ajoutez, dit-il, une rente de cent florins à cet ami dont je vous parlais.

— Quel ami votre altesse veut-elle désigner?

— Mais vous le savez bien, Willem le savetier, au Korte-Poote.

— Il est modeste, dit Philippe-le-Bon tout bas; il aura cette pension.

On annonça en cérémonie que le dîner était servi. Avant de se lever, Willem demanda si on était allé payer les onze florins. On lui présenta la quittance.

— Et les deux cents florins que j'envoyais au pauvre Willem, avec vingt-cinq bouteilles de ce vin....

— C'est fait, monseigneur, répondit le trésorier.

— Vous avez un reçu? demanda-t-il, avec une certaine curiosité qui n'était pas dépourvue de quelque pensée de malice.

— Un reçu de la mère du jeune homme, monseigneur. Il paraît que Willem ne sait pas signer.

Le savetier rougit en prenant la pièce qu'on lui présentait. Il parut un instant préoccupé; mais, se secouant bientôt, il se remit dans son personnage et se laissa conduire à table.

Le dîner se présentait plus appétissant encore que le déjeuner. Willem ne tarda pas à s'en donner de tout son cœur. Il se montra fort joyeux de retrouver Godelive, la femme de chambre qu'on lui disait être sa royale épouse, et qui faisait passablement le rôle d'Isabelle de Portugal. Il fut même galant pour elle; mais, soit à cause de son air de princesse et de la richesse de son costume, soit à cause de la confusion de ses idées, il lui témoignait tant de respect, qu'il n'osait pas même lui toucher la main.

A la suite du dîner, qui dura long-temps, un bal brillant vint encore varier l'étonnement de Willem. Il était enchanté de la société, du luxe, de la musique, du bon ton, de l'atmosphère embaumée dans laquelle il se trouvait. Mais, par-dessus tout, il s'occupait avec empressement de Godelive, et se montrait si plein de soins et de prévenances qu'elle en fut étonnée.

A sept heures du soir, on acheva de ravir Willem en le plaçant devant une table où éclatait, à l'entour d'un surtout de fleurs choisies, le souper le plus délicat. Jamais il n'avait soupçonné de pareilles joies.

On lui avait ménagé le vin, aux précédents repas. A celui-là, Philippe-le-Bon, qui avait ses projets et qui s'était complétement réjoui, donna de secrètes instructions. On le fit boire si adroitement et on l'enivra de telle sorte, qu'il s'endormit de nouveau comme on criait onze heures, et se mit à ronfler aussi magnifiquement que lorsqu'on l'avait ramassé sous l'arbre du Voorhout. C'est ce qu'attendait Philippe. Il le fit remettre dans son vêtement de savetier, et ordonna qu'on le reportât au lieu même où on l'avait rencontré la veille. Isabelle de Portugal, que le brave garçon avait fort divertie, en eut compassion et demanda qu'on le remît au moins dans son lit. Le désir de la Princesse fut écouté. Après qu'on eut recouvert Willem de ses habits, Jacot de Roussay et Jean de Berghe, vêtus eux-mêmes en simples bourgeois, le reportèrent au Korte-Poote; ils firent lever sa vieille mère :

— Voilà, lui dirent-ils, votre fils, que nous avons trouvé sous un arbre du Voorhout et que nous vous ramenons.

Ils le mirent sur son grabat.

— Grand merci, mes bons messieurs! dit la

vieille; le pauvre enfant se sera diverti encore. Il est absent depuis avant-hier.

IV.

Et le lendemain matin, Willem se réveilla une heure après le soleil, sur son modeste lit, dans son humble petite maisonnette.

L'heureuse surprise qu'il avait éprouvée la veille dans le même moment se changea en une sorte de consternation profonde : on s'accoutume vite au bonheur. Mais il eut beau se frotter les yeux, chercher ses vêtements d'or et ses rideaux de soie, appeler son échanson, l'intendant de sa garde-robe, ses autres officiers, ses pages alertes et sa royale épouse, — au grand étonnement de sa mère; — il eut beau examiner le plancher noirci de sa chambre et ses murailles tapissées de savates, pour y retrouver les peintures fraîches et les brillantes arabesques du palais des Comtes; il lui fallut, après une heure de désolation, reconnaître qu'il n'était que Willem le savetier, qu'il n'était ni prince, ni duc, ni comte; que sa chère duchesse était une illusion; il lui fallut calmer enfin les inquiétudes de sa mère, en lui disant, avec un gros soupir, qu'il avait fait un beau songe.

Il eut de la peine à retomber dans sa triste réalité. Il gémit, en réfléchissant à la splendeur dont il avait goûté un instant. Il pleura presque, en se rappelant tout ce qu'il avait vu; mais il finit par se lever.

Il ne fût pas sitôt debout, que des voisins vinrent lui apporter de l'ouvrage.

— Allons! j'étais un fou, dit-il; je suis bien Willem.

Il alla embrasser sa mère.

— Pardon si j'ai déraisonné, dit-il. Mais jamais on n'a fait un rêve comme le mien.

— Dites-moi pourtant, mon fils, où vous avez passé la journée d'hier?

— Je n'en sais rien.

Il allait conter son aventure, lorsqu'il aperçut dans un coin vingt-cinq bouteilles qui lui rappelèrent une circonstance de sa vie de prince.

— D'où viennent ces bouteilles-là? demanda-t-il.

— Ah! mon Dieu, j'étais si préoccupée de vous entendre battre la campagne, mon enfant, que j'oubliais de vous annoncer une surprenante nouvelle. Ces bouteilles-là sont vingt-cinq bouteilles d'excellent vin de la Cour, envoyées par le bon duc Philippe, notre seigneur, que Dieu conserve! avec la quittance du cabaretier de la chaussée de Schéveningue et, chose encore plus prodigieuse! deux cents beaux florins tout neufs. Est-ce que vous avez par hasard raccommodé les chaussures de monseigneur?

Willem était devenu, à ce récit, pâle et bouleversé.

— Je n'y comprends plus rien, dit-il; je suis Willem et je ne le suis pas. Je suis le comte de Hollande et je suis un pauvre savetier. C'est à s'y perdre. Mais goûtons ce vin.

Sans remarquer que son langage et son agitation inquiétaient de nouveau sa mère, il but une bonne rasade :

— Le même qu'hier! dit-il vivement. N'ayez pas peur, ma mère; je ne suis pas fou encore. Mais vous demandiez ce que j'avais fait dans la journée d'hier : j'ai été ensorcelé; car c'est moi qui ai envoyé tout cela... — N'importe, deux cents florins frais et ces vingt-cinq bouteilles : — tout n'est pas mal, dans l'aventure.

La pauvre mère s'imagina que son fils déraisonnait, parce qu'il était à jeun. Elle pressa le dîner, qui en effet, arrosé du vin de la Cour, le remit un peu. Toutefois il échappait à Willem des phrases si singulières, que dès le soir il passa pour fou dans son quartier. Il luttait pourtant contre ses souvenirs; mais sa raison ne pouvait les vaincre.

Au bout d'un mois, il pensa à sa pension de cent florins, qui faisait aussi partie de son rêve, et il s'étonna de n'en pas entendre parler.

Sur ces entrefaites, on annonça le retour du souverain et de sa cour, qui, trois jours après ce qu'il appelait son enchantement, étaient partis pour visiter les villes de la Frise et de la Nort-Hollande. Il courut au-devant du cortége, et, apercevant, dans la suite de Philippe-le-Bon, plusieurs visages qu'il croyait reconnaître, il retomba dans ses étranges perplexités.

Le dimanche vint. Il alla à la porte de la chapelle de la Cour. Là, à l'issue de la messe, il se rencontra face à face avec Godelive. Il chancela en la revoyant, car il sentait bien qu'il ne se trompait point. Il lui sembla qu'elle-même l'avait reconnu et qu'elle avait rougi. Mais il n'osa lui parler ; il se contenta de la suivre timidement jusqu'aux petits escaliers des grands appartements, où elle rentra après s'être retournée.

Mille idées incohérentes assaillirent Willem.

— Ce n'était donc pas une chimère, dit-il, et je suis véritablement sous la griffe de quelque sorcier !

V.

Il est probable que Godelive parla à sa maîtresse de sa rencontre, ou que des officiers du prince, qui avaient remarqué les démarches embarrassées de Willem, en dirent un mot à Philippe-le-Bon. Ce prince s'était trop bien diverti du pauvre savetier pour ne pas se le rappeler parfaitement. Il lui revint même en souvenir qu'il lui avait promis tout bas une petite pension et qu'il n'y avait plus songé. Il commanda qu'on le fît venir.

On n'eut pas la peine d'aller chercher Willem bien loin : on le trouva cloué au pilier où depuis une demi-heure il avait perdu de vue la dame de ses pensées.

Une sorte de gaîté avait déridé le noble front du souverain, à la pensée qu'il allait revoir celui qui, tout un jour, avait si singulièrement tenu sa place. Il ordonna qu'on le promenât dans les salles où il avait fait le prince. Willem se reconnut partout et montra une si naïve stupéfaction, que Philippe-le-Bon s'en amusa presque autant que la première fois.

Pendant ce temps, on avait fait reprendre à la malicieuse Godelive ses habits de duchesse. Willem ne l'eut pas plutôt aperçue qu'il s'écria :

— Ah! si vous voulez l'emmener encore, il ne fallait plus me la montrer !

Cette déclaration, si candide et si délicate, parut faire impression sur la jeune fille. D'ailleurs Willem avait bonne tournure et figure agréable.

Tandis que tout pensif il commençait à comprendre son rêve, à présumer qu'il pouvait bien avoir été joué par son souverain, Philippe-le-Bon, qui l'observait, lui dit en riant :

— Tu te plairais donc mieux dans notre palais que sous l'arbre du Voorhout?

— Ah! monseigneur, répliqua en balbutiant Willem, comme si un éclair subit l'eût frappé...

— Eh bien ! ajouta le Prince, tu peux rester ici, et l'intendant de notre garde-robe, que voici, t'installera tout à l'heure dans tes fonctions de concierge de notre palais de La Haye,

Willem leva les yeux sur l'intendant de la garde-robe et recula d'un pas en reconnaissant celui qui lui avait présenté le haut-de-chausses de velours vert brodé d'or. Mais il ne dit mot.

— Quant à cette jeune fille, dit encore le bon duc, en désignant Godelive, il ne dépend que d'elle d'être ta femme.

— Comme je sais qu'elle y consent, dit alors en intervenant Isabelle de Portugal, je lui donne pour dot deux mille florins, et de votre côté, monseigneur, j'espère que vous doublerez la pension promise à Willem.

— Je ne saurais rien vous refuser, madame, répondit le Duc.

Godelive tendit la main à Willem, qui tremblait de joie. On le revêtit aussitôt d'un habit analogue à son nouvel emploi. Il habita dès lors le palais. Quinze jours après, il épousa, dans la chapelle de la Cour, sa chère Godelive. On ne vit jamais un homme plus rayonnant de bonheur. Il était trop content pour ne pas payer sa bonne fortune de quelques sacrifices ; il immola complétement ses mauvaises habitudes, devint un homme sage, doux, rangé, sans rien perdre de sa gaîté et de sa bonne humeur.

Lorsqu'il accompagnait d'honorables visiteurs dans les riches appartements de la cour de La Haye, il ne manquait jamais de dire : — C'est dans ces nobles salons que j'ai été prince pendant un jour.

Exact à ses devoirs, il ne vécut, après Dieu, que

pour sa femme, qui était bonne, et pour sa mère, qui se trouvait bien heureuse. De temps en temps elles le voyaient sourire tout seul : c'est qu'il se rappelait le jour où, après avoir bu à la santé de son glorieux seigneur, il s'était endormi sous un arbre du Voorhout.

Quand le narrateur s'arrêta, le chanoine de Tours prit la parole :

— Quoique j'aime assez les légendes agréables, comme les deux récits que nous venons d'entendre, dit-il, je regrette pourtant que nous ayons quitté trop tôt les sujets de la guerre. Ils nous offrent d'utiles enseignements. Je voudrais qu'on les rassemblât assez nombreux, assez saillants, pour rappeler à nos esprits que la guerre est un châtiment; qu'elle a toujours été un fléau; qu'on prie Dieu dans l'église de l'éloigner de nous, comme la famine et la peste (1); et que c'est une aberration inconcevable de voir là une gloire sérieuse.

— Ces opinions ne verront leur triomphe, répliqua Saint-Albin, que quand la raison publique aura un peu plus marché. Elle est encore fort en retard, malgré les proclamations qui se font à grandes fanfares sur le progrès des lumières. Mais si nous remplissions complétement le vœu de notre hôte, il faudrait nous astreindre à conter des batailles et non plus des légendes.

(1) A peste, fame et bello, libera nos, Domine.— *Litanies.*

— Pardon, interrompit Grégoire Moreau, il y a des légendes par milliers dans les épisodes de la guerre. J'en vais dire une, qui est recueillie des chroniques du Hainaut.

LES DOUZE MENDIANTS D'ENGHIEN.

> Holà ! qui frappe ?
> Qui mène si grand bruit ?
>
> *Vieille romance.*

C'était un puissant seigneur que Vauthier d'Enghien, cinquième du nom. Il avait quatre seigneurs bannerets à sa solde, savoir : les sires de Trazégnies, de Roulers, de Gumignies et de Boussu ; quatre écuyers le servaient ; six chevaliers marchaient à sa suite, et il était fier.

Albert de Bavière, curateur de Guillaume III, comte de Hollande et de Hainaut, son frère aîné, et gouverneur ou mambour de ses états pendant sa démence, prenait ombrage de la splendeur de Vauthier. Soit jalousie, soit défiance, il ne sommeillait pas à l'aise auprès d'un vassal puissant, qui pouvait à son gré prendre pour suzerain contre lui le comte de Flandre ou le duc de Brabant. Il savait que plusieurs fois les sires d'Enghien avaient fait la guerre avec succès; et il ne cherchait qu'un prétexte pour affaiblir son vassal. Il en trouva un bientôt, dans une découverte qu'il fit et qui le troubla grandement ; c'est que Vauthier V, qui s'était fortifié dans Enghien, où il possédait de nombreuses et formidables machines de guerre, venait aussi de faire une grande provision d'armes. Albert eut peur. — Veut-on venir me livrer bataille ? dit-il.

Il envoya un de ses hérauts demander au seigneur d'Enghien des explications sur l'amas d'armes dont il encombrait son château. Vauthier répondit qu'il était le maître chez lui, et qu'il se croyait libre d'acheter ce qui entrait dans ses goûts. Ce sont là des réponses diplomatiques. Albert de Bavière trouva celle-là inconvenante, et, voulant forcer le vassal à se déclarer sur-le-champ, il inventa immédiatement une petite escarmouche.

Il chargea un huissier de la cour de justice de Mons d'aller exécuter un exploit à Enghien. C'était contraire aux priviléges et franchises que Jean d'Avesnes, comte de Hainaut, avait octroyés à Vauthier Ier, siré d'Enghien, pour lui et ses successeurs. Aussi, le régent de Hainaut espérait que Vauthier V lèverait l'étendard de la révolte, et il était en mesure de le bien recevoir. Mais il n'osait lui-même déclarer la guerre au vassal orgueilleux, parce qu'il lui savait de bons soutiens, dans le duc de Brabant, dans le comte de Flandre et, plus près de lui encore, dans ses cinq frères.

Le sire d'Enghien ne courut point aux armes. Il s'empara de l'huissier de Mons, et, selon l'abominable manière de procéder alors, il le fit pendre à la porte de son château ; c'était mal, quoiqu'il s'agît d'un huissier.

Un trait si audacieux mit Albert de Bavière en fureur : il y vit un crime de félonie, qui l'autorisait à toute mesure violente. Il jura intérieurement de se délivrer des inquiétudes que Vauthier lui donnait ; et sans avoir rien laissé soupçonner de ce qu'il méditait, sur la fin du carême de l'année 1366, il se rendit secrètement à Enghien, escorté de bon nombre de chevaliers.

Dès qu'il se fut fait connaître, on lui ouvrit les portes de la ville, quoiqu'il ne fît pas jour encore, il traversa au galop les rues tortueuses, alla droit au château où tout le monde dormait, gagna le portier et parvint à s'introduire avec deux chevaliers de sa suite dans la chambre de Vauthier V : il était au lit.

Le bruit que fit le suzerain éveilla le vassal en sursaut.

— Je me suis égaré, dit Albert, et je venais vous donner le bonjour.

— Soyez le bienvenu, monseigneur, répondit Vauthier. Que puis-je faire pour votre plaisir ?

— Levez-vous, répliqua le suzerain ; prenez vos vêtements et venez-nous remettre en chemin.

Le seigneur d'Enghien s'habilla à la hâte. Tout en mettant son pourpoint, qu'un de ses écuyers laçait par derrière, il songeait à l'incident singulier qui avait amené Albert jusqu'à lui, avant le jour.

— Il y a là-dessous quelque chose, pensa-t-il; et se trouvant bientôt mieux éveillé, il demanda à son seigneur si la visite qu'il lui faisait, de si grand matin, n'avait pas d'autres motifs que ceux qu'il avait dits?

— J'ai en effet besoin de votre présence, répondit Albert, pour une affaire assez importante, qui se terminera à deux pas d'ici, et qui ne peut se finir sans vous.

Vauthier s'imagina qu'il était question de l'huissier de Mons, dont le régent du Hainaut venait lui redemander le corps.

— Nous verrons bien, se dit-il en lui-même; j'ai marché mes priviléges à la main.

Il descendit avec Albert dans la cour du château. Mais dès qu'il en eut franchi la porte, elle se ferma derrière lui, et il se vit entouré de soixante hommes d'armes à cheval, qui, lui présentant un palefroi, l'obligèrent à le monter et l'emmenèrent, sans s'arrêter un instant, jusqu'au Quesnoy, où ils le jetèrent en prison.

Vainement, pendant la route, Vauthier avait voulu résister et se plaindre; on ne l'avait pas écouté; et il ne pouvait se réclamer d'Albert, qui était resté dans le château d'Enghien. Il y mit une bonne garnison, s'empara du dépôt d'armes, et plaça à toutes les portes de la ville des gardiens qui lui étaient dévoués; après quoi, il chercha, pour l'emmener comme otage, le petit Vauthier, fils de Sohier d'Enghien, duc d'Athènes et neveu de Vauthier V, qui, n'ayant pas d'enfant, l'avait adopté pour son successeur. Mais la dame du Risoir, chargée de l'éducation de cet enfant, avait profité du tumulte pour l'enlever; elle s'était enfuie avec lui à la cour du comte de Flandre.

Albert de Bavière s'en retourna donc à Mons, maître d'Enghien, mais n'ayant pu s'emparer de l'héritier de cette belle seigneurie.

Dans sa prison du Quesnoy, Vauthier V cependant protestait avec énergie contre la violence qui lui était faite; il adressa une plainte en forme à la cour de justice de Mons, laquelle était déjà saisie du procès que lui faisait Albert, qui voulait le voir condamner à mort. Mais les magistrats ne purent trouver de causes assez fortes pour motiver la sentence que le régent de Hainaut semblait dicter. On vint lui dire que les excès de Vauthier ne pouvaient, par aucune loi féodale, être punis de mort; et messire de Ligne, grand-bailli du Hainaut, qui se trouvait présent, s'empressa de conseiller au suzerain de relâcher son vassal, sans aller plus loin.

— N'oubliez pas, monseigneur, poursuivit-il, que Vauthier d'Enghien a des frères et des amis qui sont puissants. Il est proche parent du comte de Flandre; il est allié du duc de Brabant. Ces princes, pour le venger, vous feront une guerre cruelle; ils envahiront le Hainaut et pourront vous causer de longs regrets.

Ces remontrances se brisèrent contre la haine obstinée qu'Albert avait conçue. Voyant que la cour de justice de Mons ne voulait pas condamner le prisonnier à mourir, il le jugea lui-même un beau soir; et sans même avoir voulu l'entendre, il chargea deux bourreaux d'aller lui couper la tête, en lui donnant une heure pour prendre soin de son âme.

Vauthier fut décapité ainsi dans sa prison du Quesnoy.

Dès que cette nouvelle se fut répandue, elle souleva partout l'indignation. Les cinq frères du seigneur si injustement tué étaient Sohier d'Enghien, duc d'Athènes et comte de Brienne, Jean, comte de Liché, Jacques, seigneur de Rumen, Louis, comte de Conversant, et Engelbert, seigneur de Tubise et de la Follie. Ils se réunirent tous cinq, avec sept braves chevaliers qui leur étaient attachés, au château de la Follie, et là, ils jurèrent de venger Vauthier V. Il leur fallait une forteresse; ils dressèrent leur plan et résolurent de reprendre le château d'Enghien, par la ruse ou par la force, ou de périr tous dans l'entreprise.

Il n'y avait en ce moment que cinquante hommes de guerre dans le château; mais il était si fort, qu'il pouvait se défendre long-temps avec cette garnison. Une autre troupe, envoyée de Mons, était en mar-

che pour venir la renforcer. Les douze conjurés se
décidèrent à la prévenir, et à s'emparer du château
le soir même. Ils se déguisèrent en mendiants et
entrèrent dans la ville un peu avant le coucher du
soleil. Aux haillons qui les couvraient, personne ne
les eût reconnus ; mais ces haillons cachaient de solides armures ; de petites haches étaient dans leurs
besaces, avec de bons poignards et des maillets de
plomb.

Ils se dispersèrent isolément dans les rues, et s'en
allèrent trouver les bourgeois qu'ils savaient fidèles
au souvenir de Vauthier. Ils parvinrent à savoir le
mot d'ordre de la garnison ; et s'étant réunis au bout
d'une heure, comme le jour tombait, les douze mendiants passèrent devant les deux sentinelles du pont,
qui furent surprises de voir dans le service des
hommes en guenilles, mais qui se contentèrent de
faire leurs observations en à-parté.

Deux des frères marchèrent en avant, et prenan
une voix suppliante, ils se mirent à demander l'au-
mône devant le donjon d'entrée. Le portier, étonné
de la négligence des sentinelles, qui laissaient passer
le pont à des mendiants, ouvrit sa porte et s'avança
pour les chasser. Mais Louis d'Enghien, d'un coup
de son maillet de plomb, lui asséna au front un coup
si bien appliqué, qu'il l'assomma comme un bœuf,
sans lui laisser le temps de pousser un cri, ni de
faire d'autre bruit que celui de sa chute.

Les douze conjurés entrèrent aussitôt et firent un

signal convenu. Trente bourgeois, qui seuls étaient dans leur secret, mais qui tous étaient déterminés, s'élancèrent alors, après avoir tué les deux sentinelles. La garnison, qui se trouvait disséminée à tous les postes, fut surprise partout et complétement massacrée. La nuit pour lors était venue. Les douze mendiants quittèrent leurs haillons ; toute la ville se souleva ; les satellites d'Albert furent chassés à grand bruit ; les portes d'Enghien fermées et la guerre déclarée au régent de Hainaut.

Des députés furent expédiés en grande hâte au comte de Flandre et au duc de Brabant, pour leur exposer les événements et leur demander secours. En attendant, tous les citoyens se mirent à réparer les fortifications ; on approvisionna la place ; tous les hommes en état de porter les armes furent organisés en légions ; il vint, de tous les lieux de la seigneurie d'Enghien, une foule de gens qui avaient trouvé moyen de s'armer et dont on accepta les services. Albert, de son côté, ne pouvant lever dans le Hainaut des bataillons capables de résister à l'armée des cinq frères, que dominait un généreux élan, fit venir de l'Allemagne des troupes mercenaires ; et dès qu'il se vit à la tête de forces supérieures en nombre à celles de ses ennemis, il se mit en marche, déclarant qu'il ruinerait Enghien, qu'il raserait le château et qu'il dévasterait tous les villages dépendants de ce petit État.

Cette résolution, qu'il prit soin de publier avec

fracas, doubla le courage des insurgés. Ils arrangèrent habilement leur plan de campagne. Une partie d'entre eux, sous la conduite de Jean d'Enghien, marcha à la rencontre d'Albert. Un second détachement, commandé par Sohier, se mit en embuscade dans un bois, entre Enghien et Hoves. Le premier corps, ayant rencontré l'armée du Hainaut, l'attaqua sans hésiter; et à l'instant on en vint aux mains. Mais, suivant les instructions qui lui étaient données, Jean d'Enghien recula bientôt, simulant une déroute, et se laissa poursuivre jusqu'au bois, où le deuxième corps était embusqué. Le combat prit alors un autre aspect ; les troupes mercenaires du régent de Hainaut soutinrent mal le choc des braves bourgeois qui protégeaient leur pays. Cependant la valeur eût pu céder au nombre, si, au milieu de l'action, le premiers secours envoyé par le comte de Flandre, Louis de Maele, ne fût arrivé comme tout exprès. Ce détachement avait pour chef le seigneur de Zotteghem. Il tomba sur les derrières de l'ennemi, qui se troubla, en fit un grand carnage ; et Albert, voyant ses troupes dispersées, enfonça ses éperons dans les flancs de son cheval et regagna Mons au grand galop.

Le lendemain de cette victoire, on apprit que la seconde armée flamande approchait ; les cinq frères ravis résolurent d'aller à Mons assiéger leur ennemi. Albert, à qui les Flamands causaient une grande terreur, dépêcha des messagers au comte de Flandre, au seigneur de Zotteghem et aux frères de Vauthier, pour demander la paix. Elle lui fut accordée humiliante; il lui fallut fonder, en l'église du Quesnoy, lieu de la sépulture de sa victime et pour le repos de son âme, des obits annuels à perpétuité. On exigea qu'il fît la même chose dans la grande église de La Haye, et qu'il y dotât un collége de chanoines, chargés de prier constamment dans le même but. Il paya au comte de Flandre et au seigneur de Zotteghem les frais de leur déplacement, qu'on ne lui permit pas de discuter; on le condamna à prendre le deuil de Vauthier V, et à venir, vêtu de noir, au camp des alliés faire amende honorable, un genou en terre, aux cinq frères du mort, et leur crier merci...

Après toutes ces cérémonies, l'abominable Albert de Bavière se consola en disant : — Cela n'empêche pas que je ne l'aie tué !

— Ce fait peut entrer dans les légendes de la colère, dit Saint-Albin ; il retrace un chapitre des violences du moyen âge. Mais ce n'est pas précisément une légende de la guerre. Voici un petit tableau que je crois plus applicable au sujet.

LE SIRE DE BEAUMONT.

C'est là ce qu'ils appellent de la justice.
DUFRESNY.

Dans une des salles du palais que Philippe-le-Bon, duc de Bourgogne, occupait de temps en temps avec éclat dans sa bonne ville de Lille, on pouvait remarquer, le 28 mars 1453, un petit homme laid et bossu, vêtu avec magnificence, chamarré de dorures, cherchant à cacher sous les ornements sa taille contrefaite et sa mauvaise mine, mais ne faisant pas le moindre effort pour adoucir la laide et méchante expression de sa figure fine et mordante. C'était le sire de Beaumont, maréchal de Bourgogne, qui avait renom d'être très-vaillant homme de guerre, honneur qu'il devait peut-être à la férocité qu'il déployait en campagne, et qui le faisait partout craindre et redouter.

Le duc Philippe menait alors cruelle guerre contre les Gantois. En 1448 il avait établi, de sa seule autorité, une gabelle sur le sel. Cette taxe inconnue, cette détestable invention des rois de France, comme dit M. de Barante, passa sans trop d'opposition à Ypres et à Bruges. Mais les Gantois refusèrent de s'y soumettre, attendu, disaient-ils, que l'impôt n'avait pas été consenti par les états de Flandre, et que le Duc n'avait pas le droit de l'ordonner. Des murmures on en vint aux voies de fait ; et, depuis le mois d'avril 1452, le Duc était en guerre ouverte avec ceux de Gand. Il leur avait repris plusieurs villes et forts, qu'il ne manquait pas de démolir, selon l'usage, en faisant *mettre au dernier supplice* ceux qui étaient dedans.

Le sire de Beaumont, qu'on appelait avec les plus humbles démonstrations de respect monseigneur le maréchal de Bourgogne, attendait en ce moment deux ou trois baillis et conseillers, qui devaient lui rendre compte de certaines dépenses faites pour la justice du bon duc. L'authenticité des curieux détails qui vont suivre, et qu'on cherche vainement dans les historiens, est établie par les extraits des comptes que M. Gachard a publiés dans le tome second de ses Documents Inédits.

Un sergent, s'étant profondément incliné, annonça au sire de Beaumont l'arrivée de Louis de Koning, de Jean le Prévost et de Henri de Keyser (1), commis chargés de confisquer les biens et poursuivre les personnes des partisans des Gantois.

— Faites entrer Louis de Koning, dit le sire de Beaumont.

Louis de Koning, bailli d'Harlebeke, parut donc

---

(1) De Koning et de Keyser sont des noms flamands ; le premier veut dire *Le Roi* et le second *L'Empereur*. Les vieux historiens les traduisaient ; ce qui avait plus d'un inconvénient.

avec modestie, tenant à la main une liasse de papiers.

Le maréchal s'enfonça dans un vaste fauteuil, croisa ses grandes jambes maigres, de manière que son soulier à la poulaine, long de deux pieds, élevait sa pointe recourbée à la hauteur de sa tête ; il se mit ainsi dans la grave posture d'un juge qui écoute. Le bailli d'Harlebeke remua ses papiers avec un geste très-important et très-empressé ; puis il débuta de la sorte :

— Dépense faite et payée par Louis de Koning sur la recette provenant des confiscations à l'encontre des Gantois et leurs adhérents, depuis le vingtième jour d'octobre de l'an mil quatre cent cinquante-deux jusqu'au vingt mars présent mois ; le tout par ordonnance de monseigneur le maréchal de Bourgogne.

— J'imagine, dit le sire de Beaumont, que vous serez modéré. Vous savez que la guerre est suspendue, parce que le Duc mon maître n'a pas moyen en ce moment de payer ses gens d'armes.

— Je le sais, monseigneur. Malheureusement les confiscations produisent fort peu ; personne n'achète ; on paye mal ; et la justice est très-dispendieuse.

Item, Adrien de Claront, Livian de Grispère et leurs complices (ou compagnons), pour la prise par eux faite de vingt Gantois, saisis à Rustède et amenés à Courtray, ont reçu quarante écus d'or.

— Comment! comment! s'écria le bossu, quarante....

— Quarante écus d'or. Voici, monseigneur, votre cédule expresse à ce sujet, y jointe la quittance formelle de monseigneur de Lichtervelde, agissant au nom desdits Adrien et Livian. Ce n'est, comme vous l'avez statué vous-même, monseigneur, que deux écus d'or par homme. Nous n'avons là, je vous prie de le croire, aucune remise.

Item, à Simon David, Jean Ovenbert, Jean Lemaistre et leurs complices, pour avoir pris, saisi, appréhendé à Waroghem, puis amené audit Courtray, Danckart Delevichte, Rasse van Sperlet, Hanekin-Stalin et Lieven van Roden, rebelles gantois, par ordre et suivant formelle injonction de monseigneur le maréchal de Bourgogne, trente-six livres parisis.

Item, à Jacques van Nieuwenhuys, geôlier ou cépier (1) de Courtray, pour l'entrée et sortie de trente Gantois, à douze sous par tête, et pour les journées et dépens de chacun d'iceux, à quatre sous par jour, prix accoutumé, trente-trois livres seize sous. Voici, monseigneur, la quittance détaillée de Jacques van Nieuwenhuys.

— Fort bien, dit le sire de Beaumont, poursuivez.

— Item, à Ghérard David, aussi geôlier ou cépier

---

(1) Cépier, celui qui mettait au prisonnier les entraves appelées *ceps*.

de Courtray, pour l'entrée et sortie de quatre Gantois, audit prix de douze sous par tête, et pour leurs journées et dépens, à raison de quatre sous par chaque jour, suivant quittance explicative dudit Ghérard, délivrée au greffe de sa geôle, cinq livres quatre sous parisis.

— Passez les geôliers, dit le bossu. Ce sont des prix faits.

— Je comprends, mon haut seigneur... Item, à maître Pierre-le-Cupère, bourrel et maître de la haute-œuvre en la ville de Courtray, pour avoir, par ordonnance de monseigneur le maréchal de Bourgogne, mis à la question Denin de Gast, Gilles le Scepène et Betkin Delebecque, à raison de vingt-quatre sous pour chacun d'iceux, trois livres douze sous.

Item, audit maître Pierre, pour avoir mitré (1) ledit Betkin et l'avoir banni à toujours et mis hors du pays, vingt-quatre sous. Pour avoir battu de verges Jean de Quarouble, dix sous. Pour l'avoir semblablement banni (2), vingt-quatre sous.

Item, à Christian van Nieuwenhuys, maître de la haute-œuvre en la ville de Courtray, pour son salaire d'avoir pendu et mis à exécution dix-huit Gantois, à raison de soixante sous par homme, cinquante-quatre livres.

(1) D'une mitre de papier en signe de honte et vergogne.
(2) Ce qu'on appelait dans ce sens bannir un homme, c'était le conduire hors des limites, en proclamant son ban.

— Mais quels sont, dit le bossu, ces dix-huit Gantois-là ?

— Monseigneur, ce sont les vingt pris à Rustède, desquels dix-huit seulement furent loyalement (1) occis après confession; l'un, par votre ordre bienveillant, fut laissé aller pour sa jeunesse; l'autre, comme le sait monseigneur, fut mis à rançon de soixante livres parisis.

— Et paya-t-il ladite rançon ?

— Non, monseigneur. Mais il avait mis à sa place son fils en otage, promettant de revenir fidèlement apporter sa rançon. Et comme il ne revint point, pour satisfaire à la justice, son dit fils fut pendu en son lieu. Monseigneur, voici la quittance.

— Fort bien. Continuons et hâtons-nous.

— Item, à Pierre-le-Cupère, maître de la haute-œuvre, pour son salaire d'avoir exécuté huit Gantois, au prix comme dessus, vingt-quatre sous. Pour avoir pendu Jean Heys et Baudoin de Vos, six livres. Pour avoir exécuté, après la gehenne et la torture, Danin de Gast et Gilles de Scepène, six livres.

Item, à Jean Houssel, aussi maître de la haute-œuvre, pour son salaire d'avoir mis à la question trois Gantois et d'en avoir pendu huit, aux prix ci-dessus, vingt-sept livres douze sous....

— Parfaitement, interrompit le sire de Beaumont. Vos comptes me paraissent satisfaisants. Mais je

---

(1) *Loyalement* veut dire ici sans doute *légalement*.

suis fort occupé. Voyons le total : trois cent vingt-trois livres quatre sous ; bien. Je garde ces papiers pour les examiner plus à loisir ; laissez-moi en ce moment. Venez nous voir quand nous serons à Courtray ; et jusque-là faites-nous de l'argent !

Qu'on introduise ceux de Termonde, reprit-il.

Louis de Koning sortit humblement ; et alors entrèrent Jean le Prévost, conseiller du duc de Bourgogne, et Henri de Keyser, commis aux confiscations dans le territoire de Termonde. Ce dernier, après avoir salué et débité son préambule, se mit semblablement à lire, comme il suit, avec grande volubilité.

— Par ordonnance de monseigneur le Bâtard de Bourgogne, capitaine des gens d'armes, et autres, ayant gouvernement au pays de Termonde, a été payé....

— Le Bâtard de Bourgogne ! grommela le sire de Beaumont en arrêtant la lecture, vous allez tailler en plein drap ; le Bâtard n'y tient pas la main. Mais nous sommes ici pour vérifier vos comptes.

— Monseigneur, j'ai confiance que vous ne trouviez rien à reprendre. Nous avons d'ailleurs les quittances.

A été payé par nous, en octobre mil quatre cent cinquante-deux, pour mettre à exécution Gilles de Tournay, Louis van Assche, Wévrin, Stienmersch et Lebackère, savoir : pour les dépens de Heyne, bourreau de Bruxelles, pendant sept jours qu'il examina (1) à Termonde les susdits, à douze sous par jour, quatre livres quatre sous.

Au messager qui alla quérir ledit bourreau, douze sous.

A Casin-Lenagle, geôlier de Termonde, pour quatorze jours qu'il tint lesdits Gantois en sa prison, avant qu'ils fussent exécutés, à quatre sous par homme pour chaque jour, quatorze livres.

Pour un lot de vinaigre, quand ils furent *examinés* par le bourreau, et pour une livre de chandelles, six sous.

Pour deux lots de vin (2) du Rhin qu'ils burent quand ils furent confessés, quatorze sous.

— Je ne trouve rien de semblable, dit sévèrement le sire de Beaumont, dans les comptes du bailli d'Harlebeke.

— Monseigneur, chez nous les usages sont ainsi. On donne à boire au pauvre patient qui s'en va. Nous n'innovons point. Au bourreau, pour avoir exécuté les dites cinq personnes, à soixante sous par tête, quinze livres.

— Ceci est bien. C'est le prix ordinaire.

— Pour cordes qui servirent à les pendre, douze sous.

— Qu'est-ce à dire ? On ne m'a jamais compté de cordes.

(1) Examiner, c'était questionner, avec torture au besoin.
(2) Le lot de vin était une mesure qui variait, et qui dans plusieurs ocalités valait environ deux litres.

— Monseigneur, les bourreaux de Bruxelles ne fournissent rien ; et, comme ils tiennent à travailler proprement, il leur faut des cordes neuves.

— On prend alors d'autres exécuteurs.

— Ils sont tous très-occupés, monseigneur ; et dans ce moment ils font un peu la loi...

Item. Le onzième jour de décembre, audit an, pour l'exécution de Coppin Tarfaes, Marc de Lennens, Hannin le Costre et Ghérard le Rovère, au geôlier, douze livres huit sous.

Pour deux lots de vin et deux livres de chandelles, dix-huit sous.

Au messager qui alla quérir le bourreau à Bruxelles, dix sous. Vous voyez là, monseigneur, que j'ai fait une économie. Le précédent message avait coûté plus cher.

Pour cordes, douze sous.

Au bourreau qui coupa la tête à l'un et pendit les trois autres, selon la sentence, douze livres.

— Ce n'est pas déraisonnable.

— C'est le prix accoutumé, monseigneur.

Mais votre sagesse remarquera que souventesfois j'ai mis bonne épargne à la dépense. Pour les cordes qui ont servi à pendre Lievin de Roke et Joos Paskedach, il n'a été payé que deux sous, parce que j'en ai fait servir de vieilles, malgré le recri du bourreau, qui tient en nos pays à nettement faire sa besogne. Pour le vin de ces deux Gantois, il n'a été payé que quatre sous. Et Gilles des Hanneaux autre rebelle Gantois, fut tenu pour quatorze jours en prison, au taux de deux sous par jour seulement.

— Fort bien donc, dit le bossu : épargnez l'argent de monseigneur le bon duc; car, du train que vont les choses, il aura encore long-temps haute et bonne justice à faire. Donnez-moi aussi vos papiers, que je les puisse vérifier plus à loisir, et allez. Mais dites bien à vos bourreaux et maîtres des hautes-œuvres que je suis fort mécontent de leur mauvais esprit; qu'ils profitent indécemment de la circonstance; et que, s'ils ne se modèrent, nous y mettrons bon ordre.....

Henri de Keyser et Jean le Prévost sortirent en saluant; et le vieux maréchal de Bourgogne s'en alla dîner.

— C'est là un curieux fragment, mais ce n'est pas une légende, dit le chanoine de Tours. En vérité, ces temps-là ne valaient pas le nôtre. Qui sait, cependant? Je veux, sur ce propos, vous conter à mon tour un fait que vous apprécierez.

LE MARCHÉ AUX COCHONS.

> Est-ce ma faute à moi
> S'ils m'ont fait si bête?
> Est-ce ma faute à moi
> S'ils m'ont fait comme ça?
>
> DÉSAUGIERS, *Un dimanche à Passy*.

Tu te fâches : donc tu as tort, disait un ancien. C'est un mot qu'on peut souvent appliquer aux puissants, de qui je ne veux pourtant pas dire de mal, car ils ont aussi de bonnes qualités. Et nous vivons en des jours où ils n'ont pas non plus toutes leurs aises. Mais souvent il s'est vu qu'un homme de pouvoir, un général par exemple, un commandant en chef s'est vengé de ses revers sur de pauvres diables, contre qui il se fâchait uniquement parce qu'il était de mauvaise humeur.

Des réflexions de cette nature étaient inspirées, avec beaucoup d'autres, à quelques-uns des bons bourgeois de Bruxelles, qui se trouvaient rassemblés, le 8 mars de l'année 1590, sur le pont des Barques, devant le Marché-aux-Cochons. On dressait là quatre honteuses potences, au milieu de ce marché immonde ; — et quatre infortunés devaient bientôt y venir, en triste équipage, pour laisser entre les mains des hommes, car le bourreau est encore de notre espèce, la vie que Dieu leur avait donnée.

— Il faut croire, dit la vieille Marguerite, pauvre compagne d'un honnête tisserand, que ceux qu'on va accrocher là ont furieusement embrouillé l'écheveau.

— Oh! quatre fameux scélérats, dit un cabaretier.

— Certainement, poursuivit une jeune fille qui tricotait un jupon de laine, tout en prenant sa part du spectacle qui s'apprêtait, ces quatre potences sont plantées là pour de grands crimes.

— Tout ce qu'il y a de pis, ajouta un forgeron; et d'ailleurs, s'il n'avaient pas assassiné père et mère, incendié, mangé de la chair humaine, on ne les pendrait pas sur le Marché-aux-Cochons.

— Sont-ils jeunes, ces quatre brigands? dit une marchande de beurre.

— Le plus âgé n'a que trente ans, répliqua Marguerite : c'est fait pour effrayer. Que deviendrons-nous, si la jeunesse se livre ainsi aux plus grands forfaits?

— Mais vous vous trompez tout à fait, mes bonnes femmes, dit un boulanger qui avait écouté jusque-là. Les pauvres diables qui sont aujourd'hui dans le pétrin ne sont pas des brigands; ils n'ont pas offensé le plus petit mitron; ils n'ont même volé ni une once de pain d'épice, ni une tranche de pain à tartines. Ce sont des soldats : deux Hollandais...

— Ah! des gueux! des pillards! interrompit le cabaretier.

— Non pas; ce sont, vous dis-je, deux Hollandais et deux Brabançons de la garnison de Bréda. Ce n'est pas un crime, c'est une aventure....

Et comme le boulanger vit que le groupe se rapprochait de lui pour l'écouter, il se mit à raconter ce qu'il savait des quatre patients qu'on allait lancer dans l'éternité.

— Que Dieu sauve le prince de Parme, notre gouverneur souverain, reprit-il. Depuis cinq ans, Bruxelles a reconnu son autorité; ainsi nous n'avons rien à dire : il est le maître. Mais vous n'ignorez pas que, — si on lui obéit ici, à Anvers, à Tournay et ailleurs, — il y a encore dans les Pays-Bas des villes qui ne sont pas soumises, — comme on dit. — Il paraît même que dans beaucoup de lieux on n'obéit pas volontiers. Quoi qu'il en soit, ce n'est pas notre affaire. Ne mangeons pas notre pain trop chaud; mais ne le laissons pas moisir.

Or donc, poursuivit-il, après avoir jeté un coup d'œil circulaire sur l'assemblée qui approuvait sa petite sentence par un signe de tête, bien que nous soyons ici gouvernés par monseigneur le prince de Parme, il y a toujours en campagne une armée rebelle, l'armée de l'Union, l'armée des Provinces-Unies; et cette armée, nous avons beau faire, on a beau la traiter de séditieuse, parce qu'elle ne reconnaît pas le roi d'Espagne, ce n'en est pas moins une armée composée de soldats; et parmi ces soldats nous avons même des frères.

— Il a raison, dit la foule.

— Or donc, continua le boulanger, cette armée se figure que la patrie est sous ses drapeaux; elle dit que nous sommes opprimés; que nous obéissons par la violence; que nos constitutions et priviléges sont abolis; qu'il y a dans tout cela du mauvais levain. Il est possible que le mauvais levain ne soit que chez elle, comme on dit; c'est même très-possible. Elle espère que, si elle nous délivre de monseigneur le prince de Parme, Bruxelles alors redeviendra libre, ainsi que tout le Brabant, ainsi que tous les Pays-Bas; car nous sommes plusieurs peuples qui n'en faisons qu'un; Brabançons, Flamands, Wallons, nous sommes tous en effet de la même pâte.

— Bien exprimé, dit Marguerite; c'est une seule trame à plusieurs fils; et tout irait mieux, si on les tenait d'accord.

— Monseigneur le prince de Parme est de votre avis, reprit le narrateur. C'est pourquoi Son Altesse veut tout réunir sous une même autorité. Du moins avec lui nous conservons notre religion, tandis qu'avec la liberté des autres, vous savez pour qui le four chauffe; nous serons libres de ne plus aller à la messe, et de n'avoir plus d'églises. Nous aurons encore d'autres priviléges de même farine.

Or donc, comme monseigneur sait que la baronnie

de Breda a toujours été un fief mouvant du Brabant; comme il n'ignore pas que les barons de Bréda n'ont jamais pu rien faire sans l'aveu de nos ducs, qui étaient leurs suzerains, au nom du roi Philippe II, il s'est emparé de Bréda, dépendance du Brabant. Quoiqu'il n'y ait pas soixante ans que cette ville est fortifiée, c'est pourtant aujourd'hui la plus forte place qui nous sépare de la Hollande. Aussi, depuis neuf ans que nous la possédons, comme on dit, monseigneur le prince de Parme la croyait tout-à-fait imprenable, lorsqu'eut lieu, il y a quatre jours, le fâcheux tour d'adresse de Charles Haranger.

— Tout cela est dit à merveille, interrompit le cabaretier; mais quel rapport y voyez-vous avec nos quatre patients?

— Vous allez comprendre, si vous permettez, répondit le boulanger prolixe. Il faut laisser à la pâte le temps de se lever, pour qu'elle arrive à bien. Charles Haranger est un des nôtres, qui par hasard est né à Cambrai, et qui paraît s'être un peu fourvoyé dans les nouvelles idées. Or, l'armée de l'Union, au mois de janvier dernier, (nous n'en sommes pas loin) voulut s'emparer de Bréda, comme d'une place très-importante; car vous jugez bien que la guerre n'est pas finie. Quand le sera-t-elle? On savait que la garnison de cette ville était composée d'Espagnols, de Hollandais demeurés catholiques, de Brabançons attachés à l'Espagne : à mon avis, les opinions sont libres. On savait que cette garnison était très-faible, mais que Bréda, malgré tout, n'était guère prenable par la force. Il fallait donc y entrer par la ruse ; c'est ce qu'a proposé audacieusement Haranger. Le mérite de cet officier inspirait tant de confiance à Maurice de Nassau, le chef des autres, qu'on lui laissa le champ libre.

En conséquence, il cacha, dans une barque qui conduisait de la tourbe à Bréda, soixante-dix gaillards déterminés comme lui. La barque était couverte de planches, sur lesquelles on étala les briques de tourbe, avec beaucoup d'industrie, ne laissant à la troupe, pour respirer, que quelques légères ouvertures ; et le bateau qui portait les camarades descendit la Merck sans bruit. C'est une rivière (afin que vous le sachiez) qui traverse et arrose la ville de Bréda. Haranger et ses soixante-dix hommes s'étaient embarqués de nuit, par un froid rigoureux, le 4 février. Deux jours après, la gelée, devenue plus forte, les arrêta : la rivière était prise, — comme on dit. Heureusement qu'ils avaient des provisions. Mais ils furent obligés de rester entassés dans la barque, sans oser faire un mouvement, depuis le 6 février jusqu'au 1er mars, c'est-à-dire, vingt-trois jours. Le 2 mars au matin, la débâcle eut lieu et le bateau se trouva bientôt à un quart de lieue de Bréda, où il ne put entrer ; les eaux vers le soir avaient tout à coup tellement baissé, qu'il fallut en attendre la crue jusqu'au lendemain.

La barque alors faisait eau de telle sorte que les compagnons de Charles Haranger y étaient jusqu'aux genoux. Un d'eux, un vrai chénapant, qui se trouvait fortement enrhumé, craignant que sa toux ne fît découvrir ses camarades, leur présenta son poignard, en leur disant : Tuez-moi, de peur qu'on ne nous soupçonne et qu'on ne nous avale tous comme des pains mollets. Mais un autre fit observer qu'on ne pouvait l'entendre tousser, à cause du bruit de la pompe, qui tirait l'eau sans relâche.

Or donc, samedi dernier, troisième de mars, les eaux montèrent à dix heures du matin. A trois heures du soir, le bateau entra dans la ville en qualité de bateau chargé de tourbe. A minuit, Haranger et ses soixante-dix compagnons sortirent de leur cachette, noirs comme des diables et laids à faire peur. Ils égorgèrent les sentinelles, et pendant la première terreur qu'ils répandirent dans la ville, il ouvrirent les portes à l'armée de l'Union. Ensuite de quoi, avant-hier, c'est-à-dire deux jours après qu'ils eurent pris Bréda, les confédérés ont renvoyé au prince de Parme la garnison qu'il avait laissée dans la ville, et dont ils ne savaient que faire. Voilà pourquoi on a dressé ici quatre potences.

Tout le monde se regarda sur cette conclusion.

— Mais je ne comprends pas, dit le cabaretier.

— Chut ! s'écria Marguerite, voici les patients.

En effet on vit venir en ce moment, par la rue du Rempart-des-Moines, quatre pauvres soldats, qu'on avait dégradés. Ils avaient une mine à fendre le cœur. Quatre bons pères capucins les accompagnaient et les encourageaient. — Vous êtes innocents, je le sais, mes enfants, disait un religieux; mais votre sacrifice en sera d'autant plus grand devant Dieu. Vous êtes victimes des lois de la guerre, que Satan a inventées...

— Le plus jeune des quatre soldats pleurait et se tordait les mains : — Mourir si jeune, disait-il, et avec tant de honte, et ne plus revoir ma mère, ni tout ce que j'aimais... Est-ce ma faute à moi, si je n'ai pas le cœur défiant? Et je meurs pour n'avoir pas songé à prendre garde...

Les sanglots étouffèrent sa voix.

La jeunesse des quatre condamnés, leur figure, qui n'était pas celle des scélérats, intéressaient la foule. Mais quatre aides du bourreau marchaient derrière les quatre victimes, tenant le bout de la corde qu'ils leur avaient passée au cou.

— Mon Dieu! s'écria la jeune tricoteuse en les voyant, au pied de leurs potences, baiser le crucifix, quel crime ont-ils donc fait?

— Eh! ne vous l'ai-je pas dit, répliqua le boulanger? Ces quatre hommes, que le prince de Parme livre si promptement au gibet, sont le caporal et les trois soldats qui ont négligé, il y a quatre jours, de visiter le bateau de tourbe...

Un cri d'horreur éclata dans la place. Pendant cette courte explication, les quatre infortunés étaient pendus. — Et c'est la loi de la guerre. Mais, vous en conviendrez, ce n'est pas la loi de l'humanité.

— Non ; c'est la loi de Satan, dit Arnold Mertens. Et pour vous reposer un peu de ces souvenirs pénibles, je vous offre, dans les mêmes lieux où s'est passé le fait qui vous attriste, une légère aventure qui pourra vous distraire l'esprit.

MARIE-THÉRÈSE A BRUGES.

> Passez, passez, rois débonnaires!
> AUG. BARBIER.

— Comment, Bernard Laurent, te voilà ici, disait un bourgeois de Bruxelles à un arrivant de tournure champêtre.

— Eh oui, m'y voilà, Émile Laurent ; et je viens me cacher chez vous pour un mois ou deux. Le temps seulement d'avoir ma grâce.

— Ta grâce, dis-tu ? Ne parle donc pas si haut à la porte ; qu'est-ce que tu as fait ?

— Mon Dieu, j'ai tout bonnement étranglé...

— Chut ! dit précipitamment le bourgeois de Bruxelles, en mettant la main sur la bouche de Bernard Laurent, son cousin de Soignies ; entre donc, malheureux !

Et, quand il eut attiré Bernard dans la maison et fermé la porte, Émile Laurent, pâle et troublé, lui demanda qui donc il avait étranglé?

— Une douzaine de lapins, répondit l'autre à voix basse.

Le Bruxellois comprit. Bernard était braconnier; souvent il avait reçu de lui de bonnes bourriches de gibier; et maintenant que le péril était venu, il fallait payer par une hospitalité généreuse le prix de ces politesses. Il se fit expliquer le cas du cousin de Soignies. Ce cas était grave. Non content de manger le gibier du Rœulx et des meilleurs parcs de son voisinage, Bernard avait braconné sur la chasse de Marimont, qui alors appartenait au prince Charles de Lorraine, gouverneur-général des Pays-Bas catholiques. On l'avait pris entouré de douze lapins, qu'il avait conquis au lacet, et il n'avait échappé au péril assez grand que par une heureuse fuite.

Le prince Charles, avec toute sa bonté habituelle, était pour sa chasse rigoureux et inflexible. D'ailleurs on était au mois d'avril, moment où les oiseaux songent à faire leurs nids, où toute la nature se renouvelle, où la chasse est très-sévèrement interdite, où, par conséquent, le braconnage est un délit plus impardonnable.

— Ton affaire n'est pas bonne, mon pauvre Bernard, dit Émile; et si tu es pris, tu en tiens pour quelques années de prison, sans compter les amendes.

— La prison, répondit le braconnier, serait ma mort, rien que par le régime : c'est plus fort que moi, il faut que je mange du gibier. Les choux au beurre et les haricots secs ne me suffisent pas.

— Je conçois; tu fais de l'exercice. Mais où penses-tu en venir en te cachant ?

— Je pense que pendant ce temps-là, Émile, vous demanderez ma grâce.

— A qui? au prince Charles? Là-dessus il n'accordera jamais rien.

— Et bien, vous écrirez à l'impératrice.

— A Marie-Thérèse? Elle renverra la lettre au prince Charles, qui est son beau-frère. C'est fort embarrassant.

Les deux amis effrayés passèrent la journée à se consulter, sans rencontrer une seule idée satisfaisante. Le soir même, Émile, selon son usage, alla à l'estaminet. Il y connaissait un vieil avocat, que l'on disait homme de bon conseil, quoi qu'il fût très-goguenard. Il s'ouvrit à lui, sans lui révéler pourtant que son cousin Bernard fût caché dans sa maison; ce qu'il eût pu faire sans danger, car chez les Bruxellois, cette franche et loyale vertu de ne jamais rien trahir est véritablement innée.

L'avocat ne trouva d'abord aucun remède; puis, s'avisant bientôt et se frappant le front, tout joyeux de son idée :

— Il y a pourtant une ressource, dit-il. Nous sommes aujourd'hui, si je ne me trompe, au 28 avril

1749. Le 3 mai prochain, Marie-Thérèse sera à Bruges. Si votre ami peut s'y rendre, et qu'il ait l'adresse de se trouver sur le passage de Sa Majesté, sa grâce est certaine. Dans de pareils cas, une grâce ne se refuse jamais.

— Vous ne vous trompez pas, dit enfin Émile Laurent très-étonné : Marie-Thérèse sera à Bruges?

— Le 3 mai.

— Et l'on disait qu'elle ne venait pas se faire inaugurer.

— Elle ne vient pas pour cela. Elle assiste à la procession du Saint-Sang, qui se fera cette année avec l'ancienne pompe.

— Et elle ne vient pas à Bruxelles ?

— Non. Aussi n'en dites rien. Elle ne paraîtra qu'à Bruges, voilà pourquoi c'est un secret ici. Mais faites-en votre affaire sans rien ébruiter.

Émile Laurent ne chercha pas à comprendre d'autre mystère; il renferma son contentement en lui-même, rentra chez lui plus tôt que de coutume, et réveilla Bernard, qui venait de se coucher et qui dormait déjà comme s'il n'eût pas eu la prison à redouter.

— Console-toi, mon pauvre garçon, lui dit-il, tu vas te reposer demain. Après-demain, tu iras coucher tranquillement à Alost; le jour d'ensuite à Gand. Le 2 mai, tu arriveras à Bruges; et le lendemain tu auras ta grâce. Après quoi, il ne faut plus braconner.

— C'est-à-dire, répondit Bernard, qu'il ne faut

plus me laisser prendre. Mais comment dites-vous que j'aurai ma grâce?

— Chut! Le trois mai, Marie-Thérèse sera à Bruges, mais c'est un secret ici, attendu qu'elle ne visite pas Bruxelles; je ne sais pas pourquoi. Dans tous les cas, gardons cela pour nous; tu n'auras que la peine de te trouver sur son passage; tu lui présenteras un placet que je te ferai demain, où tu exposeras ton affaire; et tu auras la grâce; cela va de droit, à ce que m'a dit l'avocat.

— C'est bon, répondit le braconnier, et j'ai eu le nez fin de venir ici.

Les deux amis dormirent rassurés; ils passèrent la journée du lendemain à faire convenablement le placet, et à le transcrire sur papier royal.

Le 30 avril au matin, Émile Laurent conduisit son cousin jusqu'à moitié chemin d'Assche, et lui souhaita un bon voyage. Le soir du 2 mai 1749, Bernard Laurent arriva heureusement à Bruges, qu'il trouva tout en mouvement pour l'organisation de l'immense fête du lendemain; et il eut les plus grandes peines à se loger.

Cette fête avait attiré en effet une affluence énorme de curieux. Depuis 1698, on n'avait plus fait l'illustre procession du Saint-Sang avec son ancienne pompe et ses spectacles variés; lorsque la paix d'Aix-la-Chapelle, qui ramenait les provinces belges sous le sceptre de l'Autriche, inspira partout des réjouissances. Les Brugeois saisirent l'occasion pour donner un grand jubilé. Selon leurs traditions, c'était en 1149 que le Saint-Sang avait été apporté à Bruges ; il s'agissait donc de célébrer le jubilé de six cents ans d'un événement si auguste.

Pour ceux à qui l'histoire des Pays-Bas n'est pas présente dans ses détails, on nous permettra de dire un mot nécessaire sur l'origine de cette fête.

Elle remonte à la grande époque des croisades, si glorieuse surtout pour les Flamands. Le comte de Flandre, Thierry d'Alsace, qui, digne héritier de Robert de Jérusalem, fit quatre fois le pèlerinage armé de la Terre-Sainte, avait signalé sa valeur par tant d'exploits, et sa piété par tant de faits illustres dans la seconde croisade, que, pour l'honorer d'une récompense qui fût commune à ses vaillants concitoyens, le roi et le patriarche de Jérusalem résolurent de lui offrir un trésor inappréciable; et en présence du roi de France Louis-le-Jeune, de l'empereur Conrad et des autres princes croisés réunis au Saint Sépulcre, ils lui donnèrent une partie du sang de Jésus-Christ, notre Seigneur, recueilli, selon les pieuses traditions, au pied de la croix, le jour qui consomma le salut du monde, par Joseph d'Arimathie et par Nicodème.

Enfermé dans un cylindre de cristal recouvert de velours, le sang divin fut suspendu à une chaîne d'or, que l'on passa au cou du noble comte. Effrayé d'un fardeau si auguste, il en partagea la charge glorieuse avec Léon, abbé de Saint-

Bertin, qui l'accompagnait; et il s'en revint en Flandre, où la plupart des récits disent qu'il arriva au mois d'avril de l'année 1149.

Il fut reçu avec des honneurs inouïs, dès qu'on sut le trésor sacré qu'il rapportait à son pays. Il rentra à Bruges au son de toutes les cloches. Toute la ville, précédée par le clergé, était allée à sa rencontre; toutes les maisons étaient pavoisées et les rues jonchées de fleurs. Thierry, la tête découverte, monté sur un cheval blanc que conduisaient par la bride deux religieux marchant les pieds nus, s'avançait au milieu des acclamations et des transports de son peuple à genoux, portant à son cou la sainte relique, qu'il n'osait toucher de ses mains. Le pieux abbé de Saint-Bertin le précédait, et ce fut lui, quand le Comte fut arrivé au palais, qui déposa solennellement le sang révéré du Sauveur dans la chapelle du Bourg. Quatre chapelains furent nommés aussitôt pour prendre soin de ce dépôt sacré, si précieux pour les chrétiens et si glorieusement acquis.

Ce fut une splendeur et une source de prospérités pour la ville de Bruges; et, le 3 mai 1311, la reconnaissance publique institua une procession annuelle pour célébrer la mémoire de cet événement. On enferma peu après le cylindre de cristal dans un tube d'or du poids de trente-six onces.

Pendant les troubles, un fidèle, Pérez de Malvenda, sauva ce trésor, caché dans sa maison, au sein d'une muraille discrète. En 1617, on l'honora d'une châsse splendide exécutée par Jean Crabbe, ouvrage précieux, dessiné en la forme d'un temple, du poids de 770 onces, orné richement d'or massif, de perles et de pierreries; et la procession annuelle continua d'attirer la foule, qui était surtout immense, lorsqu'un jubilé ou une réjouissance publique inspirait les cérémonies extraordinaires et motivait ce qu'on appelait les cavalcades.

Cette pompe, comme nous l'avons dit, n'avait pas eu lieu depuis 1698, et pendant ce demi-siècle les géants et les chars des fêtes flamandes, si curieuses, étaient tombés en poussière. Mais le zèle des bourgeois avait tout reproduit : tout était prêt. Dès le 17 avril, l'évêque de Bruges avait publié un mandement qui annonçait les indulgences accordées par le Saint-Siège à tout fidèle qui visiterait, le 3 mai et les quatorze jours suivants, la chapelle du Bourg, où le Saint Sang devait rester exposé. On avait affiché depuis trois jours un placard qui interdisait, pour le 3 et le 18 mai, à toute voiture ou charrette l'entrée des rues où devait passer la procession; et Bernard Laurent se réjouit de songer qu'en s'occupant de sa grâce il allait aussi prendre sa part d'une si belle fête.

Le soir, de huit heures jusqu'à neuf, les cloches de toutes les églises et de tous les couvents, de tous les oratoires et de toutes les chapelles, sonnèrent à pleines volées; tout le monde chantait dans les rues;

tout était joie et liesse; et partout c'était le bonheur éclatant, mais sans trouble, animé, mais sans confusion, qui ne se voit que dans les fêtes populaires des villes catholiques.

Bernard, à qui la tête commençait à tourner de tout ce joyeux tumulte, s'avisa enfin de demander ce qu'il devait faire pour voir Sa Majesté. Il s'adressa pour cela à son hôte, bon et jovial cabaretier, qui lui répondit :

— Ah! vous voulez voir Marie-Thérèse. Eh bien vous la verrez dans toute sa gloire, si vous êtes venu ici pour cela; et vous verrez bien autre chose. Vous n'aurez qu'à vous ranger, sur la place des Halles ou dans quelque grande rue; elle sera sur le plus beau char, qui vient le dernier après les Entremets.

Le cabaretier désignait par ce mot les allégories, ce qu'il expliqua au curieux Bernard; et le braconnier content s'alla coucher, pour se recueillir un peu en lui-même et se faire sa leçon.

Le lendemain, 3 mai, toutes sortes de bruits réjouissants se mêlèrent aux cloches animées, pour égayer le réveil de la ville de Bruges; et à la suite de l'office divin, la procession sortit à dix heures, avec une richesse et une abondance qui étonneraient notre époque mesquine. Plus de mille personnes portant des flambeaux allumés ouvraient la marche. C'étaient en tête la pauvre école des filles, puis la pauvre école des garçons, humbles troupes, qui marchaient les premières dans la fête du Dieu qui est venu consoler toutes les misères.

Venaient ensuite les joyeux oiseleurs, puis les aubergistes, les marchands de tabac, corps de métier tout moderne, et une longue nomenclature de corporations, rangées sans beaucoup de méthode : les ouvriers de la grue, les ouvriers du pont des Carmes, les ouvriers du pont d'Eeckoute, les ouvriers du pont de Marie, les ouvriers du pont des Baudets, les brasseurs, les jardiniers, les ouvriers du pont des Moulins, les ouvriers du pont de Saint-Jean, les déchargeurs de vin, les porteurs de chaux, les maçons, les charpentiers civils, les charpentiers de navires, les couvreurs, les plombiers, les scieurs, les sculpteurs, les tonneliers, les charrons, les tourneurs, les menuisiers, les faiseurs d'arcs, les cordiers, les potiers, les forgerons, les orfévres, les armuriers, les étainiers, les drapiers, les foulons, les teinturiers, les bouchers, les gagne-petit, les poissonniers, les cordonniers, les corroyeurs, les tanneurs, les gantiers, les fabricants de bas, les tailleurs, les fripiers, les boulangers, les portefaix, les mesureurs de grains, les meuniers, les chapeliers, les vanniers, les fabricants de coutil, les blanchisseurs, les chirurgiens, les ferblantiers, les marchands de fruits, les fabricants de chandelles, les voituriers, les bateliers, les courtiers ; tous ces soixante corps avec leurs insignes, bedeaux et bannières.

Mais c'était déjà moins solennel qu'au seizième

siècle, où Damhoudère compte les corporations de Bruges au nombre de plus de deux cents. C'est que la splendeur de Bruges avait décru de beaucoup.

A la suite paraissaient les corps du clergé régulier et séculier, les capucins, les récollets, les carmes, les augustins, les dominicains ; venaient, après ces pères, l'abbé d'Eeckoute, le chapitre de Saint-Sauveur avec le clergé de Sainte-Walburge et de Saint Jacques, le chapitre de Notre Dame avec les prêtres de Saint-Gilles et de Sainte-Catherine, le chapitre de Saint-Donat, le prévôt de Notre-Dame, les abbés, puis l'évêque de Bruges, la châsse du Saint Sang portée en grande pompe, et la confrérie du Saint Sang.

A l'aspect de la relique auguste et vénérée, Bernard était tombé à genoux, en même temps que tous ses voisins. Mais il vit bientôt que la marche se terminait par les magistrats de la ville ; et il ne comprit pas pourquoi il n'apercevait ni Marie-Thérèse, ni chars, ni cavalcades. Toutes sortes de doutes, de craintes et de confusions se jouèrent de sa tête. Il voulut interroger ; mais la foule qui priait pieusement l'entraîna jusqu'à la place du Bourg, à la suite de la procession, qui rentra à midi et demi et remit dans la chapelle antique le trésor donné à la ville par Thierry d'Alsace.

Bernard s'en retournait préoccupé, lorsqu'il eut le bonheur d'apercevoir dans la foule, sur la place des Halles, son hôte qui semblait venir à lui.

— Je n'ai pas vu Marie-Thérèse, dit-il tristement.

— Ni moi non plus, répondit l'hôte, et je vais à sa rencontre.

— Mais, est-ce que la procession n'est pas passée?

— La procession religieuse, oui, mais dans un quart d'heure vous allez voir la cavalcade de fête.

A une heure en effet, cette seconde partie de la *montre*, comme disaient les vieilles relations, réjouit la multitude immense. On voyait en tête une troupe de musiciens à cheval, précédés de la Renommée et des anges gardiens de la ville. Ils ouvraient la marche aux entremets, dont le premier était un chariot équipé par les aubergistes; il portait la représentation animée de la maison de Zachée, où logea Notre Seigneur; saint Luc suivait sur un bœuf ailé; cette allégorie était fournie par les libraires et les maîtres d'école. Saint Victor s'avançait à cheval, armé de pied en cap par les meuniers. Un énorme pélican, galanterie des boulangers, se prélassait ensuite, marquant le pas à l'aigle colossal des maçons. Le cygne des fripiers, animé par un homme caché sous cette enveloppe, accusait des mollets remarquables; l'autruche des maréchaux-ferrants paraissait trop peu élevée sur ses jambes ; le rossignol-monstre des blanchisseurs jouait des airs avec un flageolet caché dans son gosier.

Après les bipèdes à plumes, on admirait le bœuf des tanneurs, composé intérieurement de deux hommes qui laissaient remarquer que le train de derrière était plus pressé d'arriver que le train de devant; le cerf, établi par les corroyeurs, les cordonniers et les gantiers, était un mannequin porté sur des roulettes. Le lion d'argent des orfévres, le lion noir des bouchers, le tigre des chirurgiens, étaient faits par des hommes qu'on avait décidés à marcher à quatre pattes, et qui ne manquaient pas de prendre une position plus commode, toutes les fois que le cortége faisait une petite pause; ce qui divertissait joyeusement les spectateurs.

On voyait encore l'éléphant des plombiers, le crocodile des couvreurs, le rhinocéros de la chambre de commerce, la licorne des apothicaires et la baleine des poissonniers; monstres sur lesquels nous n'avons point de renseignements.

Un second char, fourni par les fruitiers, portait un petit jardin. Le char des marchands de tabac suivait immédiatement; il offrait un parterre occupé par la plante dont les donateurs font leur commerce. Le char des drapiers était chargé de sauvages; et le char des tonneliers portait Bacchus à cheval sur une tonne, entouré de petits Silènes.

— Mais c'est le dernier char, dit Bernard; et, en montrant le jeune gaillard qui figurait Bacchus, il demanda à son hôte si ce n'était pas Marie-Thérèse.

— Vous n'êtes pas fort pour un Wallon, mon ami, répondit l'autre; est-ce que l'Impératrice porte une couronne de feuilles de vigne?

— Je ne sais pas; je n'ai jamais vu d'Impératrice.

— Prenez donc patience. Ce n'est jusqu'ici que la première moitié de la cavalcade.

— C'est une furieuse fête, reprit le braconnier en hochant la tête, et je suis bien heureux d'y être venu. Je ne croyais pas que vous en faisiez tant dans vos grandes villes. Oui, vraiment, c'est beau et engageant. Mais, toutefois, pour un seul jour de réjouissances, voilà bien de l'argent perdu.

— Ah! vous croyez cela, mon camarade, dit le Brugeois en se redressant; mais savez-vous que depuis six mois, avec cette fête, on donne de l'ouvrage à tous les ouvriers? que tous les débitants ont vendu leur fond de magasin? que toutes les industries ont eu part au gâteau? que tous les voituriers ont fait de bonnes journées? que toutes les auberges sont pleines, et qu'il y a dans cette quinzaine, à Bruges, un mouvement de ducats et d'escalins dont la ville se ressentira fort agréablement toute l'année? Allez, allez, ces fêtes n'ont de mauvais côté que les accidents; et j'espère que nous n'en aurons point. — Mais ouvrez les yeux.

On vit déboucher alors un énorme cheval, le cheval Bayard, portant sur son dos les quatre fils Aymon; puis un géant; non pas le Goliath des anciennes fêtes, mais un géant appelé Germanus, sans doute pour flatter les princes allemands que la maison d'Autriche envoyait en Belgique. Il était donné par les brasseurs; les merciers avaient fourni son épouse, la géante Fidélia; et les marchands de toile, leur fille, la belle et haute Gloriane. J'aurais autant aimé Flandrine, qui était pareillement très-élancée, et son noble père, le vieux roi de Flandre Grambrinus, inventeur de la bière et premier planteur du houblon.

On avait vu, à des solennités brugeoises plus anciennes, les sept péchés capitaux, représentés par les sept démons Lucifer, Mammon, Asmodée, Belzébuth, Bélial, Léviathan et Béhémoth. Ils étaient omis cette fois, ainsi que plusieurs autres sujets, non moins curieux.

Mais la confrérie des gladiateurs, commandée par saint Michel à cheval, parut, s'escrimant et précédant les chars dits chars de triomphe, qui portaient les représentations à personnages. Tous les rôles de ces différentes scènes étaient remplis par les enfants des bonnes familles de Bruges.

Sur le premier char, on voyait Joseph d'Arimathie et Nicodème, recueillant le Saint Sang au pied de la croix, et le déposant religieusement dans un vase de cristal. Autour d'eux étaient à genoux les divers personnages de la Passion, et au fond un ange écartant de son épée les ennemis du Seigneur.

Le second char représentait le comte de Flandre, Thierry d'Alsace, victorieux des infidèles dans la Terre-Sainte.

Sur le troisième char, le même Thierry recevait des mains du roi de Jérusalem et du patriarche la relique sacrée dont il devait gratifier la ville de Bruges.

Le quatrième char offrait le comte Thierry, accompagné de l'abbé de Saint-Bertin, remettant le Saint Sang à la ville de Bruges, représentée par une jeune fille vêtue de blanc et couronnée de roses : derrière elle étaient à genoux les quatre chapelains du Saint Sang.

On voyait sur le cinquième char le saccagement des églises au temps des troubles. Pérez de Malvenda était à genoux dans un coin, gardant le précieux dépôt du Saint Sang, caché dans une muraille de sa maison.

Le sixième char portait la pucelle de Bruges, assise sur un trône splendide, tenant sur ses genoux une gracieuse imitation du reliquaire. Quatre figures, debout aux quatre coins de ce char, représentaient, selon les uns, les quatre parties du monde, selon les autres, quatre renommées.

En apercevant l'aimable jeune fille couronnée de tourelles dorées, Bernard Laurent s'agita :

— Voilà enfin l'Impératrice, dit-il en fouillant dans son habit.

— Pas encore, répondit l'hôte : ce n'est pas le dernier char, et vous n'avez pas vu passer la cour, que voici. Mais que cherchez-vous de la sorte ?

— Un placet que je dois lui présenter, répondit l'enfant de Soignies.

L'hôte fut sur le point de livrer passage à un scandaleux éclat de rire. Mais comprenant vite qu'il avait affaire à un homme mystifié, il prit le parti de s'en réjouir.

Cependant, à la suite du sixième char, venait une brillante cavalcade de jeunes gens, portant, façonnés sur de singuliers patrons, les costumes de ceux des anciens comtes qui avaient honoré de priviléges la chapelle du Saint-Sang. Chaque comte était escorté de quatre gentilshommes à cheval, tenant le sceptre, la couronne, l'étendard et la devise de leur seigneur. Derrière ces anciens marchaient la cour de Vienne, les archiducs, les seigneurs de Hongrie, les feld-maréchaux, etc. Le prince Charles de Lorraine arrivait lui-même, représenté par un jeune Brugeois de quatorze ans, à la mine fort éveillée.

— Je suis heureux qu'il ne me connaisse pas, dit Bernard; mais je ne me figurais pas que le prince Charles eût l'air si jeune.

Son hôte l'interrompit en lui faisant remarquer le dernier char, qui était en effet le plus magnifique. Sur ce char, l'Impératrice occupait un trône élégant; derrière elle étaient la Paix et la Justice, qui la couronnaient, et que Bernard Laurent prit pour des femmes de chambre, comme il prit pour ses dames d'honneur les dix provinces catholiques rangées au pied de son trône.

Une jeune fille représentait Marie-Thérèse. Le braconnier s'accoutumait à l'idée qu'on était jeune sous la couronne. Il s'avança vers le char, tête nue, et tenant son placet à la main. Le Commerce et l'Agriculture, qui conduisaient le char, regardant cet incident comme un des jeux de la fête, arrêtèrent un moment les chevaux qu'ils dirigeaient; Bernard monta lestement sur le marchepied, élevant son placet : la province de Tournaisis le prit et le remit à l'Impératrice, qui l'accueillit d'un très-gracieux sourire.

Le char reprit sa marche, et Bernard, hors de lui d'avoir vu Sa Majesté de si près, remarqua à peine l'immense vaisseau, chargé de ses agrès et de ses voiles, que faisaient manœuvrer, sur des roues invisibles, les bateliers cachés dans la machine. C'était la clôture de la cavalcade.

Parmi la cohue qui fait la queue obligée de tout cortége et de toute procession, Bernard Laurent avait perdu son hôte; mais en lui-même il ne se possédait pas de joie et d'espérance.

Le soir venu, il soupa, alla ensuite se prosterner devant le Saint Sang, se coucha heureux de sa journée, et repartit le lendemain matin pour Bruxelles, sans que personne l'eût détrompé.

Son voyage dura trois jours, selon les habitudes de ce temps-là. En rentrant le soir chez son cousin Émile, il se vit joyeusement accueilli.

— Mais arrive donc, lui dit le Bruxellois, et vois comme l'avocat est homme de bon conseil. Voilà ta grâce; elle est ici depuis deux heures.

Cette promptitude à obliger charma Bernard, qui

reçut pourtant ce plaisir comme chose à laquelle il s'attendait.

L'explication d'un tel succès est facile. A la collation qui avait suivi la cavalcade, les magistrats de Bruges avaient trouvé plaisant de faire apostiller par l'Impératrice de parade le placet du braconnier, qu'ils croyaient être une plaisanterie, et d'envoyer la pièce au prince Charles pour le réjouir. Le porteur, envoyé en courrier, était arrivé un peu plus tôt que Bernard. Le prince Charles, riant de l'aventure, avait dit qu'il n'avait rien à refuser à Marie-Thérèse, et, pour être agréable à ses bons amis les Brugeois, il avait en effet expédié la grâce.

Et dans la suite, on eut beau dire à Bernard-Laurent que jamais Marie-Thérèse n'était venue en Belgique, on ne put jamais lui ôter de la tête la certitude qu'il l'avait vue et qu'elle lui avait souri.

Un moment de silence succéda à cette narration. Bruno Meyer prit timidement la parole.

— Je m'étais disposé, dit-il, à vous raconter des légendes d'une autre sorte que tout ce que j'entends. Ce qui nous a occupés jusqu'ici me semble de l'histoire colorée. Ne vous plairait-il pas d'étudier aussi les traditions singulières, les faits extraordinaires, les contes populaires du passé? Si vous y consentez, je vais vous dire une bonne vieille ballade de Transylvanie, qui a grand cours dans nos provinces allemandes.

Tout le monde ayant encouragé Bruno, il commença :

LE MÉDECIN DE KOZMA.

> Et la mort tire tout.
> — P. MATTHIEU.

Un bonhomme de Kozma en Transylvanie était déjà père de douze enfants. Il ne parvenait à les nourrir qu'en travaillant nuit et jour, lorsque sa femme devint enceinte d'un treizième. Le temps des couches approcha ; le bonhomme, ne sachant qui solliciter pour être la marraine du nouveau-né, s'en alla sur le grand chemin, décidé à réclamer ce service de la première dame qu'il rencontrerait. Il espérait qu'un bon hasard lui amènerait une protection pour l'enfant qu'il attendait.

Il ne tarda pas à voir venir une haute et maigre figure, montée sur de longues jambes très-fluettes, qui l'aborda sans fierté et lui dit tout d'abord :

— Veux-tu de moi pour marraine?

— Qui êtes-vous ? dit le pauvre homme, enhardi par sa familiarité, mais troublé par son aspect.

— Je suis la Mort, — répondit-elle, — la Mort qui égalise tout.

— Vous êtes une dame de justice ; et je suis bien aise de vous voir; vous traitez le riche et le pauvre sans distinction : c'est bien. Soyez la marraine de mon enfant.

— Je le ferai riche et recommandé, dit la Mort: car je suis puissante. — A quand le baptême?

— Dimanche prochain, vers l'heure de midi, s'il vous plaît de ne pas l'oublier.

La Mort fut exacte; et quoique sa figure parût étrange aux assistants, elle fut la marraine de l'enfant nouveau-né.

Lorsqu'il eut grandi, elle vint un jour le prendre par la main; elle l'emmena dans une forêt :

— Je suis votre marraine, dit-elle; je veux que vous soyez un médecin de renom. C'est là une profession que j'aime et qui relève de moi. Voici ce que vous avez à faire pour devenir illustre et opulent. Toutes les fois que vous serez appelé auprès d'un malade, si la maladie est sérieuse, vous m'y verrez attentive. Si je suis au pied du lit, dites hardiment que vous répondez de la guérison; et alors vous ferez prendre au malade le jus d'une petite herbe que je vais vous montrer; le malade sera guéri. Mais si je me tiens au chevet, c'est que le moribond m'appartient déjà. Dans ce cas vous direz : — Tout secours est inutile; ce malade va infailliblement mourir. — Vous obtiendrez ainsi une grande renommée.

La Mort ensuite, ayant appris au médecin son filleul à reconnaître la petite herbe, ne le quitta qu'en lui recommandant bien de ne jamais s'en servir contre les prescriptions qu'elle venait de lui tracer.

En peu de temps le jeune homme devint le plus célèbre médecin de la terre. — Il suffit, disait-on, qu'il voie un malade, pour prononcer avec certitude s'il doit vivre ou s'il doit mourir.

Il était fort recherché; on venait à lui de très-loin, et on lui donnait tant d'argent, qu'il enrichit bientôt toute sa famille.

Or il arriva que le Roi tomba malade. Quel roi? je ne saurais le dire, car cette légende est sans date, comme la plupart des traditions du peuple. Le médecin de Kozma fut appelé aussitôt. Mais dès qu'il entra dans la chambre, il vit avec regret la Mort, sa marraine, à la tête du lit royal. Il ne restait donc plus de chance de salut. Cependant le jeune homme songea que si, pour sauver un si bon roi, il jouait un petit tour à sa marraine, elle lui pardonnerait certainement, en considération de tout l'honneur que cette guérison pouvait lui faire. Il ordonna donc vivement qu'on retournât le lit où le Roi était couché, de façon que la Mort se trouvât placée à ses pieds; et sans donner à sa marraine le temps de remonter au chevet, il fit lestement avaler au malade le jus de l'herbe salutaire. Le Roi recouvra incontinent une santé parfaite.

Il combla le grand médecin de dignités et de présents. Mais dès qu'il fut sorti du palais, la Mort vint à lui fort en colère.

— Je vous pardonne cette fois, dit-elle en se contenant ; et je vous pardonne parce que je suis votre marraine. Mais rappelez-vous que si vous m'enlevez encore ce qui m'appartient, ce sera sur vous que malheur viendra.

Peu de temps après, la fille du Roi tomba très-gravement malade à son tour. Le médecin de Kozma était absent. Personne ne put la guérir. Le vieux Roi en pleura tant, disent les récits, qu'il en devint aveugle.

Le docteur rentra dans la ville, comme la princesse était à l'extrémité. On proclamait partout que celui qui la sauverait recevrait sa main en récompense, avec le trône dont elle était héritière. Le jeune homme se hâta de courir au palais. Mais, hélas! la Mort était encore là, formidable, au chevet du lit.

— Plus d'espoir! dit-il, se souvenant des menaces de sa marraine. — Et ces paroles consternèrent toute la Cour.

En remarquant toutefois la beauté et la jeunesse de la princesse malade, en se ressouvenant des généreuses promesses du monarque désolé, il éprouva une vive tentation de braver encore une fois les menaces de sa farouche marraine. La jeunesse est téméraire ; le succès rend présomptueux ; et quoiqu'il vît la dame maigre, qui le regardait d'un regard effrayant, il se risqua de nouveau ; de nouveau il retourna brusquement le lit, de manière que la Mort se trouva derechef assise aux pieds de la proie qu'elle couvait des yeux. En même temps, au moyen de l'herbe salutaire qu'il administra d'une main leste, il ranima la fille du Roi. — La Mort bondit de colère et disparut.

Comme le docteur ne pensait plus, dans sa joie, qu'à la récompense glorieuse qu'il venait de conquérir, sa marraine s'avança vers lui :

— Suivez-moi maintenant, dit-elle tout bas.

Et lui pressant le bras de sa main glacée, elle l'emmena à travers la foule surprise ; car lui seul voyait le spectre. La Mort le conduisit loin de la ville, dans une caverne immense. Là brûlaient des millions de flambeaux, rangés en lignes innombrables. Les uns étaient grands et entiers ; d'autres petits et grêles ; d'autres étaient brûlés à demi ; d'autres allaient s'éteindre : à chaque seconde il en mourait quelques-uns ; d'autres à chaque seconde s'allumaient.

— Tu vois, dit gravement la marraine à son filleul inquiet, tu vois les flambeaux de la vie des hommes ; ils sont tous ici. Ceux qui brillent presque entiers animent les enfants ; ceux que tu remarques à demi brûlés sont l'âge mûr ; ceux qui vont s'éteindre appartiennent aux vieillards, plus ou moins âgés. Certains enfants néanmoins n'ont qu'un flambeau très-petit ; et lorsqu'il est fini, ils sont à moi ; tout est réglé. Tu ne devais donc pas déranger l'ordre suprême ; et tu vas en être puni.

Ces paroles étaient dites d'un ton si austère, et

la bouche qui les laissait échapper était si effrayante,
que le médecin commença à trembler dans tous ses
os; ses dents claquèrent; et il dit à la Mort :

— O chère marraine, montrez-moi mon flambeau
et protégez-le. Jamais plus je ne vous offenserai.

Elle lui indiqua du doigt une flamme qui touchait
à sa fin et qui brûlait déjà sa bobèche :

— Regarde, lui dit-elle.

L'effroi qui s'était emparé du jeune homme redoubla :

— O ma chère marraine, reprit-il en tombant à
genoux, allumez-moi, je vous en supplie, un nouveau flambeau. Que votre pauvre filleul puisse encore jouir de la vie; qu'il puisse épouser sa belle
princesse, devenir roi....

— Je n'ai pas ce pouvoir, dit la Mort; je suis
dame de justice; je ne saurais prolonger votre
flambeau qu'aux dépens d'un autre; et ce serait ini-
quité.

— O ma bonne et chère marraine, dit encore
le jeune médecin, d'une voix tendre et tremblante,
mettez ce qui reste de ma flamme sur ce flambeau
tout neuf qui n'a pas brûlé encore ; je ne vous dés-
obéirai plus....

Il était si désolé, il se tordait les mains d'un air
si déchirant, que la Mort se laissa émouvoir; elle prit
le flambeau neuf.

Mais comme elle l'approchait de la bobèche, le
pâle lumignon du médecin s'éteignit tout d'un

coup ; et le pauvre jeune homme tomba pour jamais dans les bras de sa marraine, — qui comme tant d'autres a pouvoir de détruire, mais ne sait pas relever.

Don Philippe de Paréja, saluant la société, dit alors :

— La légende de la Mort, que vous venez d'entendre, ouvre la porte à un autre récit que je tenais en réserve, quoiqu'il ne soit pas, comme le médecin de Kozma, tout à fait excentrique. C'est peut-être aussi un fabliau ; mais le fond en est plus naturel et la morale plus facile à saisir. Il est d'origine flamande.

LA VIEILLE DE LOKEREN.

> Sonnez donc, cloches argentines,
> Pour les vêpres, pour les matines,
> Pour les noces et pour la mort.
> *Ballades du Rhin.*

Des savants vous diront que la ville de Lokéren en Flandre a été fondée par une colonie de Locriens, venus tout exprès de la Grande-Grèce, en des temps prodigieusement reculés. Vous ne le croyez sûrement pas.

Pour lors, une autre version se présente ; et on vous conte timidement qu'un sorcier, un magicien, disciple du diable, fonda et bâtit la ville de Lokeren.

En effet, les peuples du Nord, dans leur ancienne mythologie, appelaient Loke le père du loup Fenris, celui que nous nommons Satan, le calomniateur, le menteur, l'artisan de la fraude et du crime. Donc Lokeren, où les loups se sont montrés jadis, tire son nom de Loke.

Mais cette origine d'honnêtes gens n'est pas assez flatteuse pour qu'il nous soit permis de l'accueillir avec légèreté. Nous lui préférons l'opinion d'autres doctes, qui opinent que Lokeren fut fondée par Locrin, deuxième roi des temps héroïques de l'Angleterre, fils de Brut, lequel en fut le premier. Ce roi Locrin, chassé par les habitants de Cornouailles à qui il avait fait injure, se serait retiré en Belgique, où il vécut dans la modestie.

Ce qui a pu donner lieu à de mauvais bruits relativement à Lokeren, c'est que ladite ville qui, du sixième au dixième siècle, ne devait pas étaler beaucoup de splendeur, était, à une époque qu'on ne désigne pas de cet intervalle assez long, le patrimoine d'un seigneur féroce. Maître absolu dans ses domaines, il attelait, dit-on, les serfs à la charrue; il faisait travailler sans relâche les paysans et les chambrières, ne leur donnant ni repos, ni pain. Il était excessivement redouté de ses sujets, comme on disait alors; et les pauvres gens vivaient attachés à la glèbe: il pouvait les vendre, les mutiler, les mettre à mort, suivant son bon plaisir. Aussi tout tremblait devant lui.

Un seul être soutenait un peu les esprits des humbles manants ; c'était une femme qui, s'il faut en croire la tradition, n'était ni jeune ni vieille, ni belle ni laide, et qu'on appelait pourtant la vieille de Lokeren, parce que tous les habitants de cette seigneurie, les plus anciens comme les plus jeunes, l'avaient toujours connue dans l'état où on la voyait. Personne ne savait ni son âge, ni d'où elle était venue ; mais tout le monde l'aimait, à cause de sa bonté obligeante. Le vieux curé, qui lui-même plus d'une fois avait eu à souffrir des tyrannies du châtelain, défendait la renommée de la vieille de Lokeren ; il ne souffrait pas qu'on la traitât de magicienne devant lui.

— Il se peut, disait-il, dans un temps où l'on croyait à beaucoup de choses que nous avons rejetées, il se peut qu'elle soit un peu fée ; mais c'est alors une bonne fée et une honnête chrétienne, qui s'est apitoyée sur le sort de nos pauvres villageois et qui mène une vie exempte de reproches.

Elle parcourait tous les soirs les veillées, contant aux jeunes filles de belles histoires morales ; partout où elle paraissait, la quenouille se vidait plus vite, le fil était plus fin et plus égal, le frugal repas se trouvait plus appétissant, la huche mieux fournie, les cœurs plus joyeux. Elle se retirait, la nuit, dans une petite cabane isolée, à l'entrée du bois voisin.

Parmi les chambrières de la dame de Lokeren, il y en avait une toute jeune et toute gentille, qui

se nommait Lucienne. Le jardinier, la voyant pieuse
et sage, eût bien voulu l'épouser; mais étant serf
comme elle, ils ne devaient songer à se marier que
du formel consentement du châtelain qui, dès qu'on
lui en dit un mot, s'y opposa, sans que personne
osât lui demander la raison de son refus.

Un jour qu'il rencontra Lucienne tout en pleurs,
il l'interrogea rudement, voulant savoir ce qu'elle
avait. La pauvre enfant, — toute façonnée et rompue
au poids de ses autres peines, — n'avait alors de
chagrin profond que l'obstacle brutal apporté à son
mariage. Elle l'avoua. Le châtelain, avec un rire
moqueur, la prit par la main, et lui montrant le ci-
metière :

— Remarques-tu là bas, lui dit-il, cette fosse tapissée de verdure?

— Hélas! répondit la jeune fille en larmes, c'est
la fosse de mes parents.

— Tu vois, reprit-il, qu'elle s'est couverte de
grandes orties; elles ont poussé là avec vigueur. On
dit que l'ortie produit un fil délicat, doux et léger;
va les cueillir. Avec cela, file-moi deux belles chemises, si tu le peux; l'une sera ta chemise de noces;
l'autre ma chemise d'enterrement. A cette condition,
je te marierai.

En achevant ces mots, le châtelain s'éloigna,
riant encore méchamment dans sa barbe. Lucienne,
absorbée dans sa douleur, s'achemina vers le cime-
tière, sans trop savoir ce qu'elle faisait. Elle se mit

à genoux au bord de la fosse où reposaient son père et sa mère. Elle pria. Ses larmes coulèrent plus abondantes, mais moins amères.

Comme elle était là depuis quelques instants, la vieille de Lokeren s'arrêta devant elle.

— Qui vous fait pleurer ainsi, mon enfant? dit la bonne vieille.

— La dureté du châtelain, répondit Lucienne.

Et elle raconta, avec désespoir, ce qu'il venait de lui imposer. Elle savait, hélas ! qu'il ne revenait jamais sur une parole dite, quelle qu'en fût l'absurdité.

La Vieille parut frappée de ce récit; mais, se redressant tout à coup :

— Nous verrons ce qu'il en sera, dit-elle. Ne perdez pas courage, ma fille ; si le châtelain est puissant, Dieu est encore plus puissant que lui.

Sans ajouter un mot de plus, sans donner à Lucienne d'autres explications, la vieille de Lokeren se mit à arracher vivement toutes les orties qui couvraient la fosse; après quoi elle disparut, les emportant dans la forêt.

Un mois se passa, pendant lequel la jeune fille ne se laissa pas abattre, confiante qu'elle était aux paroles d'espoir qui lui avaient été données par la bonne vieille.

Or un jour que le mauvais seigneur de Lokeren chassait parmi les bois, s'étant égaré dans un sentier peu fréquenté, il s'arrêta devant la cabane de la

Vieille ; elle filait à sa porte, avec une vitesse incroyable.

— Comme vous y allez, la mère, dit-il en ricanant, vous filez sans doute votre chemise de noces?

— Chemise de noces, chemise de mort, pour votre service, monseigneur, marmotta la Vieille, sans quitter son fuseau et sans lever les yeux.

Le châtelain tressaillit.

— Voilà du lin de grande finesse, reprit-il en s'approchant davantage ! Vieille, tu me l'as volé.

— Je l'ai recueilli, monseigneur, sur la fosse du bonhomme Jean et de Luce, sa femme.

Le châtelain se troubla. L'accent et la gravité de cette femme, qu'il n'avait jamais remarquée, quoiqu'elle vécût dans ses domaines, lui causèrent une soudaine agitation. Il se rappelait ce qu'il avait dit à Lucienne ; il s'en revint tout pensif. Mais l'impression qu'il venait de subir était effacée dès le lendemain ; et il continua son genre de vie.

Cependant un soir, comme il se réjouissait devant un vaste pot de bière, dans la grande salle de son château, Lucienne entra, le visage radieux, portant deux belles et fines chemises.

— Voici, monseigneur, dit-elle, ce que vous avez exigé, du produit de la fosse de mes pauvres parents, — chemise de noces, chemise de mort, — une chemise pour vous et l'autre pour moi.

— Je tiendrai parole, répondit le châtelain après un moment de silence, à demain les noces !

Il s'efforçait de paraître à son aise ; mais son cœur était très-ému. Chemise de noces, chemise de mort ; ces paroles de la Vieille, que Lucienne venait de répéter lui semblaient sinistres. Il s'imagina qu'il bannirait le pressentiment dont il était frappé malgré lui, en unissant de bonne grâce la pauvre Lucienne et le jardinier.

Mais le lendemain, il ne put sortir de son lit pour conduire les deux époux à l'autel. Au moment où ils recevaient la bénédiction nuptiale, leur tyran expirait; et quand Lucienne, avec son mari, sortit de l'église, la cloche des morts y appelait le châtelain.

— Ne nous arrêtons pas trop, dit là-dessus Clovis d'Anzac, aux légendes bizarres. Les littératures secondaires en fournissent. Mais j'aime mieux les récits qui expliquent l'histoire et les faits réels. Je vais vous raconter des choses qui se placent facilement à la suite du triste sujet qu'on vient de vous exposer, et qui au moins ne sortent pas du vrai.

LA TOUR DE CORDOUAN.

> Grand Dieu ! que le cœur d'une mère
> Est un bel ouvrage du tien !
>
> BERQUIN.

Parmi les nombreux amateurs qui, tous les ans, viennent jouir des magnifiques bains de mer de Royan, il en est peu qui se décident à quitter l'embouchure de la Gironde, sans avoir visité la tour de Cordouan.

Ce phare, le plus beau du monde (on le prétend du moins), est dans l'Océan, à trois lieues des côtes de Royan et à deux lieues environ de la pointe de Grave.

Après que Louis XIII en personne eut enlevé aux huguenots l'importante ville de Royan, dans ces guerres religieuses où La Rochelle joua un si funeste rôle, Richelieu vint, qui rasa la ville hérétique ; et depuis, faisant réparer la tour de Cordouan, que l'architecte Louis de Foix avait déjà rebâtie sous Henri II, il fit mettre à l'entablement du premier étage, au-dessus du portique qui fait face aux débris de Royan, deux masques en pierre ; l'un était le visage impassible du monarque ; le temps l'a fait disparaître ; l'autre, la tête plus énergique du cardinal lui-même ; les flots de la mer l'ont rongée. D'autres sculptures anciennes ne paraissent pas facilement explicables.

Louis XIV, qui continua le rétablissement du phare de Cordouan, fit faire dans toute l'étendue du premier étage une vaste chapelle terminée en 1665. On y lit encore, écrit sur une table de marbre noir, le sonnet que voici, à la louange de l'architecte de Foix :

>Quand j'admire, ravi, cet œuvre en mon courage,
>Mon De Foix, mon esprit est en étonnement,
>Et voit, dans les pensers de ton entendement,
>Le gentil ingénieux de ce superbe ouvrage.
>
>Là, il discourt en lui, et d'un muet langage
>Te va louant subtil en ce point mêmement,
>Que tu brides les flots du grondeux élément,
>Et du mutin Neptun la tempête et l'orage.
>
>O trois et quatre fois bienheureux ton esprit
>Dé ce qu'au front dressé ce phare il entreprit,
>Pour se perpétuer dans l'heureuse mémoire.
>
>Tu t'es acquis par là un honneur infini,
>Qui ne finira point, que ce phare de gloire,
>Le monde finissant, ne se rende fini......

Louis XV suréleva le phare de Cordouan, vers l'année 1727; et maintenant qu'on vient d'y mettre la dernière main, on en a fait un objet vraiment digne d'admiration, par la beauté et la hardiesse de l'édifice, qui a plus de deux cents pieds d'élévation sur la mer, et par la grandeur du fanal, qui projette sa lumière dans un cercle dont le diamètre est d'environ trente lieues.

Or, dans les temps reculés, à l'époque où le vieux Soulac, distant de quelques lieues de la pointe de Grave, n'était pas englouti sous les sables du Médoc, où le monastère antique de Saint-Serdolein et la vaste métairie de Saint-Palais, s'élevaient au-dessus du sol qui borde la mer, où la couche sablonneuse de Royan, qui n'est plus qu'une somptueuse baignoire d'une lieue d'étendue, était couverte d'habitations et de cultures, où Royan même s'avançait dans des lieux qui ne sont plus que d'âpres rochers meurtris par les vagues, la mer, alors moins envahisseuse, n'avait pas isolé la tour de Cordouan du continent. La pointe de Grave se prolongeait jusqu'au roc ferme où le phare est maintenant assis; et une petite ville florissait, dit-on, dans ces parages, qui n'offrent plus que des bancs de sable cachés sous les eaux de l'Océan, et aux basses mers des débris de constructions devenus des écueils.

Cet espace que dévora la grande mer disparut, s'il faut en croire les pêcheurs, quand la Méditerranée se retira d'Aigues-Mortes, par une de ces convulsions du globe qui sont si effrayantes et dont nous perdons sitôt le souvenir.

Je ne mentionne tous ces faits que comme préambule au récit traditionnel de l'origine de Cordouan et de son phare, tel que l'ont conservé les hameaux voisins.

Vers le milieu du neuvième siècle, par la trahison du comte Julien, les Maures, comme on sait, se jetèrent sur l'Espagne et s'emparèrent de Cordoue. Un berger, traître aussi, leur avait montré un endroit par lequel ils s'étaient glissés dans la ville, qu'ils surprirent de nuit. Le gouverneur, déterminé cependant à ne pas se rendre, se retira dans l'église de Saint-Georges, avec ce qu'il put réunir d'hommes décidés. Il y soutint trois mois de siége ; après quoi il fut taillé en pièces, avec tous ses soldats ; et les Maures firent de Cordoue leur capitale.

De ceux qui purent s'échapper de cette ville, plusieurs s'étaient réfugiés à Tolède. Quelques-uns, s'étant embarqués avec leurs trésors, s'arrêtèrent à la côte du Médoc, voulant s'éloigner le moins possible de la patrie ; et débris vivants de leur chère *Corduba*, ils fondèrent, à la pointe de Grave, *Cordubana* ou la petite Cordoue, que nous avons appelée Cordouan.

Parmi ces exilés de l'Espagne, se trouva doña Arsène de Néira, fille du gouverneur de Cordoue. Le comte de Néira, avant de s'enfermer dans l'église de Saint-Georges, l'avait forcée de partir ; et il avait exigé que le brave Iago, son noble cousin, qu'elle allait épouser, l'accompagnât dans sa fuite. Arsène n'avait plus de mère. Mais la mère d'Iago devait être aussi la sienne. Le gouverneur, en confiant à cette dame les destins de sa fille chérie, lui avait fait promettre de ne marier les jeunes fiancés que quand il l'approuverait par sa présence ou par une lettre formelle.

La mère d'Iago, en arrivant sur nos côtes, fit bâtir, dit-on, vis-à-vis la Pointe-de-Grave, à gauche de Royan, une petite église dédiée à saint Georges. Elle y allait tous les jours entendre la messe, avec son fils et avec doña Arsène, désormais ses seules affections terrestres. Cette église, plusieurs fois relevée depuis, subsiste encore sur le rivage. Elle est entourée d'habitations de pêcheurs.

Cependant six mois se passèrent sans qu'on eût de nouvelles de Cordoue. Un bruit vague annonçait seulement que les Espagnols tenaient toujours, quand depuis long-temps déjà il ne restait plus que leurs cendres. D'autres récits coururent qui donnaient lieu de croire que le père d'Arsène avait été fait prisonnier. La jeune fille, exaltée par des angoisses si longues, déclara que son devoir l'obligeait d'aller à Cordoue racheter son père. Iago voulut l'accompagner; mais les supplications désolées de sa mère souffrante, auxquelles doña Arsène crut devoir joindre ses vives instances, le retinrent à Cordouan, malheureux et hors de lui-même.

On était encore en hiver; Iago mourait d'effroi à toute heure, en songeant aux périls du voyage qu'entreprenait sa fiancée. Sa pauvre mère, qui ne vivait que de sa présence, s'épuisait à le rassurer un peu. On avait équipé un bon vaisseau et, confiée à d'habiles marins dont on était sûr, doña Arsène, emportant beaucoup d'or pour la rançon de son père, fit une heureuse traversée. Mais en arrivant à Cordoue, elle eut la douleur d'apprendre les derniers désastres de son pays et la mort du Comte de Néira. Elle obtint à prix d'argent d'aller pleurer sur sa tombe, et s'empressa de se rembarquer.

Les vents alors étaient devenus contraires et la mer mauvaise. Le retour d'Arsène se faisait attendre. Iago et sa mère passaient les jours et les nuits dans des transes mortelles. On les voyait à tous les instants sur le rocher qui terminait la pointe de Grave; et quand la tempête venait y rugir, ils frémissaient et priaient. Toutes les nuits on allumait des feux sur le roc. Ces feux sauvaient quelques barques de pêcheurs. Mais le vaisseau de Cordoue ne revenait point.

Un soir enfin, il fut aperçu à l'horizon. La mer était très-agitée; les vents le poussaient dans les passes dangereuses de la pointe de Terre-Nègre. Bientôt il s'approcha assez pour que le jeune homme pût exactement le reconnaître. Ce furent alors des clameurs et des transports de joie; tous les bras tendus vers le bâtiment se fatiguaient à hâter son arrivée.

On amena des canots; mais les barques mêmes ne purent tenir la mer. Le vaisseau n'approchait point; les vents et les flots semblaient conjurés pour torturer Iago. La nuit vint rapide et profonde; le ciel était noir. On alluma de grands fanaux, et vers minuit seulement on reconnut que le vaisseau n'était plus qu'à la distance d'un quart de lieue; mais on distingua en même temps qu'il faisait les signes de la détresse. Un vieux matelot assura qu'il était échoué dans le funeste banc de sable qu'on appelle encore aujourd'hui le *banc de la Mauvaise*, et que sans doute il faisait eau et s'enfonçait.

Iago, dans le désespoir, prodiguait l'or et les encouragements pour décider les matelots présents à secourir Arsène. La mer était si furieuse, que personne n'osait s'y hasarder. Alors, malgré les pleurs de sa mère, il se jeta lui-même dans un canot. Deux vieux marins se décidèrent à l'accompagner, et il vogua jusqu'au navire, disparaissant à chaque lame sous les vagues écumeuses; il eut le bonheur d'aborder.

On le vit, prenant dans ses bras doña Arsène en vêtements de deuil. Mais en ce moment, à la lueur des feux qui éclairaient le navire, on remarqua sur le pont un mouvement effrayant; on entendit des craquements mêlés de cris lamentables; tout s'éteignit subitement; le vaisseau disparut et s'engloutit.

Il fallut emporter mourante la mère d'Iago. Des pêcheurs compatissants entretinrent les feux et attendirent jusqu'au matin.

Quand le jour parut, triste et sombre, parmi les débris que vomissait l'Océan, on trouva deux corps étroitement embrassés et frappés d'une mort commune. C'étaient Iago et dona Arsène, que les flots avaient jetés sur le roc.

La pauvre mère les vit et ne succomba pas alors. Elle les fit enterrer là. Ne tenant plus par aucun lien aux choses de ce monde, elle employa toute sa fortune à faire construire sur leur tombe une tour surmontée d'un phare, pour sauver quelque autre mère de la désespérante agonie où elle était tombée.

La perte de son fils l'avait frappée de mort. Mais elle languit longuement, n'expira qu'un an après ses enfants et fut enterrée à leurs pieds.

Plus tard, la mer sépara Cordouan de la terre ferme. Ce fut une île périlleuse; il n'en reste plus que le roc qui supporte le phare.

L'architecte inconnu qui bâtit le premier la tour de Cordouan avait sculpté sur le mur la figure mélancolique de la pauvre mère. Louis de Foix eut l'humanité de conserver un si pieux souvenir. On voit toujours, au-dessus de la fenêtre du sud-ouest, cette tête inquiète, qui semble encore attendre son fils. C'est la seule sculpture que la mer ait en quelque sorte respectée.

— Je ne vois là, dit William Brind, qu'une autre légende de la mort, dans un sens plus pathétique. Je ne serai pas beaucoup plus gai.

LA LÉGENDE DE BLANKENBERG.

> On voit des effets dont on ne sait pas toujours les causes.
>
> LAMOTHE-LEVAYER.

Adolphe de La Marck, prince-évêque de Liége, régnait depuis près de vingt ans sur ses turbulents sujets, lorsqu'il se décida à vendre la ville de Malines, dont la seigneurie appartenait à l'évêché de Liége, mais qui était gouvernée par des avoués puissants, — les Berthold, — qui tinrent tête plus d'une fois aux ducs et aux comtes leurs voisins. Louis de Nevers, comte de Flandre, déjà d'accord avec Adolphe de La Marck, avait acheté les droits et le titre d'avoué de Malines, de l'héritier du dernier Berthold; et le 3 décembre de l'année 1333, il traita avec le prince-évêque, de sorte que la ville de Malines devint sa propriété et son domaine, à condition pourtant qu'elle resterait fief de l'église de Liége et soumise à l'hommage féodal.

Mais, cette vente n'eut pas lieu sans exciter de grands mécontentements. Les bourgeois de Malines avaient de l'antipathie pour Louis de Nevers; ils se mutinèrent. Ils envoyèrent des députés au peuple de Liége, qui, dans des rassemblements tumultueux, désapprouvant la conduite du prince, passa du blâme aux murmures, et des murmures à l'émeute. Jean III, duc de Brabant, qui avait sur Malines des prétentions de voisinage, fomentait les troubles. On se battit à Malines; on se battit plus sérieusement dans les rues de Liége. Les révolutions, grandes ou petites, ne manquent jamais de mettre deux partis en présence.

Adolphe de La Marck avait senti que l'administration et le patronage de la ville de Malines lui étaient plus préjudiciables que profitables, à cause de l'éloignement; il sentit aussi qu'il ne pouvait reculer sur une vente consommée; il dut s'obstiner à la maintenir. Ses officiers parlèrent au peuple; mais ils ne le calmèrent pas. Dans un moment de sédition, le comte de Looz, qui avait été mambour de Liége ou gouverneur du pays révolté contre son évêque, insulta le comte de Hermal, vieux seigneur austère et plein de vertu, qui tenait le parti du prélat. Hermal cherchait à calmer les mécontents; il montait pour cela au perron, qui était déjà le forum des libertés liégeoises; il voulait annoncer à la foule des paroles de paix; le comte de Looz se jeta sur lui et le contraignit à descendre, avec un mot outrageant que le vieillard ne put supporter. Les deux champions tirèrent leurs dagues au milieu de la foule, et quoique Looz fût le plus robuste et le plus jeune, le comte de Hermal l'étendit à ses pieds.

Aussitôt la multitude poussa des hurlements de

fureur; elle éleva en l'air le corps du comte de Looz en criant vengeance, pendant que les gardes de l'évêque faisaient sauver Hermal avec un bonheur inespéré. Le peuple en effet, après quelques minutes de cris féroces, chercha celui qu'il appelait l'assassin, quoiqu'il n'eût agi qu'en légitime défense; comme s'il eût disparu par enchantement, on ne le trouva plus. La foule exhala plus vivement alors ses cris de rage. On promena par toutes les rues le corps du mort; on alla en désordre au palais du Prince-Évêque, où les bourgmestres de Liége signifièrent à leur seigneur que le peuple allait prendre les armes, si le meurtre qui venait d'être commis restait sans vengeance.

Tout n'était pas roses en ce temps-là dans l'état de prince.

Adolphe de La Marck, qui était las de vivre dans des troubles continuels, se montra à la multitude; il promit si formellement de faire informer sur le crime dont on parlait, et de donner aux plaignants satisfaction, que la foule apaisée rentra dans l'ordre pour le moment.

Mais au bout de peu de jours, le meurtrier n'ayant pas été trouvé, les agitations, qui d'ailleurs étaient entretenues par les bourgeois de Malines et par les agents du duc de Brabant, recommencèrent. Elles duraient encore en 1334, lorsqu'un événement les calma tout à coup, du moins par rapport à la mort du comte de Looz. Il arriva à Liége un voyageur qui avait découvert la retraite du sire de Hermal et qui la révéla.

Le vieux seigneur, sauvé, comme on l'a vu, par les gardes du Prince-Évêque, avait trouvé moyen de sortir de la ville, à la chute du jour, sans être reconnu. Il s'était éloigné, se recommandant à Dieu, et ne songeant qu'à mettre la plus grande distance possible entre la ville de Liége et lui ; car il savait de quels périls il était menacé, pour avoir irrité le peuple. Il marcha pendant sept jours, se dirigeant vers les côtes de la mer où il pensait rencontrer un navire pour s'en aller en Angleterre. Il fit ainsi près de cinquante lieues. N'osant séjourner à Bruges, ville qui faisait avec Liége un très-grand commerce, il se retira dans un petit hameau, lequel se trouvait à trois lieues de cette belle cité et à quatre lieues d'Ostende. Ce hameau ou village avait été très-anciennement un poste de milice romaine, sous le nom de *portus Æpatiacus;* il s'appelait alors *Schaerfout*, et n'était habité que par deux classes d'hommes, de riches bourgeois de Bruges qui avaient là des maisons de plaisir au bord de la mer, et de pauvres pêcheurs logés dans de modestes cabanes, bravant tous les jours l'océan du Nord pour alimenter la sensualité de la cité opulente. Alors le commerce que les Flamands entretenaient avec tous les peuples du monde connu, leur avait amené l'abondance et le luxe. La soie, le velours et l'or, prodigués dans leurs vêtements, faisaient de leurs villes comme autant de cours brillantes. Une reine, qui vint à Gand vers ces temps-là, dit en voyant les dames de la ville sous leur éclatante parure : Je croyais être ici seule reine ; j'en aperçois mille. Les vices qui accompagnent l'excès des richesses étaient portés à un aussi haut point que le luxe. Il y avait de grands désordres dans les mœurs ; ces désordres enfantaient des crimes avec une fécondité effrayante : point de semaine qui n'eût son meurtre ; point de rue qui n'eût son déshonneur ; point de village qui n'eût sa honte.

Le village de Schaerfout, sous le rapport des mœurs, était surtout une petite Ninive. Les maisons de plaisance des riches bourgeois étaient des maisons de débauche. Les pêcheurs de la côte, gagnant leur vie, comme ils disaient, avec les jeunes seigneurs, étaient les agents de ce qu'ils appelaient leurs parties de plaisir. Un seul homme, dans le hameau, le pauvre Éloi Blankenberg, se rappelait son nom de chrétien ; en remplissait les devoirs et fuyait le scandale. Il vivait de sa pêche avec la pieuse Yva sa femme ; et, le dimanche, ils ne manquaient pas d'aller prier avec ferveur, avec amour, avec douleur, à l'église presque déserte de Schaerfout ; car leur fille Trudis (1), qui avait fait long-temps l'espoir de leur vie, menait une vie coupable. Un seul homme, mondain cependant, mais encore ver-

---

(1) Trudis, abréviation flamande de Gertrude.

tueux, les consolait parfois au sortir de l'église ; c'était le sire de Tronchiennes, qui venait tous les mois voir à Schaerfout un de ses vieux parents.

Or, ce fut chez l'honnête Éloi Blankenberg que le comte de Hermal vint demander asile, en attendant un navire qui partît pour l'Angleterre. Il était nuit et le pêcheur était seul dans sa cabane au bord de l'Océan, avec sa femme Yva, pleurant l'absence de leur fille. Ils séchèrent leurs larmes dans une sorte d'empressement, pour accueillir l'étranger qui implorait un refuge. Hospitaliers et bons, ils l'accablèrent de tant de soins, qu'il se félicitait d'être venu à leur chaumière. Il s'en réjouit bien plus, lorsqu'il apprit qu'il était à Schaerfout, dont la triste renommée s'étendait au loin. Mais on était en hiver ; les tempêtes régnaient tellement qu'aucun bâtiment ne paraissait. Force fut donc au comte de Hermal de prendre patience.

Lui aussi, il était chrétien. Le jour du dimanche étant venu, il alla à l'église ; il s'y fit remarquer par sa piété recueillie ; il ne pensait pas être reconnu là. Il le fut cependant par un marchand d'Aix-la-Chapelle, qui, traversant Liége, indiqua sa retraite, peut-être sans mauvais dessein.

Quoi qu'il en soit, au mois de mars 1334, un jour de dimanche, pendant que le vieux curé de Schaerfout s'élevait dans la chaire contre les vices monstrueux de son époque, et qu'il déplorait surtout les longs égarements du village coupable, annonçant, d'une voix qui semblait inspirée, la colère du Très-Haut dont la bonté était lasse, — en ce moment, huit députés de Liége arrivèrent, pour réclamer celui qu'ils appelaient l'assassin du comte de Looz. Ils le désignèrent lorsqu'il sortit de l'église. Les principaux du village assemblés demandèrent à Hermal ce qu'il avait à répondre. Le vieux seigneur frémit; car il savait que les Flamands étaient alliés des Liégeois. Néanmoins, fort de son innocence, il se raffermit bientôt; il raconta avec candeur l'événement funeste qu'on qualifiait de meurtre. Mais les Liégeois, furieux contre lui, noircirent son récit; et les bourgeois furent d'avis de le livrer. On ferma aussitôt les portes de l'église, afin qu'il n'y rentrât pas comme dans un asile.

Cependant le sire de Tronchiennes était là. C'était un seigneur qui paraissait avoir quarante ans; il était homme d'autorité. Il prit vivement le parti du comte de Hermal, et tandis qu'on débattait les mesures à employer pour le livrer à ses ennemis, sans porter atteinte aux priviléges de la commune, il le reconduisit à la cabane d'Éloi Blankenberg, en lui conseillant de s'embarquer sur-le-champ, ne fût-ce que dans la chaloupe du bonhomme.

Ils s'y disposaient. Mais la foule les avait suivis. On somma Éloi de livrer son hôte; il parut à sa porte et déclara qu'il s'y refusait.

Il était d'ailleurs impossible de se mettre en mer en ce moment. Comme si l'accomplissement des paroles prophétiques du vieux curé de Schaerfout fût venu, lorsqu'il cessait de les prononcer, une tempête éclata, prompte et sinistre. Les flots de la mer, lancés sur la côte, se ruèrent comme un torrent contre la foule qui voulait forcer la chaumière hospitalière du pêcheur; et la foule effrayée recula. Le pêcheur sourit, en voyant sa maisonnette envahie par la mer et tout à coup entourée d'eau comme une île. Le comte de Hermal, par une lucarne étroite, comptait ses ennemis; tout le village s'était joint à eux, attendant que la mer se fût retirée pour venir le saisir. Mais la mer ne se retirait point; la marée montait toujours, avec une voix égale au tonnerre; les vents du nord, déchaînés, agitaient les frêles chaumières et déracinaient les vieux arbres. Blankenberg, seul, dans sa cabane, avec sa femme, avec son hôte, avec le sire de Tronchiennes, ne tremblait pas; il avait auprès de lui sa fille, enfin revenue, mais non repentante; et Trudis mourait de peur.

Les accroissements de la mer devenaient si rapides, que les ennemis du comte de Hermal reculaient à chaque lame que vomissait l'Océan. Bientôt la terreur les saisit aussi; en regardant autour d'eux, ils se virent de toutes parts entourés d'eau; la terre semblait s'abaisser; le village tout entier s'était séparé de la terre. Le vent frappait avec véhémence, renversant, emportant les toits des maisons et des cabanes; le sol s'agitait; et le moment de la conflagration dernière paraissait arrivé. Toute la foule se retira vers l'église, qui était le lieu le plus élevé du hameau. On en rouvrit les portes; la peur, ramenant le besoin de la prière, la maison de Dieu fut remplie de pécheurs à genoux. Mais aussitôt la mer plus furieuse s'éleva jusqu'au temple; elle y entra, on eût dit que l'éminence qui la portait s'effaçait pour la seconder dans sa vengeance. Les habitants de Schaerfout, que les flots gagnaient jusqu'au pied des autels où s'était réfugié leur effroi hypocrite, appelaient leur vieux pasteur; il n'était plus là.....

Pendant que la tempête continuait et redoublait d'intensité, la nuit avait remplacé le jour. Dans sa cabane, Éloi en prières était calme. Mais le vent l'ébranlait à chaque bourrasque. La barque du pêcheur, amenée par les vagues jusqu'à sa porte, lui offrait une sorte de retraite. Il y monta avec ceux qui l'entouraient, avec sa femme, avec Trudis, avec son hôte, avec le sire de Tronchiennes. Ils n'y furent pas plutôt, que la chaumière disparut, comme tout le village que la mer dévorait.....

Quand les lames se retirèrent, quand la tempête cessa, quand le jour reprit le dessus, on ne retrouva plus Trudis; un coup de vent l'avait choisie, l'avait prise et l'avait jetée dans les flots. Tout le village de Schaerfout était englouti; l'église même avait disparu; et des sables amoncelés couvraient les iniquités de ce repaire de plaisirs. La barque s'arrêta auprès du clocher, qui seul restait debout. Le vieux curé en sortit, seul survivant, avec le comte de Hermal, le sire de Tronchiennes, la pieuse Yva, et Blankenberg.

Le pêcheur rebâtit sa cabane. Un nouveau village se fonda lentement sur les habitations englouties. On lui donna le nom même du bonhomme. C'est maintenant la petite ville de Blankenberg.

— Ainsi, dit le baron de Nilinse, vous nous avez ramenés aux Liégeois. J'en profite pour vous donner un autre épisode sanglant de leurs annales.

LA SANTÉ DE L'EMPEREUR.

Ah, c'est pour conspirer que vous êtes à table !
GARNIER.

Il y avait vingt-quatre ans que Ferdinand de Bavière était prince-évêque de Liége. Ce prélat, oncle de l'Empereur, duc des Deux-Bavières, comte palatin du Rhin, archevêque de Cologne, abbé de Stavelot, évêque de Paderborn et de Munster, était trop grand prince et trop puissant peut-être. On a écrit qu'il regardait l'évêché de Liége « comme un de ces bénéfices dont on perçoit de loin les revenus (1). » C'est exagéré. Mais depuis vingt-quatre

(1) Histoire ecclésiastique et politique de l'état de Liége.

ans, Liége, qui n'avait pas vu six mois son évêque, était agitée de troubles continuels. Plusieurs partis s'étaient formés dans ce petit État, que pourtant la plupart de ses voisins laissaient neutre. Les uns voulaient toujours le placer sous le patronage de la France; les autres cherchaient à le mettre sous la suzeraineté de l'Espagne; d'autres enfin s'efforçaient de le maintenir sous la dépendance de l'Empereur.

Ces factions se réunissaient néanmoins sous deux seules bannières. Les partisans de l'Empereur et du Prince-Evêque s'appelaient les Chiroux, du nom d'un oiseau de passage, à cause de leur frivolité; les autres, partisans du peuple, étaient nommés les Grignoux ou grognards. On vous l'a dit déjà, à propos de Matthieu Laensbergh, dont c'était l'époque. Le chef de la faction populaire, chéri de tous les métiers, était Sébastien Laruelle, l'un des deux bourgmestres, pour la seconde fois élu. Le parti ennemi le redoutait et l'exécrait; on disait même et c'était une de ces faussetés que les fureurs politiques ne se refusent pas, que le Prince avait mis sa tête à prix.

Le 14 avril 1637, Laruelle reçut, du comte de Warfusée, une invitation amicale à un très-grand dîner d'apparat. Cette démarche le surprit. Puis il pensa que sans doute on voulait préparer la paix entre les partis; et il résolut d'accepter; car ses intentions, à ce qu'on assure, étaient bonnes. Il était lui-même si las des agitations qu'il voulait, dit-on, se montrer disposé à tout ce qui ne compromettrait pas les droits et les libertés de la ville de Liége. Le banquet devait avoir lieu le 16 avril.

René de Renesse, comte de Warfusée, était originaire de la Hollande. On contait qu'ayant trahi le roi d'Espagne, qu'il servait dans les Pays-Bas, et flétri par des sentences infamantes, qu'on ne spécifiait pas bien, il avait dû s'enfuir. Il s'était réfugié dans le pays de Liége, où il possédait des terres. On l'accusait encore de s'être vendu à l'Empereur, pour récupérer les dignités dont la maison d'Autriche l'avait décoré (1). Il était devenu, par les recommandations de Ferdinand de Bavière, de qui il avait su gagner la confiance, le chef des Chiroux, comme Laruelle était le chef des Grignoux.

Tout en s'habillant, le 16 avril, pour aller au grand dîner, le bourgmestre Laruelle remarqua l'air chagrin de son domestique, le fidèle Jaspar.

— Aurais-tu donc quelque peine, mon brave garçon? lui dit-il.

— Aucune pour moi, messire, dit Jaspar. Mais....

— Eh bien! tu n'achèves pas?

— Je suis inquiet pour vous.

— Inquiet! et de quoi donc?

— De vous voir aller chez le Warfusée. Vous êtes l'homme de la liberté; il est l'homme de la tyrannie; et c'est un traître. Je ne me fierais pas aux traîtres.

(1) M. Dewez, *Histoire du pays de Liége.*

— Bah! Warfusée a besoin de moi. Si j'avais peur, je ne serais pas l'élève de Guillaume Beëckman (1).

— C'était un digne bourgmestre ; il a pourtant tremblé quelquefois. Ce Warfusée songe peut-être à vous livrer aux Français ; et ceux-là, comme dit le papier (2), sont des démons, de vrais mameloucks, des tigres, des lestrigons, des cannibales, qui veulent nous fouler aux pieds.

— Ne répète donc pas ces bêtises-là, Jaspar, répondit le bourgmestre en éclatant de rire. Les Français au contraire sont nos vieux et bons alliés. Louis XIII est de tous les souverains celui qui veut le plus sûrement notre neutralité indépendante. Ensuite Warfusée déteste les Français. N'est-il pas de la Hollande?

— Pourquoi, en ce cas, reçoit-il chez lui l'abbé de Mouzon, l'envoyé de la France?

— Politique, diplomatie, nécessité, besoin d'espionner tout le monde.

— Je n'ai pas foi aux Chiroux, messire. C'est d'ailleurs une drogue que votre Warfusée. S'il ne vous vend pas aux Français, il vous livrera, pieds et poings liés, aux Espagnols. Qui a trahi trahira.

— Tu n'es pas dans tes bonnes lunes, mon enfant. Warfusée est proscrit par le roi d'Espagne. Tout ce

---

(1) Voyez la légende de Matthieu Laensberg.
(2) Écrit du temps intitulé : *Relation de la prise de Tirlemont par l'armée française.*

que je puis t'accorder, c'est que tu viendras avec moi. S'il y a péril, nous le partagerons.

— A la bonne heure, répliqua d'un visage plus serein le fidèle domestique.

Et il suivit son maître.

En se rendant à l'hôtel du comte de Warfusée, Laruelle, qui s'était moqué de Jaspar, fit à son tour des réflexions assez tristes ; et il ressentit aussi comme malgré lui des pressentiments. Il pensa à l'antipathie qui jusque-là avait régné entre Warfusée et lui, au caractère sombre du personnage ; il se rappela un attentat auquel il avait échappé, et qui lui prouvait qu'on pouvait bien en vouloir sérieusement à ses jours. Il se ressouvint, avec un peu de frémissement, du 3 novembre dernier. S'en revenant d'un festin, ce jour-là, à sept heures du soir, avec sa femme à qui il donnait le bras, un homme à cheval lui avait tiré un coup de pistolet et s'était enfui sans qu'on eût pu le découvrir. La balle ne l'avait pas atteint; mais elle avait blessé sa femme, qui en était encore malade.(1).

Cependant, par un sentiment de confiance ou de vanité naturelle, le bourgmestre, s'étant raillé des craintes de son valet, ne voulut pas paraître les partager. Il se fit des raisonnements. Il entra chez Warfusée ; et l'accueil qu'il reçut acheva de le rassurer complètement. Il oublia ces vieux adages :

---

(1) Le Martyre de la neutralité innocente des Liégeois.

que la défiance est la mère de la sûreté, et que chez un ennemi bonne mine cache souvent mauvaise intention.

On allait se mettre à table, quand Laruelle arriva.

Il trouva, à côté du comte de Warfusée, l'abbé de Mouzon, agent de Louis XIII, qui s'entretenait avec la Comtesse et ses filles. Le baron de Saizan, sa femme et son fils, un ecclésiastique, un autre personnage inconnu, en qui Jaspar crut voir Zorne, le secrétaire de Ferdinand de Bavière, composaient toute la réunion. Laruelle fut étonné d'abord de ne pas trouver là de compatriotes. Il ne se mit pas moins à table de bonne grâce; de légères conversations s'engagèrent, et, pendant tout le premier service, le repast fort gai.

Un observateur eût distingué pourtant dans Warfusée une grande préoccupation. Mais les hommes pour l'ordinaire observent peu.

Lorsqu'on apporta les viandes rôties, la figure du maître de la maison devint évidemment plus sombre. Jaspar, placé derrière son maître, y faisait seul attention. Il semblait que le Comte attendît quelque chose qui tardait trop à son impatience.

La salle du festin était au rez-de-chaussée, éclairée par des fenêtres grillées de barreaux de fer. On entendit enfin du bruit dans la cour. Jaspar, inquiet, voulut aller voir.

— Servez-nous du vin du Rhin, Jaspar, dit Warfusée, qui le guettait. Nous allons boire, messires, à la santé du roi de France!

L'abbé de Mouzon et le baron de Saizan se hâtèrent de relever ce toast.

— A sa santé, de bon cœur! répliqua Laruelle, s'il est toujours notre ami et notre allié.

Il éleva son verre.

En ce moment, la porte s'ouvrit; trente soldats espagnols, qu'on avait tirés des garnisons d'Argenteau et de Dalhem, et qu'on avait introduits secrètement dans la ville, parurent dans la salle, la carabine à la main et le sabre au côté. Ils entourèrent la table aussitôt, pendant que leur arrière-garde, dans la cour, appuyait une ligne de mousquets braqués sur les convives aux grilles de fer des croisées. Tout le monde se leva avec effroi; les femmes, comme si la prévoyance leur était donnée, se mirent à pousser de ces cris qui semblent annoncer une tragédie. Jaspar bondit vers la porte, pour aller chercher du secours.

— Qu'on m'empoigne ce gaillard-là (1)! dit, en le désignant, le comte de Warfusée. Ne vous troublez pas, mesdames, poursuivit-il; nous avons à porter une autre santé; je veux qu'elle soit solennelle. Ces hommes-là (il montrait les soldats) sont mes témoins; et le sergent du bourgmestre allait sans doute en chercher d'autres qui sont inutiles

---

(1) Almanach de Matthieu Laensbergh de 1639.

ici. Eh bien! Laruelle, dit-il encore, homme du peuple, vous tremblez! vous n'avez pas vidé votre verre. Messires, nous avons bu à la santé du roi de France. Maintenant, nous allons porter la santé de l'Empereur!....

Warfusée prononça ce mot d'un ton si étrange, qu'on pouvait reconnaître là une énigme dont le mot était un crime.

— La santé de l'Empereur! reprit-il, et celle du Prince-Évêque!... Mais pour ce toast, ce n'est pas du vin, c'est du sang qu'il nous faut!

A cette parole, la bouche de Warfusée se contracta. Son visage devint hideux et farouche. On avait lié Jaspar et on l'entraînait dans une salle voisine.

— Que voulez-vous faire? dit enfin l'abbé de Mouzon troublé.

Le baron de Saïzan essaya en même temps d'adresser aussi des représentations. Pour se délivrer d'eux, le Comte les fit emmener dans des salles où on les retint prisonniers, sans respect pour le caractère de l'abbé diplomate, qui ne fut pas vengé. Les femmes s'étaient évanouies. Alors Warfusée fit un signe, en montrant Laruelle, et s'écriant : — Des cordes! quoi, vous n'avez pas de cordes?

— C'est à moi, dit enfin Laruelle, que vous voulez faire insulte? et c'était là votre banquet! Est-ce pour les services que j'ai rendus à ma patrie que vous allez me faire violence?

11.

— Justement, répliqua le Comte, et ces services, vous allez en recevoir le prix.

Comme il n'ajoutait rien de plus, les sbires espagnols qui le voyaient furieux prirent Laruelle, lui lièrent les mains derrière le dos avec une jarretière et l'emmenèrent dans une chambre basse, où trois soldats restèrent pour le garder. Aussitôt qu'ils furent seuls avec lui, l'un d'eux lui dit :

— Monsieur, songez à votre conscience, car vous allez mourir.

— Mourir! s'écria le bourgmestre, mourir! Jaspar avait donc bien pressenti. Est-ce vous qui serez les bourreaux? vous qui êtes des soldats! Quel mal vous ai-je donc fait?

Les trois soldats gardèrent le silence. On heurtait à la porte; c'était Antoine Éverard, religieux dominicain, que Warfusée avait fait venir pour confesser un mourant. Dès que le bon moine eut vu qu'il s'agissait d'un meurtre horrible, il sortit de la chambre hors de lui-même, courut dans la salle du banquet, où les dames avaient repris connaissance et fondaient en larmes.

— Empêchez l'homicide! leur cria-t-il d'une voix altérée.

La baronne de Saizan voulut fuir alors; on lui présenta de toutes parts la bouche des carabines; on la repoussa avec violence, pendant que, s'étant jeté aux genoux du Comte, le religieux le suppliait :

— S'il vous faut du sang, disait-il, faites-moi

mourir à la place du bourgmestre. Le peuple l'aime ; et je serai plus heureux de mourir que de supporter la vue de son supplice. Je n'ai pas le pouvoir de prêter mon ministère à un meurtre.

Warfusée, inexorable, releva le moine avec colère, le reconduisit à la chambre où Laruelle était enfermé, l'y poussa, et ne dit que ces mots :

— La santé de l'Empereur et du Prince-Évêque, c'est le sang du séducteur du peuple ! Il vous reste un quart d'heure. Je ne vous ai fait venir, moine, que pour sauver l'âme du bourgmestre. Si vous refusez de l'entendre, il mourra sans confession, et vous en serez responsable.

Le religieux pleura amèrement.

— C'en est fait, dit-il, ce sera le martyre.

Le bourgmestre se confessa donc en silence. Personne n'avait pu sortir pour avertir le peuple. Toutes les portes étaient solidement fermées ; tout le monde de la maison était gardé, excepté un seul homme qui avait trouvé moyen de s'échapper ; c'était le domestique de l'abbé de Mouzon. Ayant gagné le grenier, il était monté sur le toit. Mais, en apercevant au-dessous de lui la cour remplie de soldats, il n'osait pousser un cri, de peur d'être découvert en un lieu d'où un coup de carabine l'eût fait descendre. Appuyé contre une cheminée, il se contentait de faire des signes aux passants, qui pendant un quart d'heure ne le remarquèrent pas. Enfin un bourgeois le vit et lui demanda ce qu'il voulait. Le pauvre homme se mit à jouer une effroyable pantomime, pour exprimer que l'on commettait dans la maison un grand meurtre. D'autres bourgeois s'arrêtèrent bientôt auprès du premier; le domestique continuait ses signes de détresse. Quelques passants, écoutant à la porte, entendirent des voix espagnoles. On savait que Sébastien Laruelle dînait chez Warfusée : des soupçons s'élevèrent et grandirent avec vitesse; on frappa à la porte à coups redoublés, et, comme on vit qu'elle ne s'ouvrait point, on courut aux armes.

En cinq minutes, mille bourgeois armés bloquaient la maison. Le vieux Rausin, ancien bourgmestre, arrivait même avec une pièce de canon pour abattre la porte, lorsqu'elle céda aux coups de hache.

Dans ce même instant, les trois soldats qui avaient assisté à la confession de Laruelle sortaient de la chambre, en déclarant qu'ils ne porteraient pas la main sur lui. Le comte de Warfusée, ne se possédant plus, fit un appel aux plus féroces qui l'entouraient. Trois autres, déterminés, le suivirent tirant leur sabre avec fureur.

— Allez-vous donc me tuer? leur dit Laruelle. Quel mal vous ai-je fait?

— Nous sommes soldats, dit l'un d'eux, et obligés d'obéir à nos chefs.

Ils se ruèrent sur le bourgmestre et le massacrèrent. Son premier cri retentit jusqu'à la salle du festin. Le peuple de Liége accourut; et voyant celui qu'il aimait indignement mis à mort, il commença par immoler les trois bourreaux. Après quoi, plusieurs bonnes gens demandèrent au moribond qui l'avait tué. Mais il ne respirait plus; un des assassins, en rendant l'âme, murmura le nom de Warfusée, que d'autres bourgeois cherchaient déjà et qui s'était caché sous un lit.

On l'en tira, tremblant comme un lâche.

— Pardon! messires, s'écria-t-il les mains jointes, je n'ai fait qu'exécuter la justice de l'Empereur.

— Et nous, dit un Liégeois d'une voix sombre, nous exécutons la justice du peuple.

Cette justice fut une affreuse boucherie. Le comte de Warfusée, saisi à son tour malgré ses supplications, fut traîné sur la place publique, meurtri, déchiqueté, pendu par les pieds à une potence; après quoi la multitude forcenée le mit en lambeaux, brûla ses débris et jeta ses cendres dans la Meuse. Pour un coupable, plus de deux cents personnes furent massacrées. La populace s'en prenait à tous ceux que Warfusée avait fréquentés; elle pilla les couvents où il avait mis le pied, poignarda de bons religieux qui l'avaient simplement connu. Il se commit tant d'atrocités, qu'il fallut une paix publique et une amnistie pour mettre un terme à ces horreurs...

— La justice du peuple, dit alors un vieux Liégeois, n'est certainement pas la justice de Dieu.

On ajoute que le prévoyant Jaspar, après avoir

langui quelques mois, mourut en pleurant son maître.

— Assez de tragédies! reprit en ce moment Jacques Saint-Albin, reposons-nous sur une scène plus douce.

LES MATINÉES DE MARIE DE CHAMPAGNE.

> Mais ces princes d'autrefois avaient pourtant quelque chose de bon.
>
> GOETHE.

Baudouin IX, ce vaillant et généreux chevalier, qu'on appelle aussi Baudouin de Flandre, Baudouin de Hainaut, et surtout Baudouin de Constantinople, parce que, né comte de Hainaut et comte de Flandre, il conquit l'empire et ceignit la couronne des Constantins, eût porté peut-être, s'il fût resté en Europe, un nom moins éclatant, mais plus cher encore. Illustre par ses faits d'armes, par ses exploits héroïques et par ses malheurs, il mérite aussi les regrets de l'histoire, à cause de toutes ses vertus qui brillèrent trop peu de temps.

Avant de partir pour cette fameuse croisade où il devait se voir couronné empereur dans Constantinople, régner un an à peine et disparaître, il s'était occupé, avec toute l'ardeur d'un vertueux jeune homme, du bien-être de ses sujets. Dans ses nobles et loyales intentions, il était secondé par sa gracieuse épouse, Marie de Champagne, princesse éclairée, fille du comte Henri-le-Libéral, nièce du feu roi Louis VII, cousine du roi Philippe-Auguste. Comme Baudouin son époux, la bonne comtesse ne devait pas avoir un long règne. Elle prit la croix avec lui, passa les mers et mourut en Asie, de la joie qui la saisit lorsqu'elle apprit que son époux était proclamé empereur et que le schisme grec reculait devant la croix latine. Pauvre princesse! Dieu lui épargnait l'horreur de savoir un an plus tard son cher Baudouin esclave des Bulgares.

Avant donc de quitter ses états de Flandre et de Hainaut, comme un homme qui, à la veille d'un long voyage, fait ses dispositions dernières, Baudouin IX employait activement les heures de sa vie à donner de bonnes lois à ses peuples. Il avait promulgué à Mons les chartes renommées du Hainaut. Il avait même ordonné qu'il y aurait partout, dans ses états, des poids et des mesures uniformes. Il réformait tous les matins l'irrégularité de ces vieux droits que nous appelons aujourd'hui contributions indirectes et qu'on nommait alors droits de thonlieu, de barrière, de péage, etc. Enfermé seul avec la bonne comtesse Marie, dont la bienveillance et les lumières formaient son plus cher conseil, il méditait attentivement sur chaque objet, puis il portait une ordonnance de soulagement; et alors signaient, avec lui et avec sa femme, Sohier, châtelain de Gand, Ghérard, prévôt de Bruges, Thierry de Bevere, châtelain de Dixmude, Baudouin de Comines, Gérard d'Ardenbourg, Jean, châtelain de Lille, et plusieurs autres bons personnages qui s'obligeaient ainsi à soutenir les bienfaisantes dispositions de leurs souverains. Dans ses longues promenades, qu'il aimait à faire incognito, Baudouin faisait ses remarques et prenait des renseignements ; puis le lendemain matin il se consultait avec Marie de Champagne ; et les résultats de ces entretiens étaient toujours quelques améliorations, que le peuple appelait les matinées de la Comtesse.

Nous trouvons dans un très-vieux manuscrit, qui a passé par la bibliothèque célèbre de M. van Hulthem de Gand, les détails d'une de ces matinées. Nous les allons reproduire, comme scène historique et comme document pouvant faire connaître quelques circonstances de la vie, du commerce et de l'industrie de nos pères, au commencement du treizième siècle. A l'appui de ces détails, on peut consulter les deux lois qui vont être mentionnées et dont l'annotateur d'Oudegherst, M. Lesbroussart, a publié les textes originaux.

C'était en l'année 1202, par une fraîche matinée du mois de mars. Devant une table ronde très-massive, placée auprès d'un grand feu de bois de sapin, étaient assis deux personnages solitaires. D'un côté, une femme jeune et belle, de taille moyenne, vêtue d'une longue robe de fine laine blanche parsemée de lions brodés à l'aiguille, était assise sur un escabeau recouvert de cuir rouge et orné de clous dorés dont la tête formait une petite croix. Cette femme était Marie de Champagne. Ses beaux cheveux châtains s'échappaient de son chaperon blanc à houppe d'or, qui enveloppait sa tête et le contour de son visage. Autour de son cou était un collier d'or et de verroteries, auquel pendait un petit reliquaire contenant quelques cheveux de sainte Savine de Troyes. Elle avait sur l'épaule la croix rouge des croisés, et à sa ceinture de cuir noir pendait son aumônière. Ses pieds étaient chaussés de bottines brunes bordées de fourrures.

De l'autre côté était un homme robuste, qui paraissait avoir trente ans. Sa belle figure était ouverte et noble; ses yeux jetaient des éclairs, sans rien perdre de leur bonté. Quelques mèches de cheveux frisés s'échappaient autour d'une large toque de cuir rouge. De petites moustaches fauves ombrageaient sa bouche accoutumée au sourire; son menton était rasé. Le bel ovale de sa figure indiquait la force morale, comme la force physique se décelait dans toute sa tenue. C'était Baudouin IX. Il portait un pourpoint fermé, de drap rouge, agrafé par devant, et dont les pans, taillardés et courts, retombaient de manière à couvrir les fronces d'un large pantalon blanc, d'étoffe de laine tissée à Bruges. Il avait de grandes bottes noires sans éperons ; et à sa ceinture de cuir jaune brillait une petite dague. Le siége qu'il occupait était recouvert par son grand manteau blanc ; vaste pièce d'étoffe qui traînait jusqu'aux pieds et qui se fixait sur les épaules au moyen de deux crochets de cuir cachés par des lions. La croix rouge était cousue sur l'épaule gauche.

La scène se passait dans une salle du vieux château des comtes à Gand. La Comtesse tenait un livre qui pouvait être un recueil de chartes ou de lois. Baudouin avait devant lui un parchemin blanc, d'autres parchemins griffonnés. Ses doigts maniaient une plume préparée pour écrire.

— Vous avez fait beaucoup, Monseigneur, dit la Comtesse. Vous avez accordé aux bourgeois de Gand de bons priviléges ; tous ceux qui habitent entre les quatre portes, à savoir la porte de Saint-Georges, la Braemporte, la Ketelporte et la Torreporte, ont été soulagés par vous. Mais ces droits de thonlieu, qu'on lève sur les marchandises, sont sujets encore à de grands abus, parce que vous les affermez et que vos officiers commettent à leur profit des exactions. J'ajouterai à tout ce que je vous ai déjà dit qu'une de mes femmes a vu, sur les marchés, prendre un jour quatre oboles de droit pour une brebis ; un autre jour elle a vu prendre quatre deniers.

— C'est que rien n'est écrit, répondit Baudouin ; et les paroles se traduisent arbitrairement. Je n'ai rien oublié de vos remarques : de plus j'ai consulté de mon côté et j'ai recueilli des notes. Nous allons donc là-dessus faire une loi, si vous voulez : nous la lirons ensuite aux bourgeois et aux chevaliers ; et par l'aide de Dieu, justice se fera.

Le Comte se mit à écrire, en lisant tout haut ce qu'il écrivait :

— « Au nom de la sainte et indivisible Trinité. Ainsi soit-il ! Comme il nous est connu que les officiers préposés à la levée des droits de thonlieu dans la ville de Gand se livrent à d'injustes exactions, abusant ainsi du privilége qui leur a été accordé par nos prédécesseurs, moi Baudouin, comte de Flandre et de Hainaut, de concert avec Marie, mon épouse, voulant réprimer par une loi fixe de telles énormités, après avoir consulté les hommes sages de notre pays sur le droit que peut supporter raisonnablement chaque marchandise, nous avons statué ce qui suit :

» Tout préposé qui lèvera sur les marchés un droit de thonlieu supérieur aux chiffres établis dans cette page, tombera immédiatement en notre puissance, lui et ses biens, comme un voleur public et un bandit de grande route, jusqu'à ce qu'il se soit justifié (*tanquam publicus latro et aggressor viarum*). »

Baudouin prit ses notes et poursuivit :

— « Le vin étranger payera deux deniers par mesure d'un seau (*acua*). » Un denier valait à peu près un demi-franc d'aujourd'hui.

— C'est bien, dit Marie, soyez modéré.

— « La pièce d'écarlate payera douze deniers. » L'écarlate est étoffe pour les riches. « La pièce de drap vert ou brun ne payera que six deniers. »

— Mais, dit Marie, que les gros draps du pays Wallon n'en payent que quatre.

— Et rien de plus, c'est juste, répondit Baudouin. Ces étoffes sont achetées par les pauvres bourgeois. « Un miroir de fer ou d'acier..... »

— Imposez peu, afin que toutes les jeunes filles puissent en avoir.

— « Une obole. » — La plus petite monnaie. — « Le cuivre amené dans un chariot ou dans un bateau paye quatre deniers par cent livres. »

— Et le chaudronnier ambulant, le pauvre homme qui porte lui-même tout son avoir?

— Il faut le ménager, vous avez raison. « Quel que soit le poids de sa marchandise, tout homme qui l'aura apportée sur son dos ne payera, en la vendant, que deux deniers.

» Sur la vente d'un lit de plume ou de laine, deux deniers.

» Un cheval, deux deniers.

» Une vache, un denier.

» Un porc, une obole. » Nous voulons que les pauvres ménages puissent manger une soupe au lard.

» Une brebis, une obole.

» Pour tout échange de bétail, on ne payera plus aucun droit.

» Un chariot de tourbe ou de bois à brûler, deux deniers.

» Un marchand de cuirs, sur chaque peau de bœuf, payera deux deniers. »

— Et le bonhomme qui n'a qu'un cuir à vendre ?

— Celui-là ne payera qu'une obole.

— Vous avez donné la pêche libre à tout votre peuple de Gand ; mais les pêcheurs du dehors... C'est un métier pénible, et vous aimez le poisson.

— Eh bien ! « Tous les pêcheurs qui viendront d'au delà d'Anvers ne payeront que demi-droit. » Ils ont des frais de voyage. « Pour les autres, le droit est fixé ainsi :

» Un bateau chargé d'éperlans et de menus poissons payera quatre deniers.

» Les poissons fins payeront un denier, à l'exception du saumon, qui payera, comme le hareng et les poissons d'eau douce, le soixantième de son prix de vente.

» Une charge de fromage passé ou de beurre ne payera plus que trois oboles. »

Marie de Champagne demanda une exemption de droit pour le fromage frais, qui ne peut se conserver ; et avec quelques articles encore la loi fut faite.

— Mais, reprit ensuite la bonne Comtesse, en remarquant au sablier que l'heure du dîner n'était pas venue encore, il nous reste, à propos du vin, un détestable abus que je voudrais vous faire remarquer. Combien payez-vous le vin, Monseigneur?

— Trois deniers le lot, dans tous les temps : vous avez raison, Marie, j'y avais déjà pensé.

— Un de vos prédécesseurs sans doute a établi cela. Quelque cher que soit le vin, vous avez le droit (du moins c'est le nom qu'on donne à ce privilége inique) de prendre partout le vin nécessaire à votre maison en le payant trois deniers le lot. Vous avez même, dans votre domestique, un officier qu'on nomme brise-cellier, et qui contraint les marchands à vous vendre ainsi pour leur ruine. L'horreur que cet homme inspire nous est un avis grave.

— Chère Marie, cette criminelle coutume cessera dès aujourd'hui, s'écria Baudouin. Je suis heureux de n'avoir pas encore été appelé devant Dieu avec tel poids sur la conscience. Ma main se fatigue vite. A votre tour, voulez-vous écrire?

Marie prit une plume et se disposa. Baudouin, qui était un prince grandement instruit, avait écrit jusque-là en latin. Mais employant la main de sa femme, quoiqu'elle entendît fort bien la langue des clercs, il lui fit la galanterie de sa langue maternelle et se mit à dicter en français les paroles qui suivent. Nous les transcrivons fidèlement, ne rajeunissant que l'orthographe.

« Baudouin, comte de Flandre et de Hainaut, à ses échevins et bourgeois, salut et entier amour.

» Comme il soit ainsi que mes antécesseurs comtes de Flandre, depuis long-temps, à quelque lieu qu'ils soient venus par le comté de Flandre, soit à Gand, à Bruges, soit à autre ville ou castel, ont toujours pris le lot de vin pour trois deniers, quelque cher qu'on le vendît, et ont fait cette chose comme de droit et de coutume, moi j'ai entendu cette accoutumance mieux être rapine ou exaction de force, que coutume raisonnable et droiturière. Pour ne pas laisser à ceux qui après moi viendront et à mes successeurs cet exemple de rapine et d'exaction, qui pour moi et pour eux peut tourner à la damnation perpétuelle, je déclare à vous et à tous par le comté de Flandre, que j'abandonne à jamais cette coutume, et m'oblige, moi et mes successeurs, en quelconque lieu que je viendrai, à prendre le vin à ce même coût que les prud'hommes et les échevins connaîtront qu'il devra coûter. Seulement, il ne pourra être à moi plus cher vendu qu'à un autre.

» Et pour que ce soit ferme chose et stable à toujours, j'ai fait cette présente charte, scellée de mon sceau. Fait l'an de l'Incarnation mil deux cent et deux, au mois de mars. »

Baudouin signait, lorsque le brise-cellier entra pour avertir le Comte et la Comtesse qu'il était onze heures et que le dîner était dressé. Le Prince donna le parchemin à l'officier.

— Vous allez faire crier ceci partout, à son de trompe, dit-il, et vous vous y conformerez pour désormais acheter mon vin.

Et demain, chère Marie, poursuivit-il en se mettant à table avec la Comtesse, nous continuerons la révision de tous ces petits droits, qu'il serait plus doux de supprimer tout à fait.

— Il est pourtant juste, dit Marie de Champagne, que les marchands payent un peu la protection que le souverain leur accorde. Mais il ne faut pas qu'ils payent plus que cette protection ne vaut. —

Gens de bien, — faiseurs d'histoire et faiseurs de lois, — méditez un moment sur tout cela.

— Vous avez parlé des excursions incognito de Baudouin IX, dit van der Dussen. Voici une légende qui s'y rattache.

UNE AVENTURE DE BAUDOUIN IX.

> Ce qu'il y a de beau sous la couronne, c'est le pouvoir de faire des heureux.
>
> FoRJOT.

I.

En l'année 1198, le comte Baudouin IX, qui vient de vous intéresser, méditant déjà la croisade qui devait plus tard l'élever sur le trône de Constantinople, s'occupait, comme on vous l'a dit, de donner à ses peuples des lois sages. Ce prince voyait bien que le genre humain commençait à se mettre en marche, et que la civilisation faisait des progrès, à mesure que l'Évangile était répandu.

Les Flamands avaient obtenu de ses prédécesseurs des priviléges et des franchises. Il voulut leur donner des chartes complètes, qui assurassent leurs droits. Il favorisa largement le commerce ; et ce n'est pas se tromper que de le regarder comme l'un des pères de la prospérité du nord.

Il disait souvent que, « selon les lumières de la saine raison, les princes devaient être aidés et honorés par leurs sujets ; mais que, réciproquement, les droits des sujets devaient être saintement respectés et maintenus par le prince. »

Pour lui, loin de porter atteinte à ces droits, il les agrandit ; et, s'il eût régné plus long-temps, la Flandre eût devancé davantage encore les peuples voisins dans les sentiers du progrès. Il voulait établir partout des lois, des mesures, des poids et des monnaies uniformes. Il ne rêvait qu'améliorations ; et son plus grand soin était d'étudier les besoins de ses états.

Souvent il allait seul, comme il disait, à la découverte, vêtu de manière à ne pas se faire reconnaître. Il parcourait les campagnes et les lieux de réunion dans les villes ; il se mêlait aux bonnes gens, vidait familièrement avec eux le pot de bière ; et, se faisant passer pour un marchand de l'Artois ou du pays de Liége, il s'entretenait librement de leurs usages, de leurs désirs, de leurs goûts ; il recueillait leurs observations et leurs remarques ; il étudiait les mœurs ; il prenait note des vices qu'on lui signalait dans l'administration de la justice, dans la perception des impôts ; il s'instruisait des empiétements et des vexations que se permettaient parfois les baillis ou les seigneurs. Et souvent, sans pouvoir deviner comment leurs griefs avaient été connus du souverain, les opprimés se trouvaient tout surpris de les voir réparés, et de recevoir justice avant de l'avoir sollicitée.

Les légendaires ont recueilli à ce sujet plusieurs aventures de Baudouin IX. Celle que nous allons raconter n'est cependant pas telle qu'on pourrait l'attendre, d'après le préambule qu'on vient de subir. Elle n'a pas rapport seulement aux bonnes gens que Baudouin surveillait pour les protéger. Mais on s'est abandonné à ce petit avant-propos, qui appuie la légende précédente, pour rendre hommage aussi à la vie privée du grand prince qui fut le héros de l'histoire que voici :

Un jour que Baudouin IX (on ne l'appelait pas encore Baudouin de Constantinople) se trouvait depuis peu avec sa cour dans sa bonne ville de Bruges, il lui prit envie, après dîner, d'aller faire une de ses promenades solitaires dans les villages qui avoisinaient la ville. Bruges était déjà riche et belle ; mais dans cette cité commerçante la population se trouvait si serrée, que dès lors le comte de Flandre songeait à agrandir son enceinte, projet qui ne reçut son exécution que dans la seconde moitié du siècle suivant.

Baudouin sortit du *Bourg* ou château des Comtes, par une petite porte du jardin, vêtu modestement d'un pourpoint de drap gris et d'un haut-de-chausses de cuir. Il n'était armé que d'une courte épée, comme en portaient les marchands ; il allait à pied et tenait à la main un solide bâton d'aubépine, rougi au four.

Il traversa Bruges, remarquant tout sans se faire remarquer, gagna la porte du Sablon, parcourut quelques hameaux, et se laissa joindre par la nuit dans un cabaret, où il s'entretenait avec des gens du peuple qui faisaient une noce. Il y avait peu de chemin à faire pour rentrer dans la ville ; Baudouin se remit en marche. Le ciel commençait à devenir noir, lorsqu'il aperçut la porte Flamande.

Par suite des troubles et des guerres intérieures qui avaient eu lieu sous les règnes précédents, il y avait alors dans la Flandre quelques aventuriers qui vivaient de rapine, comme en ce temps-là on en rencontrait dans tous les pays de l'Europe. C'étaient pour la plupart d'anciens guerriers qui, n'ayant pour vivre d'autre métier que les armes, détroussaient sur les grands chemins, quand la paix venait leur ôter les pillages permis.

Les croisades avaient délivré l'Europe d'une grande partie de ces brigands. Mais il en restait encore ; sans cesse d'ailleurs il s'en formait de nouveaux, avec d'autant moins de scrupule, que le droit de la force commençait à peine à être mis en doute comme droit légitime. Depuis que des rois, en arrêtant et pillant eux-mêmes les marchands qui passaient par leurs domaines, avaient donné l'exemple du vol à main armée, considéré comme exploit chevaleresque, beaucoup de seigneurs se tenaient à l'affût dans leurs forêts, et les gens qui osaient les traverser y laissaient leurs dépouilles. Aussi voit-on, un peu plus tard, le roi saint Louis obligé de faire jurer à ses barons, sur les saintes reliques, des stipulations par lesquelles ils promettaient avec serment de ne plus battre fausse monnaie et de ne plus détrousser les passants sur la grande route.

Baudouin IX n'était qu'à deux cents pas de la porte Flamande; il apercevait distinctement, dans l'une des deux grosses tours qui flanquaient cette porte, un homme portant une lampe, dans un escalier éclairé de longues meurtrières, lorsque cinq forts gaillards armés, s'élançant de derrière un gros arbre qui bordait la route, se postèrent devant le comte de Flandre, qu'ils prenaient pour un marchand, et lui demandèrent sa bourse. Ils faisaient briller de longues épées nues. Baudouin, pour toute réponse, fit un pas vers le plus hardi de ces brigands, et d'un rude coup de son gourdin il brisa l'épée menaçante, qui vola en éclats. Puis, comme s'il se fût repenti tout à coup d'avoir fait usage du bâton, qu'on appelait l'arme des vilains, il tira son coutelas, poussa le cri de détresse en usage alors : — A moi ! par la paix de Dieu ! — et se mit en garde.

Il s'était acculé contre le gros arbre et levait de la main gauche son gourdin, dont il se servait comme d'un bouclier pour parer les coups. Les cinq brigands fondirent sur lui avec fureur ; personne dans la ville n'avait entendu son cri. Malgré sa force et sa valeur, Baudouin seul et à peine armé eût mal tenu tête sans doute à tant d'agresseurs, si le ciel ne lui eût envoyé de l'aide.

Un paysan, qui venait de battre du blé dans une grange voisine, déboucha par un petit chemin de traverse et accourut, en répétant le cri d'alarme, au secours de son souverain, qu'il était loin de soupçonner là. Il n'avait d'autre arme que son fléau à battre le blé. Mais autrefois, dans les mains des manants, ce fut une arme terrible, qui décida du sort de plusieurs grandes batailles. Le paysan, qui, selon la tradition, se nommait Ely, en joua si bien sur la tête des brigands, pendant que Baudouin se défendait comme un lion, que dans peu d'instants deux des coupe-jarrets furent étendus à demi-assommés sur la route ; les trois autres prirent la fuite.

Pour ne pas revenir à ces misérables, nous dirons sur-le-champ que les deux blessés ayant fait connaître leurs camarades échappés, quand les gardiens de la porte vinrent les relever, les cinq coquins furent pendus.

Baudouin, se voyant délivré, remercia l'homme

qui l'avait si bravement secouru et lui demanda son nom.

Dès qu'il sut qu'Ely était un pauvre homme, qui vivait modestement avec sa femme de l'humble produit de son travail journalier, il lui porta intérêt.

— J'occupe une fonction à la Cour, dit-il ; est-ce que je ne pourrais pas vous être utile ?

Car le Prince sentait que ce n'est point par l'offrande d'une somme d'argent passagère qu'on reconnaît un grand service rendu.

— Tout de même, répondit Ely, vous pourriez m'obliger, si vous avez crédit d'approcher monseigneur le Comte ; et alors bienheureuse serait l'occasion qui m'a fait venir à votre assistance ! — quoique pourtant, ajouta-t-il, ce soit pure bonté de votre part. On doit s'entr'aider comme chrétiens ; je n'ai fait que mon devoir, messire ; et assurément si vous m'eussiez vu dans la passe où vous étiez, vous seriez venu aussi m'appuyer.

— Oh ! par la sainte Croix, certes ! je l'aurais fait, s'écria Baudouin.

— Par la sainte Croix ! dit en souriant doucement Ely, c'est un beau serment. On voit bien que vous êtes de la suite du seigneur comte de Flandre ; car c'est là son juron.

Baudouin se mordit les lèvres ; il ne voulait pas encore se faire connaître.

— Cela doit vous engager, reprit-il, à me confier

ce qui peut vous rendre heureux. Je vous promets de ne pas vous oublier.

— Oh! j'ai de l'ambition, dit le villageois en cheminant à côté de son seigneur. Ce que je vous demanderais est peut-être trop difficile.

— Qui sait? dites toujours.

— Je sortais là, messire, puisqu'il faut parler, d'une ferme qui a vingt-sept bonniers (1). Depuis le seigneur Baudouin-Bras-de-Fer (gloire à lui et paix à son âme!), vous voyez que ça date de loin, cette ferme appartient au domaine de monseigneur le comte de Flandre. J'ai cinquante ans; il y en a trente que j'y bats les blés et d'autres menues graines. C'est un beau bien! Je demanderais... Mais c'est trop; et vous diriez que j'abuse de votre honnêteté.

— Non, par le Sauveur! je ne dirai pas cela. Parlez-moi avec confiance.

— Par le Sauveur! marmotta Ely, encore un jurement du seigneur Comte. C'est étonnant comme les gens de la Cour prennent les bonnes habitudes!... J'achèverai donc, messire, poursuivit-il tout haut; — mais vous ne m'en voudrez pas? — Eh bien! je désirerais être, — pour le reste de ma vie, — de toute ma vie, — le fermier de la ferme où je ne suis que le batteur en grange. Ça ne déplace personne, puisque le dernier fermier est mort.

— Mais ce n'est pas impossible, dit Baudouin.

---

(1) Un bonnier de Flandre est à peu près un hectare.

— Vous croyez?

Ely s'arrêta, le cœur bondissant.

— Venez me voir demain.

Les deux compagnons étaient arrivés à la porte du palais.

— Où vous verrai-je? demanda Ely.

— Ici, dans ce château.

— Dans ce château!

— Dans ce château même.

— On ne me laissera pas entrer.

— Si fait, vous demanderez le secrétaire du Comte; c'est moi.

— Bien, dit Ely; je viendrai.

Et les deux amis se séparèrent.

II.

En rentrant chez lui, le bonhomme Ely raconta à sa femme comment il avait rencontré sur la route, à la vue des portes de la ville, un homme assailli par cinq brigands; comment il avait porté secours à l'homme attaqué; comment avec son fléau il avait mis les bandits en déroute; et comment celui qu'il avait sauvé lui avait promis son appui.

— C'est, ajouta-t-il, le secrétaire du seigneur Comte.

La femme qui, non plus que son mari, ne savait ni lire, ni écrire, demanda ce que pouvait être un sécrétaire.

— Oh! répondit Ely, c'est plus qu'un batteur en grange; c'est même plus qu'un fermier; et ça doit approcher d'un bailli! car celui-là, quoiqu'il ait de simples habits et qu'il ne soit pas fier, parle comme un curé.

— Et tu crois, Ely, qu'il t'aidera?

— Si je le crois! il demeure au château de monseigneur; il m'a invité à l'aller voir demain.

— Et tu iras?

— Si j'irai!... Je lui ai demandé d'être fermier de la ferme.

— Oh! c'est trop, Ely. Quand on veut trop, on n'a rien.

— Bah! laisse donc. Monseigneur le comte de Flandre est un digne prince. Il ne refusera pas cela à son secrétaire, qui sans mon fléau eût passé un mauvais quart d'heure. J'ai opinion, ma femme, que demain tu seras fermière.

Les deux époux se mirent au lit sur ces riantes pensées. La pauvre femme s'abandonna aux espérances de son mari. Elle fit avec lui des projets. Elle voyait ses enfants dans l'aisance. Elle élevait des poussins, de petits porcs; elle avait de belles vaches dans son étable, du grain dans son grenier, des jambons pendus à sa cheminée, des provisions de noix et de beurre, de la bière et des pommes dans sa cave. Elle s'endormit, bercée par les rêves les plus agréables.

Elle s'éveilla la première, le lendemain matin;

elle habilla Ely de son mieux et le conduisit de l'œil, pendant qu'il se dirigeait, le cœur ému, vers le palais de son souverain.

Cependant, en arrivant à la porte du Bourg, deux huissiers qui la gardaient, armés de hallebardes, lui inspirèrent un certain effroi.

— Me laissera-t-on passer? Telle fut sa crainte. Il s'approcha timidement, ôta son bonnet de laine bleue et demanda à l'un des portiers s'il ne pourrait pas parler au secrétaire de monseigneur?

Les huissiers étaient prévenus.

— Vous êtes l'homme au fléau? Vous vous nommez Ely? lui dirent-ils; et sur sa réponse affirmative, ils le firent entrer, en lui témoignant de grands égards.

Une porte massive s'ouvrit. Le villageois se trouva dans une vaste salle d'armes, toute revêtue de sabres, de cuirasses, de boucliers et de lances. Il y avait dans cette salle quelques pages. Dès que l'huissier eut nommé Ély, l'un d'eux se détacha et courut prévenir Baudouin. Il parut bientôt, vêtu comme la veille, prit la main du bonhomme et lui dit :

— Je vous remercie d'avoir eu confiance en moi.

Ély ne comprit pas la portée de cette phrase, et répondit :

— Oh! je n'ai presque pas dormi de l'espoir que vous m'avez donné. Ce serait en vérité une grâce du ciel.

Puis s'approchant davantage de sa précieuse connaissance, et parlant plus bas pour ne pas être entendu des pages, qui, sans qu'il en fût frappé, se tenaient à l'écart dans une posture respectueuse, il continua :

— Est-ce que vous avez eu l'occasion de dire un mot à monseigneur, touchant notre affaire?

— Certainement; on s'en occupe. Il y a même bon espoir. Mais, en attendant, voulez-vous voir le château?

— Mais j'en suis tout ébloui, messire. Est-ce qu'il y a autre chose que cela?

Ély se figurait que la grande salle brillante où il se trouvait faisait tout le palais. Baudouin sourit. Alors, depuis les nombreux voyages des croisés, le luxe et le goût des arts se répandaient. Le Comte prit plaisir à faire parcourir au bonhomme toutes les longues suites d'appartements et de salles où résidait la cour, les cabinets de bain, les somptueuses chambres à coucher. A chaque pas, Ély faisait des exclamations de surprise. Il n'avait pas assez de ses yeux, qu'il lançait autour de lui sur les murailles peintes, sur les meubles, sur les plafonds, dont les solives étaient ornées d'arabesques et de dorures. Il se croyait dans un palais de féerie.

— Oh! c'est beau, disait-il.

Baudouin se divertissait de cette naïve admiration. Accoutumé à la grandeur, il faisait le contraste de sa position avec celle de ce pauvre homme qui, n'ayant jamais habité qu'une chaumière, se croyait très-ambitieux en désirant une ferme. Lui-même plus tard lui ressembla, lorsqu'il souhaita le trône de Constantinople.

— Eh bien! lui dit-il, en le voyant absorbé dans la contemplation des ornements qui l'entouraient, au lieu de votre ferme, est-ce que vous n'aimeriez pas habiter ici?

— Peut-être, messire, si j'y étais le maître, dit Ély en souriant; mais c'est ici un palais du souverain; avant d'élever les yeux si haut, regardons à nos pieds. Que ferais-je ici? Je ne suis pas né pour marcher sur l'or, et mes yeux supporteraient mal tant d'éclat.

— Ainsi vous serez heureux avec la petite ferme?

— Oh! si je l'obtiens, je serai le plus heureux des hommes! Et ma femme, quelle vie de bonheur elle y trouvera! Je n'aurai pour maître et seigneur que le comte de Flandre. Je reviendrai une fois tous les ans, dans ces beaux lieux, payer nos fermages. Je bénirai ce palais, comme la demeure de mon noble maître. Et si je puis un jour le voir lui-même de mes yeux, ce sera un grand honneur et un beau souvenir.

— Vous souhaiteriez donc de le voir, votre prince?

— Qui ne mettrait pas sa joie à contempler, messire, celui qui s'occupe si constamment de la prospérité du pays, qui veille à ce qu'il nous soit fait à tous bonne justice, qui diminue tant qu'il le peut le nombre des infortunés, et qui ne cherche qu'à nous donner de bonnes lois?

— Mais si vous l'aimez ainsi, dit Baudouin, un peu ému de ces éloges, je puis tout à l'heure vous faire paraître devant lui.

— Oh! pardon. Je ne l'oserais maintenant. Comment pourrais-je me contenir devant un si haut souverain?

— C'est un homme qui n'est pas plus fier que moi. Si vous voulez me suivre, je vais vous faire voir la cour rassemblée, et au milieu d'elle Baudouin IX, comte de Flandre et de Hainaut.

— Cela me fait battre le cœur, rien que d'y penser, dit le villageois. Mais n'importe; je me fie à vous. Je serai heureux de voir une cour.

Baudouin traversa donc de nouveaux appartements, suivi de son défenseur, qui, à son aise avec lui, commençait à marcher d'un pas plus assuré.

— Sans doute, reprit-il, monseigneur le Comte sera tout vêtu d'or?

— Pas du tout, dit Baudouin. Rien ne le distingue de ses courtisans, et il est rare même qu'il soit aussi éclatant que quelques-uns d'entre eux.

— Hélas! messire, soupira en s'arrêtant le villageois; et à quoi le reconnaîtrai-je?

— A une circonstance, aux grandes politesses qu'on lui fera. Tout le monde se lèvera devant lui.

Ély se mit à réfléchir un moment, comme pour se

bien pénétrer de cette indication. Puis il se laissa prendre la main par son guide, qui, ouvrant tout à coup une porte, le fit entrer dans un vaste et riche salon, où toute la cour était rassemblée.

Il y avait là des comtes, des barons, des marquis, des chevaliers, des juges et des pages ; il y avait des dames radieuses. L'or, la soie, le velours, les pierreries étincelaient sur cette nombreuse compagnie. Tout le monde se leva ; tous les hommes saluèrent profondément, toutes les femmes firent de grandes révérences, en voyant paraître Ély et son conducteur. Le pauvre homme, interdit, se prit à pâlir ; il se serra contre le prétendu secrétaire du Comte, et regarda avidement la noble foule, pour y chercher le souverain. Mais voyant venir toutes les politesses de son côté, il commença à se sentir saisi d'un tremblement universel. Il jeta les yeux sur celui qui l'avait introduit.

— Jésus ! dit-il d'une voix mal assurée, en s'adressant à Baudouin, ce serait donc vous, — Mon....seigneur....

Ély balbutiait, s'agitant sur ses jambes chancelantes.

— C'est moi-même, dit Baudouin en lui prenant les mains, pendant que le pauvre homme tombait à genoux.

Le comte de Flandre le soutint ; et le présentant à l'assemblée :

— Chevaliers, dit-il, voici celui qui hier m'a

sauvé. Pour lui, je réclame au besoin l'appui de vous tous.

Les chevaliers et les dames s'approchèrent d'Ély, lui serrèrent les mains et le complimentèrent. Le bon villageois ne se possédait pas; il se croyait bercé par un rêve inouï. Il s'effrayait des familiarités qu'il avait prises avec le comte de Flandre.

Les pages, sur l'ordre de Baudouin, l'emmenèrent dans une chambre voisine et le vêtirent d'un habit de drap neuf, avec une bonne toque de laine rouge. Après quoi il fut ramené devant son seigneur, qui lui mit dans la main gauche une livre d'or monnayé, et dans la main droite un parchemin.

— Qu'est-ce que cela? demanda-t-il timidement.

On lui expliqua que c'était le diplôme par lequel il devenait maître de la petite ferme, — non pas comme fermier, — mais comme propriétaire, à la charge seulement par lui de se reconnaître vassal du Comte, et de venir tous les ans lui faire hommage, avec son fléau sur l'épaule, le jour anniversaire de la rencontre qui lui avait procuré cette cession.

Il serait difficile de peindre l'ivresse et l'extase d'Ély. Il s'en retourna hors de lui, triomphant, à sa chaumière, escorté par quatre officiers du Comte, qui sur-le-champ le mirent en possession de la ferme. La joie du bonhomme ne fut surpassée que par celle de sa femme, qui poussait des cris inarticulés et semblait prête à devenir folle de contentement. Elle orna de fleurs le fléau de son mari, qui, instrument de leur fortune, devint dans la ferme le meuble le plus précieux et le plus respecté.

Ely ne manqua pas au juste et léger hommage qui lui était imposé. Ses descendants le continuèrent tous les ans, jusqu'en 1270, que Marguerite de Constantinople ayant agrandi Bruges, la ferme entra dans la nouvelle enceinte. Une petite rue du voisinage s'appela long-temps *Vlegel-straet*, rue du Fléau.

Plusieurs princes ont eu des aventures qui ressemblent à celle-ci; Walter Scott en raconte une qui paraît copiée de cette légende et qui est attribuée à un roi d'Écosse; mais Baudouin a, je crois, la priorité de date.

— Fort bien, dit le baron de Nilinse. Mais permettez-moi de vous ramener à des temps plus rapprochés de nous.

LE PEINTRE DANS L'EMBARRAS.

> Que la fortune donc me soit mère ou marâtre,
> C'en est fait...
>
> PIRON, *la Métromanie*.

Un poëte français du dernier siècle, dont le nom de second ordre ne me revient pas à la mémoire, a écrit ces deux vers formidables :

> Fortune, sort, destin, ce sont là de vains mots;
> Le bonheur suit le sage et le malheur les sots.

A coup sûr, ce poëte avait un gîte assuré, un dîner prêt et du linge. Son terrible axiome est vrai pour l'habileté qui compte, pour le calcul qui produit, pour la sagesse qui épargne. Mais l'artiste, livré à son génie, songe-t-il bien aux choses matérielles? Nous ne parlons que sous le point de vue tout à fait humain et terrestre. A moins qu'il n'ait la vogue, et qu'il ne vive dans des circonstances où l'on accorde quelque place au génie, l'artiste courra le risque de n'être qu'un sot, dans le sens du poëte que nous citons. Il languira sous le poids de grandes idées qu'il ne pourra pas même exécuter. Combien de chefs-d'œuvre n'ont pas été faits, parce que le peintre n'avait pu ni payer une toile, ni vivre ses journées de travail! Combien de figures nobles ou gracieuses, rêvées par le statuaire, sont restées dans le bloc de marbre que l'artiste n'avait pas le moyen d'acheter! Il nous est permis, pour l'acquit de notre conscience, de ranger indistinctement ces âmes de feu dans la classe des absurdes songe-creux que nous affublons du sobriquet d'âmes incomprises. Mais je voudrais que l'on ne confondît pas l'artiste avec l'insensé. Il faut encore pouvoir s'appuyer sur certains éléments pour être sage, comme on l'entend dans le monde ; et la fortune donne bien des vertus, quoiqu'on la calomnie, comme a fait cet usurier de Sénèque, qui était sage sur des piles d'écus,

Et qui trouva toujours la richesse importune
Aussitôt qu'à la cour il eut fait sa fortune (1).

Or, par une belle matinée du mois de mai de l'an 1680, Jean-Baptiste Champagne achevait, dans son atelier de Rome, un tableau que lui avait commandé Louis XIV, lorsqu'on vint lui annoncer la visite d'un modeste jeune homme, qui se disait un peu son compatriote. Jean-Baptiste Champagne, neveu de l'illustre Philippe, né en 1643, avait été initié par son oncle dans les secrets de l'art; il l'avait aidé dans un grand nombre de ses ouvrages, et depuis sa mort il le remplaçait de son mieux. Après avoir terminé les tableaux laissés imparfaits par Philippe Champagne, Jean-Baptiste était venu à Rome, pèlerinage que tout artiste doit faire ; et bientôt Louis XIV

(1) Alexandre Duval.

allait le rappeler pour professer à l'Académie de peinture de Paris.

Il vit entrer dans son atelier le jeune homme qu'on lui annonçait, et qui était un enfant des Pays-Bas et un élève de l'école flamande. Ce jeune homme se présentait muni d'une lettre de recommandation de Nicolas Molenaer, le peintre de paysages, dont il avait suivi les leçons et qu'il devait surpasser. Il avait vingt-deux ans. Avec le teint frais que donne sa patrie, des traits réguliers, une tournure convenable, ce jeune homme paraissait si doux, si modeste et à la fois si mélancolique, que Jean-Baptiste Champagne, qui était bon et bienveillant, n'eut pas besoin de peser les expressions de la lettre de Molenaer pour lui porter un vif intérêt.

— Vous êtes d'Amsterdam? lui dit-il.

— Oui, maître, répondit le jeune homme.

— Et je vois par cette lettre que vous vous nommez Nicolas Opgang. C'est un nom qu'il faut faire. Vous allez dîner avec moi; — nous causerons à l'aise. Avez-vous quelques esquisses?

Le jeune homme ouvrit timidement un petit portefeuille, et Champagne admira cordialement plusieurs croquis :

— Du courage, dit-il ; vous êtes paysagiste!

Midi sonnait ; l'artiste emmena le jeune homme dans la salle à manger. Ils se mirent à table.

Les artistes se comprennent vite. Le maître reconnut bientôt, dans Nicolas Opgang, tout le germe d'un vrai talent, escorté d'un grand fonds de tristesse. — Sans montrer à ce sujet une curiosité qui souvent est inhumaine, il se proposa de soutenir de son mieux le jeune artiste, et se déclara immédiatement son patron. Il le confia dès le lendemain à un habile paysagiste; le recommanda à tous ses jeunes amis, et le pria de venir tous les jours prendre chez lui son dîner. Nicolas accepta, plein de reconnaissance, toutes ces offres de services, dont la dernière surtout lui était précieuse; car il était pauvre, et là était la source de tous ses sujets de chagrin. Il avait de l'ordre, de la modération, de l'économie. Il calcula que, grâce à l'obligeance du grand peintre, en s'imposant des privations qu'on ressent, hélas! tous les jours à vingt-deux ans, il pouvait vivre une année sur la modique petite somme qu'il avait apportée, collecte de sa famille et de ses camarades.

Mais au bout d'un mois, Jean-Baptiste Champagne, rappelé à Paris, partit subitement. — Nicolas, resté seul, vit ses prévisions dérangées. Sa petite somme le mena péniblement jusqu'à l'hiver.

On l'avait toujours vu sérieux et réservé; il devint plus sombre. — Il s'était logé dans un petit cabaret, où son exactitude à payer pendant quatre mois lui avait fait un peu de crédit. Il continua de manger sobrement, quoique sa bourse fût vide. Il avait fait des progrès vantés; on comblait d'éloges sa manière; on saluait son génie; on lui prédisait un avenir. Il redoubla d'ardeur et fit deux charmants paysages, qu'il comptait vendre pour faire face aux besoins de l'hiver. Mais à Rome, dans cette ville des artistes, tant de beaux ouvrages sont offerts en profusion, que lorsqu'un nom déjà fait n'arrête pas l'attention vagabonde, il faudrait que l'artiste eût aussi l'habileté du marchand; et c'est ce qui n'est pas. Nicolas remarqua (son cœur en fut navré) qu'on peut vivre toujours et partout, en faisant des souliers, en pansant des chevaux, en maniant le rabot du menuisier ou la navette du tisserand; mais qu'il n'en est pas ainsi, lorsqu'on n'est qu'un artiste ou qu'un poète. Il compara dans son amertume le sort de l'artisan et le sort de l'artiste. Joyeux et occupé, avec des goûts simples et des idées modestes, l'artisan vit et prospère; tandis qu'avec ses pensées hautes et ses ambitions de prince l'artiste se consume, parce qu'il croit que, si tout était bien, c'est pour lui que le monde est fait; hallucination funeste et vanité désastreuse, que la religion seule neutralise, quand l'artiste est assez grand pour s'appuyer sur la religion.

Un jour que les amis de Nicolas Opgang le voyaient plus affligé que de coutume (son hôtesse lui avait demandé de l'argent), ils cherchèrent à pénétrer la cause de cette tristesse. Le jeune homme rougit à leurs questions, n'osant avouer sa misère. Il crut satisfaire à la curiosité de ses camarades, en rejetant ses préoccupations sur des chagrins apportés de son pays. Hélas! j'oubliais de dire que le pauvre garçon n'avait pas quitté Amsterdam seulement pour voir Rome, mais pour fuir une grande douleur. Il avait connu, dans sa patrie, une jeune fille à laquelle il avait compté s'unir. Mais la fortune n'avait pas permis ce mariage. L'artiste n'avait que l'aurore d'un beau talent; et les parents de la jeune fille, dans leur tendresse positive et prévoyante, s'étaient hâtés de la marier à un autre prétendant qui possédait beaucoup d'or. Nicolas n'avait pas pris légèrement son désespoir; les pieuses consolations avaient frappé vainement à son cœur; dans un abattement criminel, il s'était résolu à se délivrer de la vie. Un seul mouvement heureux l'avait sauvé d'une telle ruine. Avant de quitter le monde, il avait senti le besoin d'aller dire un dernier adieu à Molenaer, son maître et son ami; et Molenaer était parvenu à le détourner du chemin de la mort. En lui représentant ses devoirs envers Dieu, de qui il tenait la vie comme un dépôt sacré dont il ne pouvait disposer sans devenir félon, ses devoirs envers lui-même et envers l'art, il l'avait rattaché à l'existence. Il lui avait conseillé, comme soulagement à ses peines vives, un voyage à Rome. Peu à peu les sanglots et les pleurs qui pesaient sur le cœur de Nicolas Opgang s'étaient adoucis, il demeurait triste; mais il vivait.

Plusieurs fois, à Rome, ses amis, pour le distraire, lui avaient conseillé de chercher un autre mariage. Il repoussait ce remède. Le trait qui était dans son cœur ne saignait plus ; mais il n'osait tenter de l'en faire sortir. La nécessité terrible vint s'entremettre dans ces sentiments qui l'accablaient. Le temps marchait ; l'hiver passa ; Nicolas devait une somme, malgré l'exiguïté de ses dépenses. Ses habits étaient usés. C'est surtout dans un beau jeune homme à la noble tournure que le dénûment se montre plus odieux.

Le cabaret qui donnait asile à l'artiste était tenu par une femme de trente-cinq ans, une honnête veuve sans enfants, grande, forte, ayant des habitudes d'ordre et de travail ; une femme active, robuste, faisant elle-même toute la besogne de sa maison, assez gaie, mais exigeante, intéressée, vive ; une femme qui mettait à la porte les habitués qui la gênaient. Elle avait été belle et elle était Romaine ; mais son regard était dur, son teint pâle, sa figure fanée, quoique bien portante ; et quelques cheveux gris se montraient déjà dans sa vaste chevelure noire. Tous les mois elle demandait de l'argent au jeune artiste, qui avait écrit dans son pays, et qui ne recevait rien, qui avait fait des tableaux et qui ne pouvait les vendre. D'abord elle avait doucement présenté sa note. Puis elle avait pris le ton sérieux. Les paroles menaçantes étaient venues. Occupé d'un grand ouvrage, l'artiste en attendait la fin, et il souffrait sans se plaindre. Mais, parmi ses camarades, il en était un qui s'intéressait à lui. Un soir qu'il vit Nicolas Opgang plus affecté que de coutume, il l'emmena à la place du Peuple, le fit entrer dans la boutique d'un limonadier ; et là, en prenant avec lui un sorbet, il ouvrit une singulière proposition :

— Je n'ai pas d'argent dont je puisse vous aider, dit-il ; ce que je touche me suffit à peine. Mais j'ai trouvé un moyen de vous tirer d'embarras.

Nicolas ouvrit des yeux attentifs.

— Si vous ne payez pas dans le cours de ce mois-ci, reprit l'auxiliaire, votre hôtesse vous fera mettre en prison ; et les Pâques sont passés (1) ; vous y resterez jusqu'à la Semaine-Sainte.

C'était une année. Nicolas Opgang sauta sur son escabelle. — Et mon paysage ! dit-il en pâlissant.

— Le moyen que j'ai trouvé est bien simple, continua son ami. Afin de vous acquitter envers la cabaretière....

— Eh bien ?

— Eh bien ! vous devez l'épouser.

Ce mot tomba comme un coup de tonnerre sur la tête de l'artiste. Il resta muet de stupéfaction.

Son ami parla une heure pour le décider. Il lui fit valoir tous les avantages de sa proposition. Il lui vanta l'hôtesse romaine. — C'est encore une fort belle femme, dit-il ; et les peintres d'histoire la regardent comme un modèle parfait pour les femmes héroïques. Quant à son caractère, il sera excellent à l'égard d'un mari ; les femmes dont la rudesse est franchement extérieure sont douces dans leur mé-

(1) A Rome, les prisonniers pour dettes recouvrent leur liberté à Pâques.

nage. Vous êtes catholique; vous n'éprouverez par conséquent aucun obstacle; et, marié avec elle, vous serez sûr de vivre. Vous aurez des habits neufs; elle payera vos couleurs; vous pourrez travailler sans souci. N'est-ce pas beaucoup pour un artiste?

En rentrant au cabaret, quoique le jeune Amsterdamois n'eût encore rien répondu, et peut-être à cause de cela, se fortifiant de l'adage : Qui ne dit rien consent, — l'ami de Nicolas se crut obligé de suivre la négociation qu'il avait entamée. Il demanda à la cabaretière un entretien particulier ; il lui fit, au nom de son camarade, une déclaration qui la flatta et qui la toucha. Que vous dirai-je? huit jours après, Nicolas Opgang, libre de ses dettes, habillé de neuf et le front serein, se mariait avec la cabaretière.

Chose étonnante ! cette femme si tranchée, si décidée, si rude, fut un ange en effet pour son mari. Nicolas s'y attacha sincèrement. Il vécut dix-sept ans heureux avec elle, se fit un nom, vendit parfaitement ses tableaux et fit fortune.

Il n'y avait que sept ans qu'il avait obtenu de sa femme qu'elle quittât son cabaret, lorsqu'il devint veuf. Il pleura son excellente Romaine et s'en revint à Amsterdam. En y arrivant, son cœur tressaillit ; car il apprit que la femme à la main de laquelle il avait aspiré en premier lieu, celle qu'il avait tant aimée, celle pour qui il avait voulu mourir, était aussi devenue veuve. Tout le passé lui parut n'avoir été qu'un songe capricieux. Ses anciens sentiments se réveillèrent. Il se présenta, le cœur ému, devant l'objet qui avait été pour lui la cause de tant de larmes, et que dans le plus intime de son âme il n'avait jamais pu oublier. Il eut le bonheur de reconnaître qu'il lui fallait peu d'efforts pour reprendre sa place dans ce cœur où il avait régné.

Ces deux veufs, si singulièrement éprouvés, se marièrent; ils se retirèrent à Vellenhoven, avec d'immenses projets de bonheur.

Mais au bout d'un an, — autre merveille! — Nicolas Opgang regrettait son ménage de Rome.

Il mourut quelques années après, ennuyé et n'ayant presque rien produit dans son pays, lui qui à Rome avait laissé tant de beaux ouvrages.

Cet artiste, qu'on ne peut bien apprécier qu'en Italie, où sont ses grandes toiles, est moins connu des amateurs sous son nom d'Opgang que sous son surnom de *Piémont,* qui lui fut donné à Rome, à cause d'un séjour qu'il avait fait dans la contrée dont Turin est la capitale, et de plusieurs sites de ce pays qu'il avait peints avec éclat.

On pourrait conclure, de son histoire, qu'on ne revient pas toujours, hélas! d'une manière profitable, à ses premières impressions; qu'il n'est pas interdit à une cabaretière acariâtre de faire pourtant bon ménage; et que l'âge qui mûrit a aussi son mérite.

— Je vous réserve, dit Jacques Saint-Albin, quelque chose de plus léger. C'est un fabliau peut-être. Les Hollandais et les Flamands l'ont dû prendre à Straparole.

UN HOMME POUR UN FAUCON.

<small>Les conseils d'un mourant sont une voix des cieux.</small>
<small>BRÉBEUF.</small>

Gilles Casterman, le tisserand, était au quinzième siècle le plus riche bourgeois de Leuze. Il avait inventé des tissus élégants, de splendides étoffes ; et la cour brillante de Philippe-le-Bon lui avait donné les moyens de faire une énorme fortune.

Il n'avait qu'un fils, qui se nommait Yves, et qu'il avait fait élever à grands frais, pensant, quoiqu'il n'eût pas eu lui-même d'éducation, qu'il faut avoir l'esprit plus cultivé pour jouir convenablement de l'opulence, que pour vivre dans la médiocrité.

Gilles tomba gravement malade en 1456. A sa dernière heure, il fit venir son fils, appela un notaire, déclara Yves son seul et unique héritier, et lui recommanda par son testament trois conseils paternels, auxquels il semblait tenir beaucoup : le premier était que, quelque tendresse qu'il portât à la femme qu'il épouserait, il ne lui confiât jamais un secret dangereux ; le second que, s'il n'avait pas d'enfant et qu'il lui arrivât d'en adopter un pour le faire son héritier, il ne se fiât point trop à lui ; le troisième enfin, de ne se mettre jamais dans la dépendance absolue d'aucun seigneur.

— Une cour de prince, ajouta-t-il, n'est qu'une prison un peu plus périlleuse qu'une autre. Vous êtes riche, mon fils ; vous pouvez vivre libre et indépendant en ce bon pays de franchises.

Ayant là-dessus donné sa bénédiction à son fils, Gilles Casterman reçut le saint viatique : après quoi il ne tarda pas à rendre l'âme...

Yves avait trente ans. Après qu'il eut pleuré longuement un si estimable père, supportant mal la solitude où il vivait, il songea à se marier. Son état éclatant lui permettait d'aspirer à une fille de bonne maison. Un gentilhomme de Bourgogne, de la branche cadette des Beaumont, se trouvait à Leuze avec sa famille, n'ayant plus grande fortune. Rien n'était gracieux, dit-on, comme sa fille Savine. Yves l'avait remarquée ; il en devint épris, la demanda en mariage, se fit agréer, l'obtint, et se trouva si heureux de son ménage qu'il disait souvent : — Mon père n'a connu sans doute que des femmes du commun. S'il eût quelque peu hanté Savine, il m'eût épargné son premier conseil.

Il suivait toutefois cet avis de son père mourant, d'autant mieux que jusqu'alors il n'avait à garder aucun secret d'importance. Il s'abusait aussi, comme font beaucoup de maris, sur le caractère de sa femme, qui était vive, rancuneuse et passionnée. Mais comme il était toujours à ses genoux et qu'il prévenait tous ses désirs, il n'avait pas occasion de connaître son humeur.

Six années se passèrent; la paix continua de régner, mais pourtant les caprices de la femme grandissaient. Une chose surtout l'attristait : c'est qu'elle n'avait pas d'enfant. Yves s'en désolait aussi ; et tout en se promettant secrètement de suivre le second précepte de son père, qui était de ne pas se fier trop à un fils adoptif, Yves Casterman, de concert avec Savine, adopta un enfant né de parents lillois. C'était le fils d'une pauvre veuve. Il s'appelait Sulpice. De la vie dure et misérable qu'il avait menée jusqu'à l'âge de dix ans qu'il avait alors, il passa tout à coup dans les jouissances du luxe, les délicatesses et les mignardises. Mais il se montra si reconnaissant envers son père adoptif, que celui-ci ne regretta pas de l'avoir reconnu pour son fils.

Tout le monde à Leuze néanmoins voyait dans Yves le fils un artisan parvenu ; et chacun, malgré sa richesse, le traitait familièrement. Jusqu'à son mariage, il n'avait jamais eu l'idée de s'en offenser. Mais peu à peu sa femme lui tourna l'esprit; elle lui rendit déplaisant le séjour de son pays natal; et, un beau jour, le fils du tisserand partit de Leuze pour aller s'établir à Dijon, où il prit un train de seigneur; sa fortune le lui permettait. Savine, qui avait des parents à la cour de Philippe-le-Bon, se fit inviter avec son mari à quelques fêtes. Yves prit goût aux plaisirs de haut lieu. Au bout d'un an, il suivait la cour à Bruges, à Gand et à Bruxelles. Il parvint à plaire au comte de Charolais, héritier de Philippe de Bourgogne; et quand ce jeune et impétueux prince, qui devait bientôt être appelé par ses courtisans Charles-le-Hardi et par ses peuples Charles-le-Téméraire, parvint à la couronne, Yves Casterman était très-avancé dans ses bonnes grâces.

Comme il était habile à tous les exercices, le Duc aimait surtout à l'avoir avec lui dans ses parties de chasse. Ainsi le fils du tisserand avait plié son caractère à la servitude ; il était vassal intime du seigneur le plus despote (dit-on) qui fût alors. Mais les compliments et les égards que lui attirait sa faveur doraient si bien sa chaîne, qu'il se disait à part lui :

— Me voilà pourtant à la Cour, et si puissant auprès du Duc qu'aucune grâce ne se peut obtenir si je ne la demande. Je suis le favori du Prince ; ma vie se passe dans la joie et les honneurs. Mon père s'abusait assurément ; et sa raison était devenue faible, comme il arrive aux vieilles gens. Ses trois conseils se trouvent des sottises ; j'en ai du moins éprouvé deux : il est impossible d'être plus libre et plus indépendant que je ne le suis, et je me suis donné au duc Charles. Je n'ai acquis à la cour que des dignités et du bonheur. Il n'y a pas non plus de père plus aimé que je ne le suis de Sulpice, mon fils adoptif, digne jeune homme qui donnerait mille fois sa vie pour moi. Il ne reste que ma femme que je n'ai point éprouvée. Mais c'est l'outrager que de douter de sa tendresse dévouée. Je l'essayerai pourtant, pour faire éclater davantage sa loyauté; et quand je serai vieux, je ne donnerai pas de telles prescriptions à mon héritier. Je lui dirai au contraire à qui il doit avoir confiance.

C'était à Dijon que le favori de Charles-le-Téméraire raisonnait de la sorte. Décidé à éprouver sa femme, il s'en alla au palais du Duc, qui alors prenait grand plaisir à la chasse au faucon. Il s'approcha sur le soir, sans être vu, de la perche où se tenaient les faucons du Prince, prit le meilleur, celui que Charles-le-Téméraire chérissait le plus, l'alla cacher au logis du sire de Lannoi, son ami, lui confiant son projet et lui donnant ses instructions. Cela fait, il retourna chez lui, prit un de ses faucons, qu'il tua secrètement et le porta à sa femme en lui disant :

— Ma chère Savine, vous avez dû remarquer que je ne puis avoir aucun repos auprès du Duc, notre seigneur. Il faut toujours avec lui chasser, manier les armes, courir le vol de l'oiseau, tellement que vous me voyez souvent revenir à demi mort. C'est pourquoi, afin de le détourner un peu d'une telle ardeur de chasse, je viens de lui faire un tour qui ne lui plaira guère, mais qui, je l'espère, nous donnera quelques jours de repos.

— Que lui avez-vous donc fait? dit Savine.

— J'ai tué, répondit Yves, son plus cher faucon. Il sera si furieux lorsqu'il ne le trouvera plus, qu'il s'enfermera pendant deux ou trois jours sans recevoir personne. Le voici, ajouta-t-il, en tirant l'oiseau mort de dessous sa robe : faites-le cuire ; nous le mangerons à souper, afin qu'il n'en reste aucune trace.

La dame, voyant le faucon mort, changea de visage et prit l'épouvante :

— Hélas ! mon ami, dit-elle, vous vous exposez à une perte certaine. Qui pourra vous soustraire à la colère du Duc, s'il a connaissance de ce que vous avez osé ?

— Comment voulez-vous qu'il le sache, répliqua le mari, puisque vous seule en êtes instruite ?

— C'est vrai dit Savine; et vous devez être persuadé que j'aimerais mieux souffrir mille morts que de révéler un secret qui vous pourrait nuire.

— Ayant dit cela, elle fit cuire le faucon; mais lorsqu'il fut sur la table, quoi que son mari lui pût dire, soit qu'elle n'eût pas goût de tel mets, soit qu'elle eût horreur de manger le faucon du Prince, elle ne voulut pas y toucher. Yves Casterman, las de l'engager à lui faire compagnie, ou peut-être voulant pousser son épreuve jusqu'au bout, s'impatienta, dit des injures, leva la main et donna à sa femme un grand soufflet, tellement que sa joue en devint pourpre.

La dame, qu'un tel traitement dut surprendre, se

mit à pleurer, à gémir, puis s'irritant, se leva de table et s'en alla, la menace à la bouche, s'enfermer dans sa chambre, grommelant entre ses dents qu'elle saurait se venger.

Yves, bien sûr de sa discrétion, ne fit que rire de ce moment de colère, et acheva de souper en disant : — J'aurai fait du moins une épreuve suffisante.

Il s'alla coucher aussi et dormit sans la moindre inquiétude.

Mais le lendemain matin, Savine, qui n'avait point fermé l'œil, s'étant levée de bonne heure, s'en fut droit au palais du duc de Bourgogne, et lui raconta ce que son mari avait fait. Yves dormait encore, lorsque les hommes d'armes de Charles-le-Téméraire le vinrent prendre au lit, le garrottèrent et l'emmenèrent ; car le Prince, écumant de colère, avait ordonné qu'il fût pendu comme un vilain, et que ses biens confisqués fussent divisés en trois parts, dont l'une serait donnée à sa femme, l'autre à son fils, la troisième à celui qui le pendrait.

Sulpice, qui était alors un beau, grand et fort jeune homme, ayant connaissance de l'arrêt qui venait d'être porté contre son père, dit à Savine :

— Mère, ne serait-il pas bien que je pendisse mon père moi-même, et que je gagnasse ce tiers de ses grands biens, qui autrement sera la part d'un étranger ?

— Certes, mon fils, répondit Savine ; c'est fort

14.

bien dit à vous. En faisant de la sorte, toute la fortune demeurera entre nous deux.

Sulpice courut aussitôt au palais, et, se présentant devant le Duc, demanda la faveur de pendre son père, afin de succéder à la troisième portion des biens donnée à celui qui serait son bourreau. Cette prière lui fut gracieusement octroyée; on le conduisit à la prison où le pauvre Casterman, les fers aux pieds et aux mains, achevait de se préparer pour aller à l'échafaud, dressé devant le palais.

— Mon père, dit-il en entrant, puisque la mauvaise fortune veut que, par sentence de monseigneur le Duc, vous soyez aujourd'hui pendu et étranglé, comme il a été dit que le tiers de vos richesses appartiendra à celui qui se chargera de vous pendre, connaissant l'affection que vous me portez, je crois qu'il ne vous déplaira pas que je fasse moi-même cet office. Par ce moyen, vos biens ne tomberont pas en autres mains ; et c'est de quoi vous devez être content

Yves réprima la surprise que lui causait un tel discours et dit : — Je suis content en effet, mon fils; votre raison est bonne; faites donc, si vous êtes prêt.

Le jeune homme, demandant pardon à son père, lui mit doucement la corde autour du cou et le pria de prendre la mort avec résignation.

Alors on fit sortir le condamné de la prison, ayant les mains liées derrière le dos et suivi de son fils qui, comme bourreau, tenait le bout de la corde dont il lui avait entouré le cou. Tous les sergents et ministres de justice l'accompagnaient. La foule, qui était grande autour de l'échafaud, livra passage. Le fils du tisserand commençait à s'inquiéter. Arrivé au pied de l'échelle, sans avoir de nouvelles du sire de Lannoi, son ami, il pâlit et trembla :

— Celui-là me trahit-il aussi, dit-il, et dois-je mourir en effet ?

Son fils, l'entendant sans le comprendre, lui dit quelques mots pour le conforter, et monta l'échelle à reculons, tenant toujours le bout de la corde. Le condamné monta aussi quelques échelons, puis s'arrêta, regardant s'il ne sortait personne du palais.

Cependant le sire de Lannoi était allé trouver le duc de Bourgogne : — Monseigneur, lui avait-il dit, vous faites mourir bien lestement vos amis.

Et comme les yeux de Charles s'enflammaient :
— Voici votre faucon vivant, reprit-il, Casterman est innocent.

Le Duc, bien étonné, courut aussitôt à la verrière, l'enfonça, ne pouvant l'ouvrir assez tôt, et, agitant son chapeau de velours jaune, fit signe à la justice de suspendre l'exécution.

Le sire de Lannoi parut un moment après au pied de l'échelle, fit descendre son ami, et le conduisit, la corde au cou, suivi de son fils, devant le Duc. Là le patient raconta l'expérience qu'il avait voulu faire et les bons avis de son père mourant, dont il reconnaissait alors la justesse. Le Duc, très-ému, détacha lui-même la corde qu'il avait au cou, lui délia les mains, l'embrassa et lui demanda pardon.

— C'est moi seul qui suis coupable, monseigneur, répondit Yves Gasterman. Mais si j'ai retrouvé vos bonnes grâces, permettez-moi de retourner aujourd'hui dans ma maison de Leuze, et de vivre désormais comme je n'aurais jamais dû cesser de faire.

Charles ne put désapprouver cette résolution, quoiqu'elle l'affligeât ; et il le laissa maître de faire de son fils adoptif ce qu'il voudrait, pour le châtier de sa conduite abominable. Yves se contenta de dire au jeune homme :

— Sulpice, vous n'êtes plus mon fils ; mais vous l'avez été. Je ne puis ni vous pardonner, ni vous punir. Le seul châtiment qu'il me plaise de vous infliger, c'est qu'au lieu des biens que vous aviez espérés, je vous donne ce cordon que vous m'avez mis au cou ; et, puisque monseigneur le permet, je vous condamne à le porter toute votre vie, vous défendant en même temps de jamais reparaître devant moi.

Savine, épouvantée de ce qu'elle avait fait, venait de se réfugier dans un couvent, d'où elle ne sortit plus....

— C'est, en effet, dit Arnold Mertens, un fabliau d'origine italienne, peu galant et peu vraisemblable ; ce n'est pas une légende. Mais si les fabliaux passent, en voici un autre.

LE SACRISTAIN DE BOUSSU.

> Et le bonhomme est plus habile
> Que les gens dont c'est le métier.
>
> LOMBARD de Langres.

I. — LES TROIS VOLEURS.

— Ou plutôt, reprit-il, c'est une vieille légende du Hainaut que les Italiens n'ont pas négligée comme nous, car Stroparole en a fait usage dans ses *Nuits*. Seulement il a changé les lieux et dérangé les détails. Nous croyons devoir être plus fidèle, en vous priant d'excuser les nombreuses invraisemblances qui vont passer devant vous.

Il y avait à Boussu, en 1188 (époque respectable), un honnête sacristain, qui s'appelait Vincent Lefèvre. Il était vieux. Sa bonhomie et son zèle lui avaient fait une douce existence; peu de gens mouraient sans lui laisser quelque chose dans leur testament. Il était bon et simple, mais assez rusé toutefois; et il vivait joyeusement, en garde contre les voleurs, n'ayant pour le servir qu'un vieux garçon, qui l'appelait mon parent et qui avait nom Claude.

Or, comme il devenait cassé et qu'il ne marchait plus qu'avec peine, aimant cependant à fréquenter tous les huit jours le marché de Mons, où il se régalait de bière d'orge, Claude un jour le raisonna et lui persuada d'acheter une monture. Le bonhomme, s'étant muni d'un peu d'argent, s'en alla un samedi, avec la résolution de revenir sur un cheval ou sur un mulet.

En ce même temps vivaient à Pomerœul trois hommes qui avaient fait, dans les guerres saintes, le voyage d'outre-mer ; ils avaient accompagné le comte Thierry d'Alsace à son quatrième pèlerinage militaire de Jérusalem. De leur pieuse expédition ils n'avaient rien rapporté de bien édifiant. Revenus fainéants et désœuvrés, ils trouvaient plus de plaisir à vivre du bien d'autrui que du leur, comme aucuns font encore aujourd'hui. Depuis quelque temps ils jetaient leur visée sur Vincent Lefèvre, et cherchaient d'autant plus à tirer quelque plume du bonhomme, qu'il passait pour avoir devers lui un peu d'argent monnayé (denrée alors peu commune). On ne dit pas comment ils furent informés de l'acquisition que le sacristain se proposait de faire ; mais tout se sait dans les petits endroits. Ils s'allèrent poster sur son chemin, à un demi-quart de lieue l'un de l'autre ; et lorsqu'il vint à passer sur son mulet, qu'il avait acheté six florins, le premier coquin lui dit :

— Dieu vous ait en garde, messire Vincent ! Avez-vous fait de bonnes emplettes au marché de Mons ?

— Comme vous voyez, répondit-il, j'ai acheté ce mulet.

— Quel mulet? dit le filou, en cherchant des yeux tout à l'entour.

— Mais celui qui me porte.

— Vous voulez rire sans doute, messire Vincent: la bête que vous montez est un âne.

— Un âne! répliqua le sacristain en colère; il haussa les épaules et continua son chemin.

Le second plaisant qui se rencontra devant lui, à quatre bons jets de pierre, lui souhaita le bonjour, demandant s'il y avait eu beau marché à Mons ce jour-là.

— Oui certes, dit le sacristain; et j'y ai acheté ce mulet que vous voyez.

— Il n'est pas croyable, répliqua l'autre, que vous l'ayez pris pour un mulet, car c'est un âne.

Le bonhomme protesta plus vivement, s'en alla rêveur; et abordant le troisième filou de Pomerœul, qui lui tint les mêmes propos, il tomba en tel dépit, que, descendant brusquement de sa monture, plus leste et plus vite que ne semblait dire son âge, il s'écria : — Si c'est un âne, prenez-le donc et en faites votre profit.

Sur quoi il regagna à pied sa maison, tout hors de lui.

Dès qu'on le vit rentrer ainsi, et qu'il eut raconté ce qui lui était advenu, Claude le railla. — Mon parent, dit-il, on vous a joué un bon tour; et vous allez avoir dorénavant à Harchies, à Pomerœul, à Saint-Ghislain et partout la réputation d'une bête.

— Oh bien ! ne t'en mets pas en peine, répliqua Vincent, après avoir ruminé quelque pensée, s'ils m'ont fait un tour, je leur en ferai deux.

Le lendemain, le sacristain s'en fut à Quaregnon, et il acheta d'un paysan deux chèvres blanches, qui se ressemblaient tellement qu'on n'eût jamais su les distinguer. Le samedi suivant, comme il y avait à Mons grand marché, il recommanda à Claude de préparer un bon souper; et, laissant l'une des chèvres dans son jardin, il s'en alla à la ville avec l'autre. Les trois voleurs se trouvaient là :

— Que venez-vous donc acheter, messire Vincent? lui dirent-ils.

— Des provisions, répondit-il ; et s'il vous plaît de les venir manger avec moi, vous me serez agréables.

Les bons compagnons acceptèrent. Le sacristain, ayant choisi des volailles et du poisson, mit le tout sur le dos de sa chèvre et lui dit, comme si elle eût pu le comprendre : Va-t'en au logis ; recommande qu'on accommode ceci pour le mieux. Dis aussi qu'on nous prépare une bonne tarte; et suis ton chemin sans t'arrêter.

Les trois hommes de Pomerœul se regardaient avec surprise, se demandant des yeux si le bonhomme était fou.

La chèvre, cependant, mise en liberté, s'en était

allée ; et l'on ne sait en quelles mains elle tomba.

Après que Vincent Lefèvre se fut promené une heure dans Mons, avec ses trois convives, jugeant qu'il était heure d'aller souper, il les emmena à Boussu. En arrivant, les trois compagnons virent la chèvre dans le jardin et la prirent pour celle qui était venue au marché. Ils furent bien surpris ; et leur étonnement augmenta, lorsqu'ils entendirent le sacristain dire à Claude :

— Avez-vous fait tout ce que j'ai mandé par la chèvre ?

— Oui, répondit l'autre. Et l'on se mit à table, où parurent en bon ordre les volailles, le poisson et la tarte. Les trois filous se regardaient. Ne pensant pas qu'il leur fût aisé de voler la chèvre, ils dirent au bonhomme :

— Messire Vincent, il faut que vous nous vendiez cette chèvre blanche.

— Je le veux bien, dit le sacristain, si vous m'en pouvez donner quarante florins d'or.

La chèvre paraissait une merveille si rare, que les trois gaillards comptèrent les quarante florins et l'emmenèrent.

Le prochain jour de marché, ils dirent à leurs femmes : — Ne nous apprêtez à dîner que ce que nous vous enverrons, et faites ce qui vous sera mandé.

Ils s'en allèrent de Pomerœul au marché de Mons avec la chèvre, la chargèrent de vivres et la renvoyèrent, lui expliquant ce qu'il fallait qu'elle dît à leurs femmes.

Mais quand ils rentrèrent au logis et qu'ils demandèrent si on avait fait ce qui avait été rapporté par la chèvre, les femmes des voleurs ne surent rien comprendre; car la chèvre n'était pas revenue; et même, comme de l'autre, on n'en eut jamais de nouvelles.

— On vous a joué un tour, dirent-elles, comme tous les jours vous en faites à qui vous pouvez.

Les trois filous, en grande colère, prirent leurs dagues et s'en allèrent, jurant qu'ils tueraient le sacristain.

Mais Vincent Lefèvre les attendait; et il avait prévenu Claude. Il savait qu'avec eux il fallait agir d'adresse, car ils étaient protégés par le comte de Hainaut, Baudouin V, le Courageux, lequel était bienveillant pour les anciens soldats. Dès qu'il les vit furieux devant lui, il se mit à dire :

— Mes amis, écoutez-moi. S'il est mal advenu à la chèvre, prenez patience; elle reviendra; et ce qu'elle a fait n'est que la faute de Claude, mon parent, qui lui aura fait manger quelque plante enivrante. Aussi je vais le châtier, comme vous allez voir.

Il tira incontinent un couteau de sa ceinture, et en donna de la pointe dans le ventre de Claude. Le sang coula aussitôt en grande abondance, au moyen d'une vessie qu'il lui avait fait cacher sous ses habits. Claude, qui était instruit de ce qu'il devait faire, tomba en même temps et fit le mort.

— Oh! pauvre homme que je suis! s'écria pour lors le sacristain; quel coup ai-je fait! j'ai tué mon parent; et il faut à présent que je le ressuscite; en aurai-je encore la force?

Pendant que les trois hommes de Pomerœul restaient là stupéfaits, le bonhomme alla prendre à son bahut une grande flûte, et il se mit à jouer vivement sur lui; Claude s'agita, étendit les mains, rouvrit les yeux, et peu à peu se remit sur pied. La colère des trois voleurs avait fait place à un autre sentiment; ils redoutaient un peu le sacristain et voulaient sa flûte, qu'il leur vendit encore quarante florins.

Peu de jours après, le plus jeune des voleurs se courrouça contre sa femme, et d'un coup de dague il la tua.

Revenu bientôt de son emportement brutal, il en eut regret; et il recourut à la flûte. Mais il eut beau souffler pendant une heure, la morte ne se ranima point.

Quand il raconta aux deux autres ce qui lui arrivait, il y en eut un qui dit : — C'est que tu t'y prends mal; il faut souffler l'air du sacristain; laisse-moi faire une fois.

Disant cela, et comme par expérience, il tua d'un seul coup son compagnon veuf, comptant bien le ressusciter, lui d'abord, et sa femme ensuite.

Mais il eut beau s'escrimer de la flûte, la mort ne rendit rien de sa double proie.

Les deux voleurs qui restaient devinrent furieux et comme enragés.

— Vincent Lefèvre est magicien très-certainement, dirent-ils; il faut qu'il paye tout ce mal. Mais comment le tuerons-nous? Nous n'avons qu'un moyen sûr, c'est de le mettre dans un bon sac de toile et de le jeter dans la Haine (1).

Ils le guettèrent donc, s'emparèrent de lui, le lièrent dans un sac solide, et se dirigèrent vers la rivière.

Comme ils cheminaient, un incident les dérangea; c'était le comte de Hainaut, qui revenait de Flandre; car il régnait aussi dans ce beau pays, par son mariage avec Marguerite d'Alsace. Les deux compagnons, forcés selon l'usage à s'incliner devant le Comte à sa rencontre et à lui faire escorte par honneur jusqu'au prochain village, déposèrent à la hâte le sac qu'ils portaient, dans un fossé à dix pas du chemin, et, remarquant bien la place, ils se joignirent au cortége de Baudouin-le-Courageux, auprès duquel chevauchait son fils, ce brillant jeune homme qui devait être un jour empereur de Constantinople.

Cependant, un berger, qui s'était approché du chemin pour voir passer le seigneur Comte, restait là méditatif, et semblait écouter une voix dont il

(1) Petite rivière qui a donné son nom au Hainaut.

ne découvrait pas l'organe. Cette voix venait du sac; c'était le sacristain qui disait :

— On veut me la donner, et moi je ne veux pas; car elle est boiteuse.

Le berger finit par découvrir le sac, il le délia, et, surpris d'y trouver un homme, il lui demanda ce qu'il faisait là.

— C'est, répondit le sacristain, que monseigneur le comte de Hainaut veut me faire épouser sa fille, la belle Yolande; mais je ne le puis, à cause qu'elle est boiteuse.

Le berger, qui ajoutait foi à ces paroles, se mit à dire : — Pensez-vous, messire, qu'on me la donnerait à moi? Je l'épouserais bien.

— On te la donnerait sûrement, répondit le sacristain, parce qu'elle est boiteuse. Mais il faudrait que tu fusses mis en ce sac et qu'on t'emportât sans bruit.

Le berger s'y mit volontiers; et Vincent Lefèvre, lui ayant recommandé de ne pas dire un mot jusqu'à ce qu'on ouvrît le sac, le lia étroitement et s'éloigna avec le troupeau. Un quart d'heure après, les deux voleurs revinrent au sac, le remirent sur leurs épaules et le jetèrent dans la rivière, au grand tort du pauvre berger.

Se croyant alors bien vengés, ils reprirent le chemin de leur village.

Comme ils s'entretenaient de leur aventure, ils aperçurent un troupeau de moutons et s'approchèrent en intention de dérober quelque agneau pour leur souper. Reconnaissant dans le gardien de ce troupeau le sacristain qu'ils venaient de noyer, ils se frottèrent les yeux et lui demandèrent tout confus comment il avait fait pour sortir de la rivière.

— Laissez-moi en repos, leur dit-il; vous n'êtes que des ânes. Si vous m'eussiez jeté dix pas plus avant, je serais revenu avec dix fois autant de moutons.

Les deux voleurs, à chaque mot, devenaient de plus en plus hébétés de surprise.

— Messire Vincent Lefèvre, dirent-ils, consentez à tout oublier; vous pouvez nous faire honnêtes gens. Veuillez seulement nous mettre en deux sacs, et nous jeter dans la Haine à l'endroit que vous dites.

— Je le ferai, dit le sacristain, à cause de votre bonne intention.

Il lia les deux voleurs, bien joyeux, en deux bons sacs de forte toile, et les jeta dans la rivière, où ils comptaient rencontrer de riches troupeaux et ne trouvèrent que le berger.

II. — La cour des chênes et de Hornu.

La Grèce n'est pas le seul pays aux institutions poétiques. Le Hainaut eut aussi son aréopage, son tribunal en plein air, ses juges suprêmes assis sur des siéges rustiques. La cour souveraine des douze pairs de Hainaut, fondée par la comtesse Richilde, tenait encore ses grandes assises à Hornu, dans un lieu entouré de hauts chênes, sous la voûte du ciel ; et on l'appelait la Cour des Chênes de Hornu. Ce fut le successeur de Baudouin V qui transporta ce haut tribunal au château de Mons.

L'affaire du sacristain de Boussu avait fait grand bruit. Les trois voleurs, la femme de l'un d'eux, le berger étaient morts. A la requête des deux veuves, cette cause fut portée devant le comte de Hainaut.

Baudouin convoqua la cour des chênes à Hornu : il alla présider les pairs.

Mais la chose parut si embarrassante et si compliquée, que les hauts-juges s'étant levés prononcèrent un arrêt que l'on croirait copié de l'antique, si l'on pouvait supposer que le douzième siècle eût pu connaître l'antiquité : ils ajournèrent les parties à cent ans...

— Après ce fabliau de voleurs, dit Jacques Loyveau, je vais vous dire les aventures d'un vrai voleur très-original, qui du moins a vécu, mais qui n'était pas content.

LE VOLEUR VEXÉ.

> Par la corbleu! je m'expose à la corde;
> Et vous croyez que c'est pour mon plaisir!
>
> LEGRAND.

C'est bien certainement un triste et fâcheux métier que le métier de voleur, et plus d'une fois je me suis étonné du peu de compassion qu'on accorde aux sots qui le font. Des hommes qui, pour une idée d'argent qui leur fait envie, bravent le froid des nuits, la pluie et la grêle, la neige et le vent, grimpent à de vieilles échelles, escaladent des murs crevassés, se chargent de rossignols embarrassants et suspects, de lourdes pinces en fer et d'armes dangereuses, crochettent péniblement des portes ou des fenêtres, et n'entrent à petit bruit qu'au péril de leurs jours dans des domiciles qu'on leur ferme; des hommes qui, tout en cherchant soigneusement à n'éveiller personne, affrontent les coups de poing, les coups de pied, les coups de sabre, les coups de trique, les coups de feu ou arquebusades; à qui on lance des bûches, des pavés, des chenets, contre qui on lâche des chiens et même des gendarmes; et qui, si on surprend leurs mystères, s'en vont expier leur témérité intrépide par de longues années dans le bagne ou la prison dure : quel sort!

Chez les Spartiates, du moins, gens que l'on cite, on faisait cas du vol hardi; et je crois me rappeler qu'on récompensa de quelque façon ce jeune Lacédémonien qui, ayant volé un renard, se laissait mordre la hanche par l'animal caché sous sa robe, plutôt que d'avouer son vol. Chez nous, le voleur n'a que deux routes. — A la guerre, vous savez que le vol est honorable, et que là toutes les lois de l'humanité sont suspendues, méprisées, mises au rebut, foulées aux pieds. Un homme qui a volé cent fois vous donne la main, et vous la prenez; et vous saluez profondément une figure à moustaches grises qui a tué surabondamment et volé à son aise. Là c'est de la gloire. — Au civil, on peut être voleur avec patente : j'aurais, dans ce genre, bien des professions à citer. Ici c'est du profit.

Mais le voleur indépendant, le voleur marron, le voleur anonyme, le voleur sans uniforme et sans diplôme, le voleur qui se cache, tout l'écrase et rien ne le soutient. J'aimerais mieux pour mon compte, — disait un jeune homme chancelant, à qui je soumettais ces réflexions, — me faire étameur de casseroles ou poète sentimental, que de me faire voleur.

Et si j'ai un conseil à donner aux bonnes gens, c'est de ne voler pour rien au monde. Il y a mille métiers qui valent mieux.

Cette dernière remarque était bien sentie par un voleur de Paris, qui vivait il y a cent ans. Il suivait péniblement sa rude carrière, vivant au jour le jour, ayant, comme on dit, des hauts et des bas, mais plus de pluie que de soleil, plus de traverses que de plaisirs.

Il lui fallait aller dans la journée à la découverte et travailler la nuit, quelque temps qu'il fît, sous peine de mettre ses dents au croc, comme il l'avouait plus tard ; et sa prudence était si grande qu'elle le nourrissait de peur, aliment qui n'engraisse pas. Il n'avait ni associé ni confident ; il travaillait seul ; par conséquent il gagnait peu.

Il avait pourtant de la vigueur et de l'audace.

Un jour qu'il sortait de son galetas, retiré dans une de ces rues que les Parisiens ne connaissent même pas, la rue des Trois-Chandelles, qui communique de la rue splendide des Quatre-Chemins à la rue Montgallet, faubourg Saint-Antoine ; et qu'il se dirigeait au hasard, le nez haut, l'œil ouvert et l'oreille au guet, descendant machinalement la rue de Charenton, il parut s'arrêter, sur l'heure de midi, aux approches de la Bastille. C'était dans le mois de mars. Au premier étage, ou plutôt à l'étage (car il n'y en avait qu'un) d'une humble petite maison, il entendit, à travers la fenêtre ouverte, le bruit des écus qu'on remuait imprudemment.

— Il y a de l'argent là, dit-il, et le chemin est aisé.

En effet, la fenêtre était à dix pieds de terre ; elle n'avait ni volets, ni persiennes ; les vitres n'étaient retenues que par de petites branches d'étain. Tout semblait dire au voleur :

— Donnez-vous la peine d'entrer.

Le voleur passa, fit sa tournée, revint à la nuit tombante, et entendit encore sonner l'argent. Il entra dans un cabaret, où il découvrit adroitement que la chambre en question était occupée par un étranger, qui pouvait avoir trente ans et qui vivait seul. Malheureusement il ne put avoir que des renseignements incomplets. Cet étranger était un Allemand, qui vendait de la mercerie dans une balle. Il était pauvre; mais avec l'aide de la sobriété il vivait. Il avait un défaut dans sa misère, la vanité. Il voulait que ses voisins le crussent riche; et à toutes les heures où il rentrait dans sa chambre modeste, il trouvait sa joie à ouvrir sa fenêtre et à faire sonner son argent, à le compter avec bruit, pour persuader qu'il avait des écus.

C'était dangereux des deux parts, pour l'homme qui tentait le passant, et pour le passant qui était tenté.

Mais le jeune Allemand avait confiance. Il ne croyait pas aux voleurs. Il fallait bien qu'il eût cette manière de voir; car il était poltron, et la pensée d'un vrai voleur à l'œuvre le mettait en eau.

Or le jour que nous avons dit, il possédait pour toute somme réalisée une douzaine de francs, représentés en pièces de quinze sous, en pièces de douze sous, en pièces de six sous, en pièces de six blancs, en pièces de six liards, vilaines monnaies, escortées de liards, de pétards et de deniers. Le voleur, comptant sur bien autre chose, s'en vint un peu après minuit, portant une petite échelle de huit pieds.

— Je n'aime pourtant pas trop, disait-il en lui-même, faire un vol dans mon quartier. C'est indélicat. Mais aux mauvais jours on prend ce qu'on trouve.

Au milieu du silence général, il posa sans se troubler sa petite échelle; il parvint doucement à la fenêtre, coupa discrètement les branches de plomb, détacha les vitres, ouvrit un vantail sans bruit et mit le pied dans la chambre. Il découvrit alors une petite lanterne qu'il avait apportée, enveloppée dans un cuir noir, tira de sa ceinture un grand poignard (toutes choses qu'il faut pour voler, sans compter les habits de rechange et le noir de fumée dont on se barbouille la figure afin de n'être pas reconnu), et il s'approcha, modéré dans ses mouvements, du grabat où dormait le marchand mercier.

Un reflet de la lanterne réveilla l'Allemand en sursaut.

Il bondit et fit la plus effroyable grimace d'épouvante, en voyant devant ses yeux le poignard étincelant, et derrière le poignard la figure horrible du voleur (ils font tous, lorsqu'ils travaillent, une grande abnégation de leurs avantages extérieurs).

— Ne crie pas, ne dis pas un mot, ou tu es

mort, souffla vivement le voleur. Je ne tue pas; mais il me faut ton argent.

— Mon argent! dit le mercier en chambre, comme si j'en avais!

— L'argent que tu as compté toute la journée.

— Ah! mon Dieu! c'est une manière que j'ai, une bêtise, une sotte habitude. On m'avait bien dit qu'elle me jouerait un tour. Mon brave monsieur, je n'ai rien; je suis un pauvre jeune Allemand qui commence.

Mais le voleur ne se laissait pas convaincre. Il savait que le bourgeois est rétif et qu'il ment effrontément pour sauver ses écus. Il allongea comme correctif un vigoureux coup de poing dans la mâchoire du mercier et le fit lever pour visiter la chambre. C'était facile. Excepté le lit et la balle, il n'y avait pas d'autre meuble qu'une chaise. Le voleur ayant tout fureté ne trouva que les douze francs cachés sous une demi-douzaine de mouchoirs.

— Ce n'est pas là ton trésor, dit-il.

L'Allemand protesta si sincèrement qu'il ne possédait pas autre chose, et l'investigation faite prouvait tellement qu'il pouvait dire vrai, que le voleur finit par le croire. Mais alors il entra dans une grande colère.

— Comment, gredin! dit-il au porte-balle, tu m'as trompé indignement et tu crois que les choses vont se passer sans qu'il t'en cuise! tu penses que je serai venu chez toi, aux risques de me cas ser le cou en montant à l'échelle, de recevoir une pierre ou un meuble en parvenant à la fenêtre, d'avaler une balle en coupant les vitres, d'être arrêté si tu avais fait un cri, de tomber dans les prisons si la garde passe quand je vais descendre, d'être étranglé si tu avais du cœur, et tout cela pour douze francs, quand je comptais sur une somme honnête! Ah! filou, tu m'as attrapé, et tu t'imagines que demain tu pourras faire sur moi des gorges chaudes? Tu m'as tendu un piége, drôle, à moi qui vis si rudement de mon difficile métier! Tu mérites une leçon; et du moins tu la recevras, voleur!

Après cette apostrophe, dite à voix basse, mais d'un ton furieux, le voleur se mit à rosser vigoureusement le volé, s'arrêtant, à chaque minute qu'il gémissait un peu, pour lui dire :

— Si tu cries, tu es mort; si tu te plains, je redouble; si tu parles, je triple.

Après l'avoir à moitié assommé, l'industriel prit les douze francs et la demi-douzaine de mouchoirs et se retira sans plus de scandale, maudissant plus que jamais son état, dont il se défit un mois après, pour prendre la pioche du houilleur dans le Nord.

Quant à l'Allemand, il dit le lendemain que jamais il ne ferait sonner son argent, lors même qu'il lui arriverait d'en avoir.

Et voyez la chute. Quatre ans après, le voleur devenu charbonnier; malgré la couche de noir qui lui couvrait la figure, et peut-être à cause de cette couche, fut reconnu par un Picard qu'il avait dévalisé autrefois, ramené à Paris, jugé et pendu. — Bel exemple pour ceux qui choisissent une profession.

— Ce que vous donnez là, dit Antoine Lenoir, est une facétie; ce n'est pas une légende.

— Je vous l'ai offerte, l'abbé, comme simple anecdote.

— Rentrons dans les légendes historiques, dit le chanoine de Tours. Celle que je vais vous conter se rattache à de grands souvenirs sur lesquels, en finissant, nous nous étendrons un peu..

LES ENFANTS DE LA GIROFLÉE.

CHRONIQUE DES CHAMBRES DE RHÉTORIQUE.

I.

L'année 1564 devait marquer dans les souvenirs de la ville d'Anvers. L'illustre chambre de rhétorique des Enfants de la Giroflée, ayant remporté le grand prix à la dernière fête de Gand, usait du droit acquis à toute chambre qui gagnait le *land-juweel* (joyau du pays, c'était le nom du prix extraordinaire) de proposer à son tour un sujet; elle avait annoncé pour les 3 et 4 août un grand concours, dont la question était celle-ci : — Décider ce qui le plus incite l'homme aux arts et aux sciences.

Les chambres des autres villes étaient attirées, autant par le désir de se distinguer dans les jeux de la gaie science, que par les prix superbes qui étaient offerts.

Les villes de Rotterdam et de Leide, en ouvrant des concours rivaux à la même époque et faisant aussi un appel à toutes les sociétés lettrées des Pays-Bas, n'avaient fait que redoubler l'activité fière et la générosité peut-être un peu vaniteuse des Anversois. Ils faisaient de magnifiques apprêts, qu'ils avaient soin de ne pas cacher; et maître Joseph Dedecker, riche marchand de la ville, qui avait son fils Charles parmi les rhétoriciens, s'était chargé des fonctions d'ordonnateur suprême des cérémonies; il s'en acquittait avec un zèle infatigable.

Tandis que le matin du 2 août il présidait, d'un œil vigilant, à l'élégante décoration de la vaste salle où les chambres devaient le lendemain donner leurs jeux pour le concours, il fut distrait de sa gravité officielle par un gros garçon de dix-neuf ans, solide, frais et bien nourri, qui lui sauta au cou, tout de premier abord, et l'embrassa avec fracas entre l'œil et la barbe, en lui criant joyeusement :

— Bonjour, mon oncle!

— C'est toi, Thomas, dit le marchand, moitié vexé, moitié attendri ; et comment donc es-tu venu à Anvers ?

— Par le chemin, mon oncle.

— Mais ton père ? je sais que le cher beau-frère ne donne pas dans la Rhétorique. Il est tout entier à son commerce de fromages. Il en résulte que je suis surpris qu'il t'ait permis de venir.

— Il l'a bien fallu, mon oncle ; je lui ai tant dit que je voulais voir une fois des jeux d'esprit, des farces, comme ils disent ; — il n'y a rien de tout cela dans notre trou de Lockeren ; Anvers, à la bonne heure ! voilà une ville ; — je l'ai tant fatigué qu'à la fin il m'a dit : — Tu m'ennuies ; va-t'en. Et me voilà.

— Mais ce n'est pas là une permission, Thomas Jaeger (1). Ton père, au moins, t'a-t-il donné de l'argent pour ton voyage ?

— Non, mon oncle. Mais maman m'a glissé quatre florins dans la main ; et je n'ai rien dépensé encore. Elle m'a dit : Embrasse bien mon frère pour moi.

Et le gaillard se jeta une seconde fois au cou de son oncle, qu'il embrassa de l'autre côté, où il croyait remarquer moins de barbe.

— Puis, je me suis dit, continua-t-il, je vais chez mon oncle, le frère de ma mère ; il me fera tout voir.

---

(1) On prononce Iagre.

— Il est certain, mon enfant, que ce sera magnifique. Mais, au retour, ton père te grondera.

— Cela n'empêchera pas que j'aurai vu ce que j'aurai vu.

— C'est égal, Thomas, l'obéissance est le premier devoir.

— Je n'ai pas désobéi, mon oncle Joseph; je demandais à m'en aller; et mon père m'a dit : Va-t'en !

— Allons ! il faut être indulgent; et pour calmer ton père, je vais lui faire demander ce soir vingt-cinq grands fromages de dessert.

— C'est cela ! dites-lui que c'est moi qui lui procure l'affaire.

— Je n'y manquerai pas; et ces fromages passeront sur les tables des chambres. La Giroflée me les remboursera. Il en résulte que....

— Ah ! il y a des festins ! je m'en doutais. Que je suis joyeux d'être venu !

— Oui, mon neveu, des festins, des illuminations, des mascarades, des feux de joie, des cavalcades, des concerts, des fêtes de tout genre, et une entrée dont on parlera dans cent ans. Il faut que les Pays-Bas soient stupides s'ils ne viennent pas voir cela en masse; il est vrai que toutes les auberges regorgent de curieux. Il en résulte que tout le monde y fait ses affaires.....

— C'est vrai. Voilà mon père qui vend vingt-cinq fromages.

— Seize chambres de rhétorique, Thomas! seize! et pourtant en 1496 nous en avons eu vingt-huit. Si ceux de Rotterdam et de Leyde n'avaient pas eu l'idée sournoise de publier un concours aussi, nous en aurions eu trente-deux. Tu verras ce soir leur entrée, mon enfant ; des drapeaux, des bannières, des étendards, des casques, des plumes, de la soie, de l'or ; seize corps de musique ; deux mille chevaux peut-être, avec des chariots à personnages ; des tentes, des chars de triomphe ; toutes les cloches en branle, tous les carillons en train ; toutes les rues pavoisées, tendues, drapées, tapissées, jonchées de fleurs. Je ne te dis que cela. Va-t'en à la maison, mon neveu ; tu aideras ton cousin Charles dans ses préparatifs.

— Est-ce qu'il en est, mon cousin Charles?

— Comment donc! s'il en est? C'est un enfant de la Giroflée ; il remplit un personnage très-important : il fait Minerve. Tu y verras Jean Bogaerts qui fait Cybèle, André Coomans qui fait Saturne, Gaspard Osy en Jupiter, Nicolas Cassiers costumé en Cupidon, et Matthieu Coghen faisant Hyménée, quoiqu'un peu moucheté de petite vérole. Tu verras aussi François Van Ryckevorsel, de Bréda, sous le costume d'un général romain, dans la moralité de Sainte-Barbe. Plusieurs autres de nos amis te réjouiront. En attendant, laisse-moi à mes fonctions d'ordonnateur suprême des cérémonies.

— Ah! vous êtes ordonnateur suprême! Dieu!

que je suis joyeux d'être venu ! Vous me ferez tout voir ; vous me mettrez du festin ; vous me placerez près de la musique. Je veux tout voir, tout manger et tout entendre.

— Sois tranquille, Thomas, et fais ce que je te dis.

Thomas Jaeger s'en alla en sautant de joie ; et maître Joseph Dedecker, demeuré seul au milieu de ses ouvriers, fut accosté par Michel de Keyser, secrétaire de la commission de la ville ; il venait s'entendre avec lui sur l'ordre à observer dans l'entrée des chambres qui devait avoir lieu le soir même. Il lui demanda quelle disposition il pensait donner à la marche.

— Mais il y a d'anciennes chambres et de nouvelles, répondit Joseph Dedecker. Il en résulte que l'ordre le plus convenable à mon sens est l'ancienneté.

—C'est mon avis aussi, myn heer. Je crains seulement quelques contestations ; car l'ancienneté, dans certaines vieilles chambres, est fort disputée.

— En cas de discussion, la chambre la plus éloignée passera la première.

— La difficulté est levée.

— Vous avez la nomenclature des chambres ?

— Certainement. Voilà le tableau de celles que nous attendons ; et voici la liste de toutes les chambres de rhétorique des Pays-Bas. Il en peut venir qui ne nous aient pas prévenus. Cela s'est vu au

concours que la ville d'Anvers a donné en 1496.
Parmi celles qui se sont annoncées, nous comptons :

1° Notre voisine la chambre de rhétorique de Berchem, dite la Vigne-Florissante.

— Ce sont, dit Joseph, des jeunes gens fort zélés. Ils sont allés l'année dernière au concours de Vilvorde et y ont fait bonne figure. Et puis, leur devise me plaît : *Niet sonder God;* Rien sans Dieu !

— C'est une devise juste.

2° La Belle-Citrouille d'Hérenthals.

— Malgré son singulier emblème, c'est encore, Michel, une digne chambre de rhétorique. Elle est venue ici au concours de 1496, à celui de Lierre en 1498, à celui de Bruxelles en 1532. Soyez sûr que les jeunes gens d'Herenthals, quoique les finances de leur société soient un peu dérangées, se présenteront convenablement.

— Oui, mais ils vont encore, comme en 1532, réclamer le pas sur les chambres des autres petites villes.

— On leur rappellera la sentence que rendit alors la chambre de la Guirlande de Marie, laquelle déclara leurs prétentions non fondées.

— 3° La chambre de l'Arbre-Croissant, de Lierre.

— Et dites, Michel, que cet arbre croît noblement, puisque la chambre qui porte ce nom et cet emblème a donné elle-même un concours en 1498 et qu'en 1532 elle a solidement disputé le grand prix de Bruxelles. Mais il y a dans la ville de Lierre deux autres chambres de rhétorique, la Fleur de la Genette ou les Ignorants (c'est du moins le nom qu'ils se donnent) et le Jardin des Fleurs. Vous ne pensez pas qu'elles viennent?

— Non, myn heer; ces deux chambres ont des dettes.

4° et 5° Les deux chambres de Malines, le Pion et la Fleur-de-Lis ; ce sont deux chambres anciennes. Elles ont représenté devant notre feu seigneur Charles-le-Hardi (que Dieu ait en sa garde! quoiqu'on l'appelle, aujourd'hui qu'il n'y est plus, Charles-le-Téméraire) des actions de théâtre fort morales et fort bien conduites.

— Le Pion a donné, en 1515, une grande fête de rhétorique où quinze chambres se sont présentées. C'est fort honorable.

— Aussi Malines est une bonne ville. Rappelez-vous que le magistrat en cette occasion envoya à chaque chambre six cruches de vin du Rhin, et donna au Pion soixante-quinze livres de Brabant, pour l'aider en ses dépenses.

— Ne fut-ce pas une de ces chambres qui remporta le premier prix au concours de Bruxelles, en 1532?

— Certainement, myn heer, ce fut le Pion, lequel rendit ce concours trois ans après. Le Pion s'est présenté aussi, l'an passé, à Vilvorde, où son entrée a été fort digne.

6° et 7° Les Yeux-du-Christ et la Fleur-de-Lis de Diest, deux chambres glorieusement administrées. Les Yeux-du-Christ se donnent pour la plus ancienne chambre de Rhétorique du Brabant. On la trouve fondée en 1302.

— Il en résulte que la chambre de Diest marchera la première.

— Si Gand et Bruges venaient, leurs chambres se disent encore bien antérieures. Au reste, c'est la chambre de Diest qui enleva à Malines en 1535 le *landjuweel*. Aussi elle a ouvert, en 1541, un noble concours où c'est notre chambre qui a triomphé.

— Nous lui devons une revanche.

— 8° La Fleur-de-Bruyère de Turnhout nous arrive. C'est une chambre un peu timide.

9° La Fleur-de-Souci de Vilvorde, qui a donné son concours l'an dernier.

10° et 11° La Guirlande-de-Marie et la Fleur-de-Bled de Bruxelles.

— Oh! la Guirlande de Marie, parmi les chambres du pays, est une des plus éclatantes, et la Fleur de Bled est fort bien composée. Mais il y a encore à Bruxelles la chambre de Rhétorique du Livre!

— Très-ancienne; établie en 1401. Le duc Jean IV, à qui nous devons l'université de Louvain, en faisait partie. Elle est venue ici en 1496, avec la Violette et la Fleur-de-Lis; mais ces chambres, aussi bien que la chambre de l'Olivier (car Bruxelles possède six chambres de rhétoriciens), se trouvent aujourd'hui peu nombreuses. La Guirlande de Marie attire tout!

12° Louvain pareillement, la ville de la science, a six chambres fort vénérables; et même celle des Enfants-de-la-Rose, qui est la première, conteste l'ancienneté aux Yeux-du-Christ. Il est heureux pour elle que la chambre de Bruges ne vienne pas; car celle-là a des titres assez sérieux en vertu desquels il se trouverait que c'est en réalité, de toutes les chambres du pays, la première en date (1). Toutefois il ne nous arrive de Louvain que la Rose. La Fleur-de-Cérisier, le Boudin et la Fleur-de-Lis sont venues ici en 1496; elles sont aujourd'hui moins brillantes. La Mésange et la Racine-de-Persil déclinent aussi.

13° La chambre de Rhétorique de Léau, qui a peu de moyens, mais beaucoup de bonne volonté.

14° La Fleur-de-Joie de Berg-op-Zoom, que nous avons reçue en 1496.

15° Le Serment de Sainte-Barbe de Bois-le-Duc; et c'est d'autant mieux à nos amis de Bois-le-Duc qu'on a fait beaucoup de démarches pour les engager à nous préférer Rotterdam.

— Mais, Michel, Bois-le-Duc est Brabant; il en résulte que cette préférence nous est due. Et j'aurais

---

(1) On voit, en effet, dans un passage de Gualbert (*Vie du bienheureux Charles-le-Bon*, dans les Bollandistes; et Gualbert était contemporain de Charles), que la chambre de Rhétorique de Bruges existait déjà toute constituée, en 1127.

voulu voir ici les trois chambres de Bois-le-Duc. Le Buisson-de-Moïse et le Serment de Sainte-Catherine ont fait de belles choses.

— Assurément ; le jeu de moralité qu'ils ont représenté en 1513, dans l'église de Saint-Jean de Bois-le-Duc, était très-édifiant et fort instructif, quoique composé par un forgeron.

— Pierre Wouters ! c'est un vivant qui manie aussi bien la plume que la lime. C'est comme notre Quentin Metsys, un autre forgeron à qui le pinceau n'a pas fait peur.

— La moralité des *Neuf meilleurs* et des *Neuf plus mauvais*, jouée en 1532 par le Serment de Sainte-Catherine, était encore un très-noble délassement de la gaie science.

— Et l'année d'après, j'étais à Bois-le-Duc, quand cette même chambre représenta la légende même de Sainte-Catherine, sa patronne. C'était superbe et plein de bonnes doctrines. J'aurais voulu voir, en 1536, le mystère de la résurrection de Notre-Seigneur, et en 1539 le jeu d'Été et d'Hiver, pièces données par cette docte chambre. Mais je ne pus quitter Anvers. Je regrette que ces jeunes gens si actifs ne viennent pas.

La seizième chambre, myn heer, est la nôtre, qui a pour emblème et pour nom la Giroflée. Les trois autres chambres d'Anvers, la Fleur-de-Souci, la Branche-d'Olivier et le Lis-du-Calvaire s'obscurcissent un peu devant vous.

— Mais il y a, je crois, dit Joseph, peu de chambres qui nous éclipsent : nous avons obtenu, en 1480, le premier prix à la fête de Rhétorique de Furnes. Nous l'avons eu à Bruxelles en 1491, à Gand en 1539, à Diest en 1544. En 1492 nous avons remporté à Lierre le prix de la plus belle entrée. Il en résulte que les peintres se sont réunis à nous ; et la confrérie de Saint-Luc est sous la direction du prince des Enfants de la Giroflée. — (On donnait le titre de prince au chef particulier de chaque chambre de Rhétorique.)

— Il faut dire aussi, reprit Michel, que la ville est pour quelque chose dans votre splendeur. La magnificence de nos prix ne contribue pas peu à nous attirer la foule. En 1496, le magistrat d'Anvers a dépensé, en prix seulement, trente-six marcs d'argent.

— Et ce sera cette année mieux encore. Mais, voyons, Michel, l'état des autres chambres du pays, l'état sommaire; car c'est ce soir qu'ils arrivent, et tout n'est pas prêt.

Onze heures sonnaient, comme il achevait ces mots. Joseph Dedecker savait qu'on dînait chez lui à onze heures précises, heure militaire, comme nous dirions aujourd'hui. Sans attendre la réponse de Michel, il s'élança dans la rue et regagna sa maison où déjà l'on était à table. Thomas Jaeger, placé entre sa tante et son cousin le rhétoricien, dépêchait es vivres avec un appétit splendide.

— Ce n'est pas ma faute si on ne vous a pas attendu, mon oncle, dit-il au maître des cérémonies, sans pour cela perdre un coup de dent; mais ma tante assure que cette excellente fricassée de jeune mouton aux navets doit se manger chaude.

— Et elle a raison, répondit Joseph.

Il récita son *bénédicité*, expédia son dîner selon sa coutume, et s'en retourna bientôt aux occupations dont il se faisait un devoir sérieux, l'oreille pleine de la recommandation de Thomas, qui lui criait encore à la porte : Pensez à moi, mon oncle, pour que je sois placé au passage de la cavalcade, aux jeux, aux représentations et aux festins!

II.

Joseph Dedecker retrouva le secrétaire de la commission au poste, ayant dîné aussi. — Allons, Michel, lui dit-il, voyons vos listes des autres chambres, et supputons qui nous devons attendre. Je suis affligé de penser qu'il ne nous vient rien de Gand, une ville qui a cinq chambres de rhétoriciens.

C'est vrai, la Fleur-de-Genêt, les Barbistes, la Fleur-de-Beaume, les Fontainistes et la Corbeille-d'Osier.

— Trois de ces chambres sont pourtant venues ici en 1496.

— Et au concours ouvert en 1539 par les Fontainistes de Gand, sur cette thèse : Quelle peut être la plus grande consolation de l'homme mourant? c'est la Giroflée d'Anvers qui a remporté le premier prix.

— J'aurais au moins, reprit Joseph, voulu avoir la Fleur-de-Beaume; car depuis le curieux règlement que lui a donné en 1505 le chapelain de notre archiduc Philippe-le-Beau, c'est une chambre constituée autrement que les autres.

— Elle ne peut avoir que quinze membres titulaires.

— Et quinze jeunes agrégés qui doivent apprendre l'art de la poésie et qui jouent les moralités à personnages.

— Et quinze femmes qui chantent les œuvres de poésie. C'est très-gracieux.

— Les Gantois sont toujours un peu fiers. Il en résulte que ces chambres ne viendront pas. Mais Bruges....

— Bruges n'a qu'une chambre, les Enfants-du-Saint-Esprit. Elle est également quelque peu orgueilleuse, surtout à cause de son antiquité. Elle dépense ses fonds à donner tous les ans le Mystère de la Passion de Notre-Seigneur et à régaler d'un gobelet de vin tous les assistants et auditeurs. C'est avec peine qu'elle est venue à Gand en 1539.

— Et Termonde! voilà une ville qui a trois chambres de rhétorique, sous les patronages de sainte Dorothée, de saint Hildevert et de saint Roch. L'une d'elles nous a honorés de sa présence en 1496. Mais j'aurais souhaité dans notre concours la chambre de rhétorique de sainte Dorothée, à cause de Rosine Coleners, cette femme poète que les frères ont reçue parmi eux, et qui, ne sachant ni lire, ni écrire, fait à l'instant, sur tout sujet qu'on lui propose, des vers flamands si admirés.

— Elle était fort âgée, myn heer. Elle est morte l'an dernier.

— Ah! elle est morte! il en résulte que..... en effet, il ne lui est guère possible de venir. Je l'ignorais, Michel; et j'en suis fort peiné. Alost a ses deux chambres de Sainte-Catherine et de Sainte-Barbe. Nous avons reçu l'une ici en 1496, et nous avons vu l'autre à Grammont en 1545.

— Ces chambres sont pour le moment désorganisées. Quant à la chambre de Grammont, elle est composée de jeunes seigneurs qui ont trop de morgue. Ils ne viendraient que s'ils pouvaient effacer les autres villes; et ils savent bien qu'ils n'écraseront jamais Bruxelles. Le *Kersonker* d'Audenarde est gêné dans ses finances. Cette chambre pourtant est venue ici en 1496 et à Gand en 1539. J'espérais que la ville d'Ypres nous enverrait une de ses six chambres, ou l'Alpha-et-l'Oméga, ou les Légers, ou les Cœurs-Fidèles, ou les Joyeux, ou la Morinie, ou les Rosiers, surtout l'Alpha-et-l'Oméga qui se vante aussi d'être la plus ancienne chambre de Rhétorique de la Flandre. Mais il n'y faut plus compter. La chambre d'Ostende, qui s'est présentée à Anvers en 1496, est accablée de pertes. La Couronne-d'Or-de-Notre-Dame, de Nieuport, qui est venue à Gand en 1539, a des procès. La chambre de Furnes, les deux chambres de Dixmude (la Fleur-de-Lis et le Saint-Esprit), les Barbistes et la Trinité de Menin, les Nazaréens de Deynse, les chambres de l'Écluse, de Caestre, de Loo, de Hulst, de Capryke, de Houtschote, de Leffingle, de Messine, de Thielt, de Sevenkerke, de Saint-Nicolas, nous ont écrit qu'elles ne viendraient point ; non plus que les deux chambres de Neuve-Eglise, ni la Fleur-de-Fève de Neckerspoele, qui s'est mise à sec l'an passé en allant au concours de Vilvorde. Pour mon goût, j'aurais aimé la joyeuse petite chambre de Lebbeke qui joue ses moralités à cheval. Mais elle n'a rien de prêt. La moitié des confrères de la chambre de Ninove est malade. Les trois chambres de Courtrai (les Barbistes, la Fontaine-de-Saint-Antoine et les Croisés) n'ont pas de costumes présentables. Ces chambres ont cependant eu des prix à Bruges en 1431, à l'Ecluse en 1441, à Termonde en 1464, à Gand en 1496, à Bruges en 1517, à Audenarde en 1540, à Houtschote en 1553.

— Les deux chambres de rhétorique d'Aerschot ne viendront certainement pas non plus, Michel, ni celle d'Arendonck. La Fontaine et la Fleur-de-Bled de Tirlemont s'excusent sur la distance ; on est très-endormi à Tirlemont. Les Barbistes d'Assche ne sont pas plus éveillés.

— La chambre d'Enghien est venue à Gand en 1539; elle n'est plus en nombre. La chambre de Nivelles nous a visités en 1496; elle n'a pas eu assez de succès pour revenir. La chambre de Namur est toute nouvelle; c'était pour elle une occasion de se signaler. Mais encore la distance.

— La distance n'empêche pas Namur de nous apporter continuellement ses chaudrons et sa coutellerie. Dites que ces gens-là craignent la dépense; comme si l'argent dépensé pour les exercices de l'esprit n'était pas le mieux employé!

— L'éloignement et la dépense ont ici le même sens, myn heer; c'est ce qui nous privera de Valenciennes, de Cambrai, de Douai, de Hesdin, d'Arras, de Berg-Saint-Winox, de Saint-Quentin; — quoique Saint-Winox ait remporté le second prix à Gand en 1539.

— Il en résulte que les gens du nord sont plus courageux. Voyez Bois-le-Duc.

— Mais aussi voyez Bréda : de ses deux chambres de rhétorique, la Vallée-de-la-Joie et le Véritable-Amour, aucune ne nous vient, et elles ne vont pas à Rotterdam.

— Et savez-vous, Michel, si Rotterdam sera aussi brillant que nous?

— Oh! pas le moins du monde. Ils ont toutefois mis au concours un bon sujet : — Qui sont ceux qui paraissaient abandonnés de Dieu et qui reçurent la plus grande consolation? — Avec d'autres dignes questions. Mais il n'y aura là qu'une des deux chambres d'Amsterdam, celle qui est venue chez nous en 1496, l'Arbre-Touffu de Delft, les Roses-Rouges de Schiedam, la petite chambre de Rynsburg, le Bouton-de-Rose-Rouge d'Overschie. Le Souci de Gouda va à Leyde, ainsi que le Pélican de Harlem. Mais comme il n'y aura probablement que cela, Leyde se réunira à Rotterdam ; ce qui fera huit ou neuf chambres.

Les chambres des deux Catwyck, les Trois-Fleurs-de-Bled de Rommerswael, la Fontaine de Dordrecht, la petite chambre naissante de Vère, celle de Domburg, la Fleur-de-Jessé de Middelbourg, la Fleur-de-Bled de La Haye, la chambre de Gorcum, celle de Vlaerdingue ne vont nulle part...

— De toutes les chambres de la Hollande, dit Joseph, je ne regrette que celle de Vlaerdingue, parce qu'elle est forte pour les ouvrages à genoux. (*Knie-Werken*. On appelait ainsi des sortes d'improvisations qui devaient être composées à l'instant sur un motif fortuit, écrites sur le genou et débitées sans avoir été relues.)

Les préparatifs étaient tous achevés, lorsqu'à cinq heures, Joseph, emmenant Michel De Keyser avec lui, s'en alla souper dans sa famille. Les chambres devaient entrer à sept heures. Thomas, qui avait aidé son cousin à fourbir son épée, à donner de l'éclat aux diverses parties de sa parure, continuait à montrer en soupant une gaieté qui allait en augmentant, à mesure que le moment des fêtes approchait. Il répétait à tous les quarts d'heure : Que je suis joyeux d'être venu!

Pressé bientôt par le son des cloches et des carillons, il sortit un moment et voulut se régaler d'une course par la ville, en attendant l'heure de la pompeuse entrée, qui devait se faire par la porte de Brabant, et lui ouvrir une suite d'agréments et de réjouissances inconnus à Lockeren. La ville respirait cet air de fête si entraînant des solennités populaires : partout des guirlandes, des festons, des fleurs, des bannières, des drapeaux flottants, des tapis, des tentures; toutes les rues lavées et sablées ; toutes les maisons endimanchées; toutes les fontaines parées de verdure ; toutes les images des Saints et des Vierges, qui protégent les angles des rues, les petites places et les ponts, parfumées de bouquets choisis ; toutes les enseignes ornées de rubans ; tous les enfants en liesse et toute la ville souriante.

Thomas circulait dans cette douce atmosphère, l'imagination charmée, l'odorat flatté, les yeux réjouis. Sa course au hasard l'avait mené jusqu'à la porte de Borgerhout. Il la franchit, car il entendait au dehors de grandes clameurs animées.

— Est-ce que les fêtes commencent par là ? se demandait-il.

Et il se trouva au milieu d'un groupe d'hommes qui examinaient et comptaient soixante tonneaux, décorés de guirlandes de fleurs qui couvraient entièrement les cercles. C'étaient soixante pièces de vin du Rhin que la ville donnait aux chambres de Rhétorique pour humecter leurs festins, et que les gardiens des portes reconnaissaient selon leur devoir.

Thomas, ne sachant de quoi il s'agissait, demanda à un vieux matelot ce que c'était que ces tonneaux entourés de bouquets. Le vieux marin le regarda d'un air étonné :

— Ah! vous ne savez pas cela, jeune homme? dit-il; vous êtes étranger sans doute. Eh bien! c'est pour le grand feu de joie des chambres de Rhétorique; et si vous en êtes, vous pourrez vous vanter que vous n'avez jamais assisté à rien de pareil.

Le marin, qui faisait de l'allégorie, parlait du beau dîner qui devait avoir lieu le lendemain. Le neveu de l'ordonnateur suprême l'entendit au positif.

— Ah! c'est ici que se fera le feu de joie, dit-il; je suis bien aise de le savoir, et je remarquerai mon chemin.

Chmme il formulait cette résolution, en appuyant sur son front l'index de sa main droite, il releva tout à coup la tête. Toutes les cloches de la ville, changeant de ton, sonnaient à la fois à grande volée en branle solennel; tous les carillons trépignaient en dispersant avec plus de vivacité dans les airs leurs sons les plus excitants.

— Qu'est-ce que c'est que cela? demanda-t-il en se retournant vers le matelot.

Mais le matelot n'était plus auprès de lui.

— Ce sont nos jeunes seigneurs les rhétoriciens, lui dit un autre, qui vont au-devant des villes avec leur musique.

Thomas ne voulut rien entendre de plus; il rentra à grands pas; et après une course qui l'avait déjà mis en eau, il se trouva au coin de la rue de Jésus. Il demandait à tout le monde quel chemin il devait suivre pour voir le cortége.

— Le cortége n'arrivera que dans une grande demi-heure, lui dit enfin un vieux marchand d'estampes. Ne courez pas, jeune homme; vous arriverez à temps.

— Au fait, se dit Thomas, il n'est pas six heures et demie; j'ai tort de me presser. Je verrai tout à sept heures.

Il reprit donc avec modération le chemin de la maison de son oncle, qu'il trouva encore à table.

— Ah! mon oncle, lui dit-il, que je suis joyeux d'être venu! j'ai déjà vu bien des apprêts. Mais c'est tout à l'heure la solennelle entrée des seize Rhétoriques; est-ce que vous avez pensé à moi?

— Certainement, Thomas, répondit l'ordonnateur suprême; je n'oublie jamais rien. Il en résulte que tu verras tout au mieux.

Devant une grande maison de la rue des Tanneurs, presque vis-à-vis la rue des Juifs, on avait dressé un immense échafaudage, élevé de quatre pieds au-dessus du sol, protégé par une balustrade et qui pouvait contenir un millier de spectateurs. Les places se vendaient cinq sous de Brabant; ce qui pour ce temps-là était fort cher. Aussi tous les gens riches qui n'avaient pas de fenêtre sur le passage s'y rendaient. Joseph Dedecker avait tout simplement acheté un billet; il le donna à son neveu.

— Comme je verrai bien tout! s'écria Thomas en brossant son haut chapeau suisse de feutre gris, surmonté d'une plume raide, et en boutonnant la poche de son haut-de-chausses où étaient, dans une petite bourse de cuir, ses quatre chers florins. Ah! que je suis joyeux d'être venu!

— Partez, mon neveu, si vous voulez être bien placé, dit madame Dedecker.

— A neuf heures, ajouta Joseph, tu me retrouveras à notre grande salle, où nous boirons un verre de vin avec les Rhétoriques, avant d'aller voir le feu de joie.

— Merci! mon oncle.

Et Thomas, bondissant de joie, fut en quelques minutes à la rue des Tanneurs, où il trouva l'échafaudage déjà chargé d'une foule compacte. Il donna son billet au pied de l'échelle; il monta, et en se poussant avec un peu de résolution, il parvint à occuper une place étroite au milieu d'une masse que son arrivée mit de mauvaise humeur; car il prenait à chacun de ses voisins un bon pouce de plancher.

Il se consola en songeant que les choses devaient être ainsi et qu'il ne comptait devant lui que quatre ou cinq têtes qui ne l'empêchaient pas de voir, tandis qu'il y avait derrière dix rangées, venues avant lui, qui ne jouiraient pas si complétement du beau spectacle.

Bientôt les sons lointains des trompettes et de tous les instruments de musique qui devançaient chaque société, les clameurs de la foule qui arrivait comme un glorieux bourdonnement par une superbe soirée d'août, annoncèrent l'approche du grand cortége. Thomas excité chercha à s'insinuer encore plus près et à se glisser d'un rang en avant. Un solide coup de poing dans les côtes arrêta ce mouvement de zèle et lui fit sentir que quand on est bien il est imprudent de chercher à être mieux.

Il se borna donc à descendre ses deux mains le long de ses cuisses, pour s'assurer que les poches de son haut-de-chausses étaient bien boutonnées, de manière à mettre ses quatre florins en sûreté.

En ce moment, la tête du cortége n'étant plus qu'à quelques pas, une cinquantaine d'amateurs montèrent encore sur l'échafaudage; ils furent suivis d'une seconde invasion pour le moins aussi nombreuse, et les curieux pressés sur cet espace étroit se trouvèrent si serrés et si encaqués, qu'il devint impossible de faire un mouvement. Thomas, les bras collés le long du corps, se trouva aussi dénué de mobilité qu'une momie dans ses langes; il prenait patience, car il entendait au détour de la rue voisine les premiers pas de la marche.

Presque aussitôt on vit paraître, aux acclamations générales, les vingt-quatre trompettes et la grande bannière des Enfants de la Giroflée; puis toute cette chambre nombreuse, éclatante, mais à pied; car elle faisait les honneurs.

Au milieu de ce prélude, comme Thomas saluait, tant qu'il pouvait, de la tête et des yeux, son cousin Charles, qui ne le remarquait pas, et comme le magnifique cortége de la Rose de Louvain allait passer, car elle avait obtenu le premier rang, un Liégeois, qui était au fond et qui voyait mal, cria à Thomas :

— Hé! l'homme au feutre gris, ôtez donc votre grand chapeau!

Son parler wallon ne frappa point l'enfant de Lockeren; mais d'autres spectateurs plus rapprochés, à qui la hauteur démesurée de ce chapeau était fort incommode, lui firent la même invitation en flamand.

Quand Thomas comprit que c'était à lui qu'on s'adressait, il tourna la tête à droite et à gauche, et répondit qu'il avait les bras pris comme dans un étau.

Il paraît que cette excuse ne fut entendue que de ses proches voisins, ou qu'elle ne satisfit pas les autres. Car dès qu'on vit caracoler, dans leur élégant costume, les premiers cavaliers de la fière société de Louvain, un spectateur placé derrière Thomas, impatienté de l'avoir inutilement invité quatre fois à mettre chapeau bas, étendant le bras entre deux têtes attentives, enfonça d'un énorme coup de poing le haut chapeau du pauvre garçon sur ses yeux, si complétement que sa tête y entra jusqu'aux épaules.

Thomas Jaeger fit des efforts inouïs pour porter ses mains à sa tête. Il semblait que de nouveaux venus montassent encore à tout instant sur l'échafaudage solide; car à chaque applaudissement de la foule tumultueuse, la pression devenait plus violente; chacun ne tenait plus que la moitié de sa place; et l'infortuné jeune homme, qui s'était tant réjoui de tout voir, entendit passer, du moins les cris d'admiration le lui dirent, la Rose de Louvain, les Yeux-du-Christ de Diest, les chambres de Vilvorde, de Turnhout, d'Herenthals, de Berchem, de Lierre, de Léau, de Berg-op-Zoom, avec leurs bedeaux, leurs bannières, leurs laquais armoriés, leurs cavaliers, leurs princes, leurs musiques, leurs emblèmes; puis la Fleur-de-Lis de Diest, la Fleur-de-Bled de Bruxelles, les Barbistes de Bois-le-Duc, la Fleur-de-Lis de Malines. C'étaient des applaudissements, des trépignements sans fin, des clameurs d'enthousiasme, des cris de joie, des battements de mains; et Thomas Jaeger étouffait sans rien voir.

Une interruption se fit, comme pour annoncer

avec une certaine distinction les fameuses chambres du Pion et de la Guirlande-de-Marie, qui devaient fermer la marche.

On en disait tant de merveilles que Thomas, ne pouvant plus résister à sa curiosité et à la crainte de mourir suffoqué, fit un mouvement désespéré si véhément et si brusque, qu'il parvint à dégager son bras droit.

Mais à la secousse brutale qu'il donnait à ses voisins, un homme placé à côté de lui cria au voleur! Il se fit un tumulte; un agent de la police des échevins se présenta devant l'échafaudage : le voisin accusa Thomas d'avoir fouillé dans sa poche et pris sa bourse. L'égoïsme domine dans les circonstances palpitantes; tous les autres voisins, calculant qu'un homme de moins leur ferait un peu de place, crièrent : En prison! Thomas fut enlevé, poussé, jeté pour ainsi dire par-dessus la balustrade et remis au sergent, qui, lui ôtant son chapeau, lui trouva une figure violette, un regard effaré très-suspect, et l'emmena ou plutôt le fit emporter par deux aides, malgré ses réclamations, à la prison de la ville.

III.

Pendant que Thomas Jaeger s'éloignait du théâtre de la fête, le Pion de Malines s'avançait majestueusement. Cette belle chambre était forte de trois cent vingt hommes à cheval, habillés de robes de fine étamine incarnate brodées sur les coutures de passements d'or. Ils avaient des chapeaux rouges; et un de ces chapeaux a donné de la célébrité à un vieil estaminet d'Anvers, qui le porte toujours pour enseigne. Leurs pourpoints, leurs chausses et leurs plumes étaient jaunes. Les cordons qui faisaient partie de leurs ornements étaient d'or. Ils avaient des bottines noires. Nous transcrivons les relations officielles.

Ils amenaient leurs sept chars de triomphe, richement faits à l'antique et chargés de nombreux personnages à emblèmes. Seize grands chariots suivaient, portant les enfants et les dames, surmontés de dais de drap rouge ; chacun de ces chariots était orné de huit blasons et conduit par deux membres de la confrérie tenant des torches allumées ; car la nuit commençait à se prononcer, et déjà les maisons s'illuminaient.

La Guirlande-de-Marie, l'orgueil des Bruxellois, qui arrivait la dernière, surpassait encore le Pion. On y voyait trois cent quarante hommes à cheval, précédés par des trompettes à la livrée de la ville de Bruxelles, par deux hérauts d'armes et par l'orateur de la chambre. Les cavaliers étaient habillés en soie et velours cramoisi, avec de longues casaques à la polonaise, bordées de passements d'argent ; leur chapel était rouge et dans la forme des heaumes antiques ; leurs pourpoints, bottines et plumages étaient blancs. Leurs ceintures, rehaussées d'argent, étaient tissues de jaune, rouge, bleu et blanc. Les membres des cinq serments de Bruxelles étaient avec eux. Messire Henri-Charles, prince de la chambre, allait fièrement dans sa splendeur, suivi d'un grand nombre de laquais et de fifres. Puis venaient sept grands chars faits à l'antique ; après eux sept plus petits ; tous gracieusement équipés et chargés de personnages qui représentaient les dieux du paganisme, les allégories de Bruxelles ; le Manneken-pis et autres sujets populaires ; puis enfin soixante-dix-huit grands chariots, avec des torches allumées, recouverts de drap rouge bordé de blanc, et conduits par des charretiers vêtus de manteaux rouges.

Les chariots portaient divers personnages qui, par de belles allégories, donnaient à entendre comment on s'assemble en amitié, pour se séparer en union.

Les primes offertes par la ville d'Anvers, alors la plus florissante des villes commerciales du nord, depuis la généreuse protection que Charles-Quint avait étendue sur elle, ces primes et le splendide accueil qu'on était sûr de recevoir dans la cité reine de l'Escaut, avaient poussé ainsi les grandes chambres de rhétorique à bien faire. Anvers savait bien qu'en donnant de l'éclat et de la magnificence à la fête, elle attirait un nombre inouï d'étrangers ; et les vieux négociants qui administraient la ville étaient trop bons calculateurs pour n'avoir pas supputé ce qu'un pareil concours devait produire dans les finances de la cité.

Il n'y avait pas seulement des prix pour ceux qui donneraient la meilleure réponse à la question de savoir : Ce qui le plus incite l'homme aux arts et aux sciences ; il y en avait aussi, dit une vieille relation du temps, pour la chambre qui ferait son entrée avec le plus de triomphe, pour celle qui serait la plus nombreuse, pour celle dont la marche saurait le mieux représenter ou faire entendre, par figures, emblèmes ou autrement, comment on peut s'assembler en amitié et se séparer en union, pour celle qui viendrait du lieu le plus éloigné, pour celle qui représenterait le plus artistement sa devise, pour celle qui aurait le plus de solennité à l'église, pour celle qui ferait le plus beau feu de joie, soit sur le fleuve en bateau, soit sur le quai en brûlant de vieux tonneaux goudronnés, en allumant des torches, en lançant des fusées, ou en composant une illumination de lanternes; pour celle qui jouerait le mieux sa comédie; pour celle qui, au prologue de son jeu, pourrait le mieux démontrer combien les marchands qui se comportent justement sont profitables aux hommes ; pour la chambre enfin dont quelque membre pourrait le plus agréablement faire le fou, sans dire injure, faire déshonnêteté, ni causer scandale à personne.

Toutes ces compagnies savantes et spirituelles se

mirent à table, pour la collation et le vin d'honneur, dans la grande salle décorée, chacune ayant avec elle son chapelain, qui, après avoir rendu des actions de grâces à Dieu et au patron de sa chambre pour l'heureuse arrivée, bénit le petit festin de bienvenue et fit une prière pour le succès et la bonne conduite du concours. Une joie franche présidait à ce demi-banquet. Joseph Dedecker surveillait tout; et ce ne fut que lorsqu'il eut vu ses convives, au nombre de près de deux mille, tous convenablement placés, et qu'il se fut assuré qu'il ne manquait rien à personne, que, s'asseyant enfin lui-même pour faire honneur au vin du Rhin, il remarqua l'absence de son neveu. Les soins dont il avait l'esprit occupé et les mille questions qui lui était adressées de toutes parts, l'empêchèrent de s'appesantir sur ce point; et il ne tarda pas à prendre sa part de la joie vive qui s'épanchait dans la salle.

Retournons cependant à notre ami Thomas Jaeger. Le grand air avait remis un peu ses esprits; son chapeau, qu'on avait oublié de ramasser, ne lui chargeant plus la tête, elle était devenue plus fraîche et plus présente. Il comprit son malheur, en franchissant le guichet de la prison. Là enfin il ouvrit la bouche; il voulut exposer son affaire et la méprise dont il était la victime. Mais les agents de police, pressés d'aller revoir la marche triomphale, ne l'écoutèrent point, et, le remettant au geôlier, se hâtèrent de retourner à la rue des Tanneurs. Thomas se mit à pleurer ; lui qui s'était trouvé si joyeux d'être venu, il n'avait rien vu encore, et dans le moment du plus grand intérêt, on le jetait en prison en l'accusant de vol. Le geôlier l'enferma proprement dans une chambre basse, munie de son obscurité légale et de ses larges barreaux de fer, tout en écoutant ses doléances.

— Mon garçon, dit-il enfin à son prisonnier, si vous êtes réellement le neveu de myn heer Joseph Dedecker, faites-le prévenir ; on est sûr de le trouver au milieu des chambres : il obtiendra un ordre des échevins ; et vous pourriez encore être libre pour le feu de joie.

— Quoi ! si tard ! s'écria Thomas en se remettant à larmoyer ; et je ne pourrai pas être de la collation où je devais avoir place auprès de mon oncle !

— Mon garçon, reprit stoïquement le geôlier, ce n'est plus guère possible. Il faut être homme et en prendre votre parti. Si vous avez de l'argent, la ville est bonne ; on peut vous procurer du vin de Rhin et vous régaler ici, pour vous remettre un peu. En buvant un coup et faisant collation vous-même, vous vous consolerez ; et si la solitude vous est pénible, nous vous ferons compagnie.

— Au fait, j'ai mes quatre florins, dit Thomas en s'avisant ; et je ne peux pas me laisser mourir de soif. Mais envoyez prévenir mon oncle de la position où gémit son pauvre neveu ; je donnerai pour boire.

Sa voix, sur ce mot, s'altéra subitement; il avait cherché ses quatre florins dans ses deux poches, qu'il trouvait absolument vides.

— Ah! mon Dieu! s'écria-t-il avec angoisse, on m'arrête comme un voleur et c'est moi qui suis volé! Ainsi je ne pourrai pas me refaire du tout!

—Rassurez-vous, mon garçon, dit le geôlier; puisque vous êtes le neveu de votre oncle, vous allez avoir de la viande fumée de Hambourg, du fromage de Hollande et un demi-pot de bonne bière d'orge, boisson saine et rafraîchissante.

C'était ce que la ville accordait ce jour-là aux pauvres gens des prisons.

Le geôlier n'en ajouta pas moins : — Et quand messire Joseph Dedecker, que je vais faire avertir, viendra vous délivrer, vous n'oublierez pas notre procédé humain.

Thomas collationna tristement avec un morceau de pain bis, une tranche dure de bœuf fumé, une tranche aigre de fromage rassis, un demi-pot de bière tiède; et ne se trouvant pas très-bien remis par un repas si peu cordial, il se jeta sur un grabat et se mit à sangloter en écoutant les cloches et les clameurs joyeuses du dehors.

Ce ne fut qu'à neuf heures et demie que, sur un ordre obtenu par Joseph Dedecker, on vint mettre le prisonnier en liberté. L'ordonnateur, retenu par ses fonctions, ne put accourir lui-même à la prison. Il faisait dire à Thomas de le rejoindre au feu de joie. Thomas aimait passionnément les feux de joie ; l'espoir de voir celui-ci, qui devait être si spendide, sécha ses larmes ; et il bondit avec empressement, de sa prison près du quai, jusqu'au lieu où il avait vu le matin, hors la porte de Borgerhout, les tonneaux fleuris qu'on lui avait dit destinés à la fête. Malgré la nuit, il retrouva parfaitement son chemin. Mais surpris de voir la porte de Borgerhout fermée et de ne compter dans la rue que quelques rares bourgeois, il en aborda un :

— Est-ce que c'est fini, myn heer? demanda-t-il.

— Fini! quoi? de quoi parlez-vous? dit le bourgeois d'Anvers.

— Du feu de joie, myn heer.

— Le feu de joie! non, ce n'est pas fini : regardez. Mais c'est en bon train.

En même temps, il lui montrait au loin une traînée de flamme pétillante, qui occupait un quart de lieue, de l'autre côté de la ville.

Thomas sentit que son cœur devenait gros tout d'un coup.

— Quoi! ce n'est donc pas ici que se fait le feu de joie? dit-il.

— Non, mon fils, c'est au bord du fleuve, qui en double l'éclat en le répétant. Ce feu doit être extraordinairement beau.

— Et moi qui viens du quartier! et ce gros ours de geôlier qui ne m'a pas prévenu! s'écria Thomas en s'en retournant comme un fou vers le quai.

Il y arriva quand les dernières flammes s'éteignaient ; une riche odeur de goudron embaumait l'air ; tout le monde battait des mains :

— Quelle profusion ! disait-on partout ; cinq mille tonneaux goudronnés qui brûlaient en ligne à la fois ! Jamais on n'a rien vu de pareil !

Le pauvre Thomas abattu cherchait son oncle dans la cohue ; il eut au moins le bonheur de le retrouver, au moment où il quittait le théâtre de la fête pour s'en aller coucher.

— Eh ! mon pauvre neveu, que s'est-il donc passé ? lui dit-il.

— Il faut, répondit Thomas, en racontant sa mésaventure, sa prison, sa course perdue, que tout cela soit une punition de ce que je suis parti sans la formelle permission de papa ; car tout me tourne à mal.

— J'espère, au moins, reprit Joseph Dedecker, que la splendeur inouïe de notre feu de joie t'aura un peu dédommagé ! Douze chambres ont concouru ; et Berg-op-Zoom s'est fort distingué.

— Ce que vous me contez est un crève-cœur de plus, répliqua Thomas ; il vaudrait mieux me dire que le feu de joie a manqué ; car je ne l'ai pas vu.

L'excellent verre de vin que lui fit boire son oncle en rentrant put seul le calmer. Tout le monde s'efforça de le consoler un peu, en lui promettant pour le lendemain des plaisirs bien plus curieux que ceux de la première soirée; il essuya ses yeux et s'alla coucher, bercé par l'espérance.

Le lendemain matin, Joseph Dedecker, ayant compassion de son neveu, lui recommanda d'être prudent, d'aller sans se presser et de bien mettre dans sa tête l'ordre des fêtes du jour.

— En voici le programme, lui dit-il; si tu savais lire, je te le donnerais par écrit; si je n'étais pas retenu par mes fonctions, je t'accompagnerais; si ton cousin Charles ne faisait point partie de la chambre, il te conduirait. Mais quand on ne sait pas lire et qu'on n'a pas de guide, il faut avoir de la mémoire et demander son chemin plutôt deux fois qu'une. Écoute-moi donc.

Ce matin, 3 août, à huit heures, toutes les chambres vont à l'église cathédrale entendre, selon leur devoir de chrétiens, une grand'messe solennelle; ce sera d'un grand éclat. A neuf heures et demie, au sortir de la messe, la Vigne-Florissante de Berchem donne une course en sacs, à la place Verte. A dix heures, la Fleur-de-Joie de Berg-op-Zoom, une course aux canards dans l'Escaut, devant la place Sainte-Walburge; tu ne peux pas te tromper. A dix heures et demie, jeu de bagues devant l'hôtel-de-ville, par l'Arbre-Croissant de Lierre. A onze heures, joute sur l'eau, par la Fleur-de-Lis de Malines, dans le canal aux harengs.

A midi, chacun va dîner chez soi; les membres des chambres chez leurs amis, et toi chez ton oncle. A deux heures commencent, dans la grande salle, les jeux d'esprit sur toutes les petites questions. Tu ne manqueras pas ce charmant spectacle; je te placerai moi-même. J'aurai soin de toi également au grand souper-festival, qui aura lieu à cinq heures. Si tu veux quitter la salle à sept heures et demie, tu peux voir le feu d'artifice sur le fleuve par la Fleur-de-Lis de Diest, la course aux torches sur l'Esplanade, par le Souci de Vilvorde, l'illumination de lanternes à la place de l'Hôtel-de-Ville, par la Fleur-de-Bled de Bruxelles. A neuf heures, concert en quatre parties sur la place Verte : la première partie par les Barbistes de Bois-le-Duc, la deuxième par la chambre de Léau, la troisième par les Yeux du Christ de Diest, la quatrième par la Fleur-de-Bruyère de Turnhout. A dix heures, nous ferons collation.

Le bon oncle, pendant le déjeuner, répéta trois fois ce long programme. Et à huit heures moins un quart, Thomas, muni d'un bonnet qui ne devait gêner personne et qu'il pouvait mettre dans sa poche, sûr de sa mémoire, se lança dans la ville animée.

Mais ce n'était pas là comme à Lockeren, où Thomas était accoutumé à trouver toujours sa place. La cathédrale était devenue inabordable. Non-seulement toute la vaste église, mais toutes les petites places qui l'environnent et toutes les issues étaient encombrées.

Ah! vous voulez entrer, jeune homme, lui dit un petit avocat qu'il pressait; il fallait vous lever plus matin.

Thomas ne répliqua rien. En se poussant dans la foule il parvint à s'empêtrer de manière qu'il ne put ni voir l'arrivée des chambres, ni pénétrer jusqu'à l'église. Il en prit enfin son parti, et fit sa prière au son des orgues et des fanfares qu'il entendait de loin. Il était neuf heures et demie, lorsque la foule évacuée lui permit d'entrer dans la cathédrale; il n'y trouva plus personne.

Il courut à la place Verte, où il fut surpris de ne rien voir qui indiquât les apprêts d'une joyeuse course en sacs.

— C'est si amusant, disait-il, de voir rouler les coureurs les uns sur les autres, avec leurs bras empaquetés!

Dix heures sonnèrent sans que rien arrivât. Il ne savait pas que, dans l'exécution du programme d'une fête, on n'est pas toujours à la minute. Il pensa que son oncle avait pu se tromper. La foule cependant augmentait; il demanda à un curieux si la course n'allait pas se faire?

— Patience, dit le curieux; ils ne sont pas pressés; les sacs se font sans doute. Dans une heure ou deux on pourra commencer.

— Je ne veux pas manquer la course aux canards, dit Thomas; et il se rendit à la place Sainte-Walburge, qui était déserte; mais plus haut sur le quai, à une certaine distance, il aperçut une masse agitée de spectateurs : on sait que les canards poursuivis remontent toujours le courant. Thomas comprit que c'était là le jeu ; il doubla le pas, malgré la recommandation que son oncle lui avait faite de ne pas courir. La distance était longue ; lorsqu'il rejoignit la foule bruyante, la course était finie ; un habile plongeur venait, selon la loi du jeu, de saisir par les pattes le dernier canard.

Un peu désappointé, l'honnête garçon crut que ce qu'il avait de mieux à faire était de retourner à la course des sacs. Mais en passant derrière l'hôtel-de-ville, il se trouva entraîné par un torrent d'étrangers qui allaient au pas de charge applaudir le jeu de bagues. Bientôt il lui fut, dans la presse, aussi impossible d'avancer que de reculer. Il n'apercevait absolument rien que la tête d'un mât dressé au milieu de la place et auquel pendaient les prix : un couvert d'argent, une pipe d'argent, instrument tout nouveau, car il y avait peu de temps que le tabac avait fait son entrée en Europe, une lance au fer damasquiné, un plumet à trois couleurs et quelques autres objets. Les cris d'enthousiasme et les fanfares, le cliquetis des bagues qu'on enlevait, la voix du compteur, l'amble cadencé des chevaux qui parcouraient le cirque, car cette course de bagues ne se faisait pas sur des chevaux de bois, toutes sortes de bruits séduisants frappaient les oreilles de Thomas, qui allait s'impatienter et jouer des poings, quand les bons conseils de son oncle revinrent à sa mémoire. Un moment après, la foule se brisa en mille fractions et lui fit passage ; tout était fini.

Il fit un soupir, en songeant qu'il n'avait rien vu, et se fraya un chemin vers la place Verte, où l'on venait aussi de distribuer les prix de la course aux sacs.

L'enfant de Lockeren ignorait que dans une grande ville (Anvers alors surtout méritait ce nom), lorsqu'on donne pour une fête des jeux variés sur différentes places, c'est afin que la multitude ne s'agglomère pas en un seul point, et qu'alors il y a folie à prétendre tout voir. Son avidité lui avait fait tout manquer. Il courut au canal aux harengs où la Fleur-de-Lis de Malines faisait les honneurs d'une joute sur l'eau.

Les jouteurs de Malines étaient vêtus de blanc et disputaient la victoire à tout adversaire qui se présentait sous d'autres couleurs. Chaque jouteur était seul sur le banc élevé d'un léger bateau conduit par deux rameurs. Il présentait une lance de douze pieds, au bout de laquelle était, au lieu d'un fer, un bourrelet qu'il poussait sur son ennemi. Des armes pareilles étaient remises à tout concurrent. Un joli canot, avec sa voile jaune de Brabant, devait être le prix du seul jouteur que le choc de la lance courtoise n'aurait pas jeté dans le canal. C'était un jeune homme de Vilvorde qui était proclamé vainqueur, lorsque Thomas, par des efforts inouïs, eut percé la foule de manière à pouvoir contempler la scène du combat.

Onze heures et demie venaient à peine de sonner, et tout le monde pressé de dîner se dispersait en tout sens. Thomas regagna la maison de son oncle; l'exercice violent qu'il avait pris lui donna un superbe appétit; Joseph Dedecker, afin de le dédommager des contre-temps qui le poursuivaient, le plaça aux premiers rangs dans la grande salle de la Giroflée, pour le spectacle intéressant des jeux d'esprit et de gaie science.

On ouvrit le concours; plusieurs chambres de rhétorique devaient parler, pérorer, déclamer, réciter, disputer, chanter, faire des dialogues, soutenir des thèses, jouer des scènes, représenter des moralités, pour faire voir : Combien les marchands qui se comportent justement sont profitables aux hommes; comment on peut se réunir en amitié et se séparer en union; comment on détermine ce qui est le plus estimé et acquis avec le plus de peine, et autres sujets aussi réjouissants. Les fous des chambres devaient lutter ensuite.

IV.

Thomas, fier d'être placé comme un prince, se frottait les mains. — Ici, du moins, se disait-il, je ne perdrai rien, j'entendrai tout; je suis sûr de ma place.

La Citrouille d'Herenthals cependant faisait faire par son orateur une dissertation savante à laquelle le brave garçon ne comprit rien. Le Pion de Malines, après cette dissertation, donna une conférence ardue en bons syllogismes. Puis l'Arbre-Croissant lança, dans un débit grave, une très-longue poésie en manière de chant royal. Sur quoi l'ennui, ou la chaleur du jour, ou le copieux dîner après une matinée fatigante, fit que Thomas s'endormit profondément et probablement sans le prévoir.

Il ne s'éveilla qu'à quatre heures et demie, au moment où les fous étaient dans le fort de leur dispute. Tous ceux qui avaient lâché la bride à quelque parole inconvenante avaient été mis hors de scène; il n'en restait que quatre, qui s'étaient réservé la question de : Ce qui est le plus estimé et acquis avec le plus de peine.

Le fou de Malines prétendait que c'était l'argent; beaucoup de gens étaient de son avis, sans vouloir en convenir.

Le fou de Bruxelles soutint que c'était l'honneur; on lui cria qu'il sortait de son personnage.

Le fou de Bois-le-Duc dit que c'était l'esprit; on lui répondit que personne ne prenait peine à l'acquérir, car tout le monde se flattait d'en avoir.

Le fou d'Herenthals avança que c'était la santé, et comme on ne lui objecta rien, il ajouta :

— Et la santé, messires, est chez nous, dans notre emblème précieux, dans la Citrouille. La citrouille, poursuivit-il, est le véritable élixir de vie, après lequel galopent si chaudement tous les philosophes hermétiques. On est sûr qu'on n'est pas mort, tant qu'on en mange.

Il prétendit même que les maladies les plus incurables, comme les consomptions de poitrine, reculaient devant la citrouille. Et ce qui est assez bizarre, il établit follement une bienfaisante doctrine qui de nos jours n'est pas assez connue, quoiqu'elle ait été mise en pratique avec un succès consolant par le savant docteur Portal.

Si vous le permettiez, j'interromprais un instant ce récit, pour appuyer la citrouille d'une anecdote.

Un homme de lettres parisien, condamné par la faculté comme poitrinaire très-avancé, découvrit son mal, qu'on lui cachait avec soin, selon les habitudes de ce monde menteur. L'espérance, qui n'abandonne jamais personne, le soutint ; il alla trouver le docteur Portal, âgé alors de soixante-dix ans.

— Monsieur, lui dit-il, on croit que je suis poitrinaire.

Sa figure prouvait qu'on avait raison.

A un tel mal, qui ne laisse plus de ressources, les médecins, par humanité peut-être, s'ils en sont capables, ne manquent pas de soutenir au malade qu'il se trompe. Tout autre docteur eût répondu à l'homme de lettres :

— Poitrinaire ! monsieur ! vous ne l'êtes pas plus que moi !

Le vieux père Portal regarda son malade :

— Poitrinaire, dit-il, c'est très-possible ; tel que vous me voyez, je le suis depuis cinquante ans ; on vit avec cela.

Et il expliqua au condamné que tous les jours de l'année, sans exception, il mangeait à déjeuner une soupe au potiron ou à la citrouille, avec un régime doux. Le malade prit sa recette ; et il est vivant en santé, quoiqu'il y ait vingt ou trente ans que les docteurs l'ont condamné.

Mais rentrons dans la salle de la Giroflée.

Le grand et magnifique souper de cinq heures acheva d'éveiller notre ami Thomas. Il se rapprocha, avec une sorte d'empressement inquiet, de son bon oncle Joseph. On dressait les tables comme par enchantement ; on apportait les vastes cruches de vin du Rhin couronnées de fleurs, les nombreuses corbeilles de petits pains dorés, les pyramides de tartines au beurre. Les énormes plats fumants remplissaient l'atmosphère d'une odeur exquise. Les rôtis monstrueux, les ragoûts abondants, les immenses pâtés de viandes s'étalaient sur les tables. Tout le monde prit place. L'ordonnateur suprême, qui soupait entouré des dignitaires de toutes les chambres, ne pouvant avoir son neveu auprès de lui, le recommanda très-vivement à Jean Van den Zande, l'un des hérauts, et à André de Smet, l'un des maîtres-d'hôtel.

Van den Zande, qui pour l'instant se trouvait le moins occupé, prit Thomas par la main et le fit asseoir à la table des rhétoriciens de Léau et de Berg-op-Zoom, le plaçant adroitement tout juste entre les deux sociétés. Son voisin de droite lui demanda, d'un ton poli, s'il était de la chambre de Berg-op-Zoom, pendant que son voisin de gauche s'informait honnêtement s'il était de la chambre de Léau.

Thomas, qui était ingénu, ayant répondu à ces deux questions qu'il n'avait pas l'honneur d'être rhétoricien, les deux enfants de la gaie science se levèrent, appelèrent le héraut et lui dirent que ce jeune homme ne pouvait pas souper à leur table.

Van den Zande, sachant combien les poursuivants de rhétorique étaient fiers, ne répliqua rien ; il reprit la main de son protégé.

— Je vais vous placer, lui dit-il, parmi des gen moins farouches ; et certes vous n'en souperez pa plus mal.

Il lui fit occuper aussitôt un siége qu'il voyait v cant, à la table des confrères du serment de sain Georges, venus en escorte de la Guirlande de Marie.

Mais le pauvre garçon terminait à peine son *benedicite*, et il voyait avec joie découper le premier plat, lorsque le confrère du serment de saint Georges dont il tenait la place, et qui était sorti un moment, parut et la réclama. On le pria, comme étranger, de vouloir bien aller ailleurs.

Le chagrin commençait à tourner autour du cœur de Thomas. Il n'apercevait plus son malencontreux protecteur Van den Zande. Mais voyant André De Smet, qui donnait ses ordres aux serviteurs très-affairés, il alla lui conter ses déboires.

— Mon enfant, lui dit André, je prévoyais ces affronts-là. C'est pourquoi j'ai laissé faire les hérauts d'armes. Mais moi, je vais vous conduire en un lieu et avec des gaillards où vous ne serez pas repoussé comme une balle de paume, où vous serez reçu comme un digne bourgeois, où les meilleurs morceaux ne vous passeront pas devant le nez, où votre gobelet sera toujours plein, où vous pourrez parler haut, rire, chanter, ôter votre pourpoint s'il vous gêne, et manger jusqu'aux oreilles.

Thomas, tout à fait remis par un si beau langage, serra la main d'André De Smet, qui le mena dîner à la cuisine.

Il y avait là quinze grands garçons vêtus de blanc, dont la chaude besogne finissait. Le maître-d'hôtel leur présenta son convive, comme le neveu de l'ordonnateur. Il fut reçu cordialement. On emplit les gobelets du meilleur vin; et le chef de cuisine lui dit, en portant un toast : — A l'honneur que vous nous faites, myn heer!

Pour ce garçon, qui n'avait pas de morgue et qu

préférait, disait-il, un bon dîner dans un plat de terre à un ragoût gâté dans une écuelle d'argent, ce début devenait agréable. Il soupa gaiement, avec de joyeux propos, satisfait de se voir entouré de gens qui s'occupaient de lui. On le fit boire; et bientôt il se moqua, peut-être avec un peu de rancune, des membres de toutes les chambres sans exception et des confrères de tous les serments.

— Je soupe mieux qu'eux tous, s'écriait-il en sablant le vin de Rhin à la santé du maître-d'hôtel, qui était venu présider la table; et après le souper, je me trouverai dispos, à mon aise et lesté convenablement pour jouir des plaisirs de la soirée. Que je suis joyeux d'être venu !

Mais comme sa tête commençait à se troubler, il pria qu'on lui rappelât un peu le programme des fêtes du soir.

— Feu d'artifice sur le fleuve, course aux torches, illumination de lanternes, concert en quatre parties, répondit vivement le chef de cuisine.

— Ce sera tout à fait royal, dit Thomas; et je me moque à présent de ce que je n'ai pas vu ce matin, comme de ce que je n'ai pas vu hier.

Il buvait avec tant de transport, mangeait avec tant d'appétit, parlait avec tant de feu, qu'il se grisa avant d'être au dessert.

— Voilà un jeune homme que nous ne pouvons plus laisser tout seul dans la foule, dit le maître d'hôtel à l'oreille de son voisin.

— Et, répondit celui-ci, il serait assez embarrassant à conduire; il faut l'achever.

On le fit donc boire encore; il s'y prêtait de si bonne grâce que bientôt il s'endormit profondément, tenant à la main un morceau du fromage paternel.

Lorsqu'il s'éveilla, il se trouva seul dans la vaste cuisine, éclairée par une petite lampe.

— Ah! ah! dit-il gaiement, ils sont déjà partis! Il vida son verre, qu'on avait eu la complaisance de remplir, se frotta les yeux, se trouva un peu pesant, et sortit dans la rue sans rencontrer personne.

Il entendit bientôt un grand tumulte de musique, qui remplissait l'air de fanfares; et au bout d'une minute il n'entendit plus rien.

— Qu'est-ce que cette musique? demanda-t-il à un groupe de passants qui arrivaient.

— C'est le final et le bouquet de la quatrième partie du concert.

Ces paroles clouèrent Thomas à sa place; il allait s'informer de l'heure, quand le chef de cuisine reparut, lui annonçant, pour lui épargner de nouveaux chagrins, que tout avait manqué; qu'il était heureux d'avoir dormi, et que d'ailleurs toutes ces premières réjouissances n'étaient qu'un pâle avant-goût de la superbe fête du lendemain. Il ajouta qu'il était dix heures et demie, et le reconduisit chez son oncle.

Thomas s'en alla coucher mécontent.

Il s'éveilla de bonne heure le lendemain, journée des grands concours. Après le déjeuner, il suivit son oncle à la salle où devaient se jouer les actions et les moralités des chambres de rhétorique, se réciter les grandes ballades et se tenir les disputes à personnages travestis.

En répondant à l'appel de la Giroflée, chaque chambre avait été inscrite par ordre. Elles devaient entrer en scène selon leur rang d'inscription. Il se trouva, comme toujours, que les premières, celles qui avaient eu le plus de temps, étaient aussi celles qui avaient fait le moins. Les unes prononcèrent des discours très-abstraits, les autres débitèrent de longues œuvres de poésie transcendante. Il y en eut qui donnèrent des dialogues travaillés, à trois, quatre, cinq personnages, pièces où l'esprit venait de si loin, qu'on avait peine à le reconnaître; où les saillies étaient si profondes qu'elles semblaient creuses. Thomas s'amusait d'autant moins qu'il s'était promis de s'amuser excessivement.

— Ah! ce sont là les jeux d'esprit, se disait-il; et il hochait la tête.

La moitié de l'auditoire dormait, ne s'éveillant à demi que quand les trompettes annonçaient l'entrée d'une autre chambre. Il en fut ainsi jusqu'à midi, que vint le dîner, entr'acte un peu moins monotone.

Mais on allait être bien dédommagé : les grandes sociétés allaient jouer ces moralités à spectacle, ces légendes piquantes, ces pièces pleines d'entrain et de verve, où s'agitaient cinquante personnages, où la féerie, la mythologie, l'histoire sainte, les allégories et la morale se mêlaient en tumulte, où le spectateur, ayant l'esprit et les yeux occupés, riait à pleine gorge en recevant de bonnes leçons. On parlait partout des brillants apprêts de la Rose de Louvain, et les yeux de Thomas avaient repris feu.

La chambre de Bois-le-Duc passa d'abord. Elle donnait sa belle légende de sainte Barbe. C'est parce qu'il lui manquait le personnage important que François Van Ryckevorsel s'était joint à elle, car il était de Bréda et faisait partie de la Vallée-de-la-Joie, chambre qui, cette année-là, sommeillait. Le beau jeune homme, agrégé, comme on disait, à la chambre des Barbistes de Bois-le-Duc, entrait en magnifique costume de général romain, avec une suite richement habillée à l'antique. Son air martial et la dignité de son entrée soulevèrent d'unanimes applaudissements. Le neveu de Joseph Dedecker, voulant se mêler aussi d'encourager les arts, se donna, pour battre des mains, un mouvement si animé, qu'il fit sauter de son coude un petit meuble alors peu usité, la tabatière de Gérard Van Volxem, bourgeois de Bruxelles, qui se trouvait son voisin. Une partie du tabac qu'elle contenait vola dans la figure de Jean De Locquenghien, le reste dans les yeux de Thomas. Le pauvre garçon, à qui cette poudre était inconnue, poussa aussitôt les cris d'un homme qui se croit aveugle. On l'emporta ; et comme on ne savait pas encore qu'en lavant les yeux envahis avec de l'eau fraîche on peut éteindre en deux minutes le feu que développe la poudre du tabac, il souffrit plus d'une heure de cruelles tortures, et ne commença à recouvrer la vue que quand ses larmes eurent longuement lavé ses paupières incendiées. Ses esprits lui revinrent, comme on applaudissait avec frénésie les dernières scènes. Il soupa dolemment, avec les yeux rouges et le cœur si malade, qu'en sortant de table on le mit au lit.

Cependant, à sept heures, il y eut une belle cérémonie. On distribua les prix à l'hôtel de ville.

Le prix de la plus belle entrée fut accordé à la Guirlande de Marie. La même chambre eut aussi le prix pour la solution ingénieuse de la proposition : Comment on s'assemble en amitié pour se séparer en union et bon accord.

Ce fut la Rose de Louvain qui remporta le grand prix sur la question qui faisait le sujet du concours : Ce qui le plus incite les hommes aux arts et aux sciences. Le fou de la chambre de Berg-op-Zoom eut beau soutenir très-ingénieusement que c'était l'orgueil ; et le fou du Pion que c'était le fricot, la chambre des Enfants de la Rose avait démontré, dans une moralité bien conçue, que c'était l'honneur et l'amour de la louange et de la gloire.

Le fou de la Belle-Citrouille eut son prix. On donna le prix de tenue, le prix d'éloignement, et tous les autres, de manière que chaque société eut un prix quelconque ; car la ville d'Anvers avait à cœur de renvoyer, encouragés et satisfaits, tous ses jeunes convives.

Après la solennelle distribution qui se faisait au bruit des fanfares, l'hôtel de ville fut illuminé avec splendeur, aux frais de la cité ; des chœurs de musique exécutèrent divers morceaux, et une collation recherchée fut offerte à tous les membres des chambres et aux bonnes gens des villes qui leur faisaient escorte.

Le lendemain, au point du jour, tout le monde se mit en marche. A sept heures, quand Thomas se leva, totalement remis de ses peines et de son malaise, il n'y avait plus rien qui pût le retenir à Anvers. Il s'en retourna à Lockeren, emmenant son cousin Charles, qui fit sa paix très-facilement avec son père.

Mais par la suite, lorsqu'on lui demandait quelques détails sur les fêtes qu'il avait vues, il ne manquait pas de répondre que, parmi un si grand nombre de spectacles brillants, tout se confondait un peu dans sa mémoire.

Et il ajoutait : — Quand j'y retournerai pourtant, je n'irai certainement point sans la formelle permission de papa.

APPENDICE.

Quoique cette chronique présente un aperçu assez complet des chambres de rhétorique dans les Pays-Bas, au seizième siècle, la matière est trop curieuse pour ne pas mériter quelques notes encore.

Les fêtes que donnèrent en certains temps les chambres de rhétorique furent honorées de tels concours, que les historiens les ont comparées aux jeux olympiques de l'ancienne Grèce; et il y eut des cas où cette comparaison n'avait rien d'exagéré. Ainsi la fête d'Anvers, dont on vient de lire quelques détails, avait attiré, dit-on, cent mille étrangers.

Les villes mettaient à ces concours une telle importance, que la ville de Bruxelles, par exemple, fit imprimer un volume in-folio en flamand, qui ne contenait pas autre chose que la description de l'entrée faite à Anvers, en 1561, par la Guirlande de Marie.

Les troubles religieux donnèrent un coup funeste aux chambres de rhétorique. Au concours de Gand, en 1539, le sujet des jeux littéraires était cette question : Quelle pouvait être la plus grande consolation de l'homme mourant? Quelques propositions infectées des hérésies qui naissaient alors sous la griffe de Luther, se glissèrent dans certaines pièces. Le volume imprimé des morceaux couronnés à ce concours, fut défendu par l'index de 1571. Il parut convenable dès lors d'écarter des concours les matières religieuses. On avait déjà eu cette précaution à la fête de rhétorique donnée à Bruxelles en 1566. Mais la crainte de quelques écarts fit que rapidement les chambres sages évitèrent les réunions.

L'autorité prit elle-même des précautions. En 1575, à Bruxelles, on porta un édit par lequel nul ne pouvait plus être admis dans une chambre de rhétorique, à moins d'être marié depuis un an et un jour, connu honorablement, et habitant de la ville depuis un temps qui pût donner confiance.

Les guerres des troubles achevèrent d'imposer silence aux chambres. Les muses sont toujours les premières victimes que la guerre étouffe. En 1577, on voit à Hulst la chambre de rhétorique assimilée par ordonnance municipale à toute autre confrérie et obligée de prendre les armes en cas d'émotions, aussi bien que les autres corporations bourgeoises. Ce n'est plus une institution littéraire.

En 1584, à Bréda et ailleurs, des chambres de rhétorique érigèrent leurs salles de concours en conférences qui en firent des prêches luthériens. Leyde, en 1596, donna ce qu'elle appela une fête, et qui ne fut que l'apologie de Calvin, avec de vives sorties contre les Espagnols, pour intermèdes. Le Pélican de Harlem ouvrit en 1606 un concours qui fut sans éclat. Douze petites chambres hollandaises y parurent; aucune ville catholique ne s'y rendit.

Sous Isabelle, qui se plaisait à encourager tous les arts, les chambres de rhétorique reprirent un peu de faveur dans les Pays-Bas méridionaux. En 1616, la Branche-d'Olivier d'Anvers offrit un prix sur cette question : Par quel moyen les hommes parviennent-ils à la sagesse et à la science? Mais on eut beau faire; ce ne fut plus la splendeur de 1561, malgré l'affluence de beaucoup de chambres. Il est vrai que les troubles avaient aussi tué Anvers. Toutefois, ce concours ranima un peu dans les Pays-Bas le goût des fêtes de rhétorique.

En cette même année 1616, la chambre de Vlaerdingue en Hollande avait ouvert un concours, dont le sujet se trouvait être formulé ainsi : Quel serait le moyen à employer le plus nécessaire au peuple et le plus utile au pays? Cette thèse venait au milieu des querelles violentes qui avaient surgi entre les arminiens et les gomaristes. Les deux chambres d'Amsterdam, celles de Delft, de Gorcum, de Dordrecht, de Ketel, de Nootdorp, les deux chambres de Schiedam, celles de Maesland, de S'Gravesande, de Soutemeer, quinze chambres en tout s'y rendirent. Ce fut la chambre de Gorcum qui remporta le prix. Elle avait établi, en appliquant la question aux affaires religieuses, que les choses les plus nécessaires au peuple et les plus utiles au pays, étaient la concorde et l'union. Elle aurait pu ajouter sans doute qu'il ne peut y avoir de concorde sans autorité, ni d'union sans unité.

En 1620, le Pion de Malines, excité par l'exemple d'Anvers, donna une grande fête. Les chambres de Turnhout, de Bruges, de Lierre, de Berg-op-Zoom, d'Arendonck, de Diest, d'Aerschot, de Gembloux, de Hal, de Gheel, d'Assche, de Moll, de Ter-Goes, de Houtschote, d'Helmont, de Maestricht, s'y rendirent avec quelques autres, parmi lesquelles brilla, comme toujours, la Guirlande de Marie, dont la splendide entrée en cette circonstance a fourni le sujet d'une grande estampe. Vingt-sept chambres concouraient ; mais sept ou huit ne vinrent pas et se contentèrent d'envoyer leurs pièces, qui furent lues par les orateurs, comme la chambre du Pion l'avait permis, contre les usages.

En 1655, les priviléges et franchises des chambres de rhétorique, qui ne faisaient rien, continuant à les entretenir très-nombreuses, le magistrat de Bruxelles, par un règlement du 20 décembre, statua que désormais chaque chambre de rhétorique ne pourrait excéder le nombre de soixante membres, y compris le prince, les anciens et *autres*.

Les concours, d'ailleurs, n'avaient plus d'importance. On n'en voit aucun qui soit remarquable pendant un siècle et demi. A la fête que donna Courtrai, en 1777, les chambres de rhétorique se bornèrent à jouer des pièces de théâtre. Poperinghe, en 1782, proposa un prix pour les mêmes exercices. Les chambres de Courtrai, de Menin, de Belle, d'Haesebrouck, de Steenvoorde, de Thourout, de Strazeele, de Houtschote, d'Ysembourg, de Roulers, de Polinckhove, de Moorsèle, de Houtkerke, de Magdalena-Capelle, de Lichtervelde, et quelques autres, en tout dix-huit chambres, se présentèrent et jouèrent pendant quelques jours des drames et des comédies. Chaque chambre, outre ses dépenses personnelles, avait dû payer huit florins pour le droit de concourir ; la chambre de Poperinghe ne s'était chargée de faire les honneurs qu'à cette condition. On voit à quel point l'institution était tombée.

Il n'en restait plus qu'un petit rayon dans la Guirlande de Marie, qui, en 1794, accompagnait encore avec sa pompe antique les processions de la paroisse de Saint-Gery, et où l'on n'était admis qu'en adressant au magistrat de la ville une requête en vers. Ce qui est plus original, c'est que l'apostille, que le magistrat joignait à cette requête, devait être en vers aussi.—La République vint, avec son niveau, tout abattre.

— Malgré l'intérêt réel de ces curieuses notices littéraires, nous devons en sortir, dit alors l'abbé

LE DRAGON.

Lenoir ; et, si vous le permettez, nous rentrerons dans les vraies légendes.

LA LÉGENDE DE GILLES DE CHIN ET DU DRAGON.

C'est 'l Doudou....
Chanson de Mons.

L'incrédulité matérielle et mathématique du dix-huitième siècle, cette orgueilleuse et vaine manie de négation qui, dans ses fanfaronnades, se vantait de ne croire que ce qu'elle pouvait comprendre, lorsqu'elle comprenait si peu de choses, lorsque les sens de l'homme, le sommeil, les songes, l'instinct des animaux, le travail de la chenille, la structure d'un insecte, le tissu d'un brin d'herbe l'arrêtaient à chaque pas, ce dédaigneux millième d'intelligence qui voulut mettre au néant tout ce qu'il ne pouvait tenir dans ses mains grossières, l'incrédulité nia les dragons, parce qu'elle n'en voyait plus; comme si les Anglais, qui ont détruit les loups dans leur île, refusaient d'en reconnaître l'existence; comme si l'avenir avait le droit de ranger parmi les fables le castor, le chamois, la baleine, dont les races vont périr !

Une foule de monuments prouve qu'il y eut autrefois des dragons; beaucoup de saints, animés de ce courage que donne la foi chrétienne, beaucoup de chevaliers, enflammés de cette ardeur qui s'en va depuis long-temps, les combattirent; et je ne vois pas comment on douterait par exemple du dragon de l'île de Rhodes, que Dieudonné de Gozon défit avec tant de gloire.

Le dragon de Wasmes ou de Mons n'offre rien de plus incroyable. S'il vous plaît d'en rejeter la légende, parce que des idéologues au dernier siècle ont traité les dragons de chimères, nous vous rappellerons qu'à leur grande confusion les travaux des Cuvier, dans la géologie, ont retrouvé les dragons et les animaux géants; qu'ils y retrouveront bien autre chose, car la terre est un livre dont les géologues n'ont soulevé encore que le premier feuillet.

Nous ne vous parlerons pas ici des dragons que vainquirent saint Romain de Rouen, saint Marcel de Paris, saint Dérien, saint Julien du Mans, saint Pol de Léon. Nous ne refuserons pas d'accorder que, dans des siècles où le merveilleux était cher, on a pu exagérer ces récits. Nous ne prétendons pas défendre ce qui est extra-merveilleux; ainsi nous ne croyons peut-être pas que les dragons dont parlent Possidonius et Maxime de Tyr aient couvert de leur corps, l'un un arpent et l'autre près de deux hectares de terrain. Mais nous pensons qu'il n'est pas interdit de croire à la brillante aventure de Gilles de Chin dans les marais de Wasmes, parce qu'elle nous semble appuyée (1), et qu'elle ne nous présente rien d'impossible, pourvu qu'on passe au récit quelque peu d'exagération. Voici la légende :

En l'année 1132, pendant que le Hainaut prospérait sous le gouvernement de Baudouin IV, surnommé le Bâtisseur, il survint en ce pays un rude et puissant fléau, qui causa grande désolation. C'était un cruel et monstrueux dragon, qui avait son repaire en une excavation aujourd'hui comblée, sur le penchant d'une des deux collines où est bâti le village de Wasmes. Il s'élançait, des marais qui entourent ledit village, dans toute la contrée, et venait jusqu'aux portes de Mons, dévorant les troupeaux, poursuivant les hommes et les femmes, et empoisonnant tout de son haleine. On l'appelait le dragon-gayant (ou géant, ce qui est la même chose en langage montois), à cause de sa grandeur démesurée, laquelle, dit-on, était de vingt-cinq aunes de Hainaut, environ cinquante pieds, qu'il vous est permis de réduire en mètres. Sa peau, écailleuse et dure comme fer, était d'un gris sale et verdâtre ; sa tête, armée d'une mâchoire immense avec trois ran-

(1) Voyez Vinchant, *Annales du Hainaut*; de Boussu, *Histoire de Mons*; l'*Histoire de Notre-Dame de Wasmes*, etc. Gilles de Chin fut tué en 1137 dans une guerre élevée entre le duc de Brabant et le comte de Namur. Il fut enterré à Saint-Ghislain, où son épitaphe mentionnait son héroïque fait d'armes.

gées de dents, était si ouverte qu'elle pouvait avaler un homme de moyenne taille. Il avait d'énormes pattes, de pesantes griffes, de larges oreilles pendantes et de grandes ailes à la manière des chauves-souris; il s'en servait, non pour voler, mais pour hâter sa marche. C'était une laide et hideuse bête; et la désolation s'étendait par toute la comté de Hainaut.

On fit, par ordre de Monseigneur Baudouin IV, des cris et proclamations pour engager les vaillants hommes à combattre le dragon. De hautes récompenses furent promises à celui qui le tuerait; et pendant que le comte Baudouin offrait au vainqueur la seigneurie de Germignies, le bon sire Guy de Chièvres, dont les domaines étaient fréquemment dévastés par le monstre, s'engageait, par serment juré devant Notre-Dame-de-Douleur à Wasmes, à donner au libérateur du pays la main de sa fille Ida, qui était la plus remarquable et la plus belle demoiselle de tout le Hainaut.

Plusieurs chevaliers, excités par l'honneur, ou par l'attrait des récompenses promises, tentèrent la périlleuse aventure. Mais aucun ne reparut...

Personne n'osait donc plus affronter le monstre, quand le jeune et vaillant Gilles de Chin, ayant vu à Mons Ida de Chièvres, que son père avait amenée à la cour de Baudouin IV, en devint tout subitement si épris, qu'il fit vœu en secret de tuer le dragon pour la mériter. Il s'en découvrit à la seule Ida, dont le cœur s'enflamma aussi pour un seigneur si beau et si brave; elle trembla toutefois pour lui, et l'intérêt qu'elle porta dès lors au chevalier lui inspirant de sages avis, elle lui donna de bonnes et doctes recommandations qu'il ne manqua pas de mettre à profit.

Et premièrement, il fit faire en osier un énorme mannequin, de la forme et grandeur du dragon, le couvrit d'une toile peinte de la même couleur, et dressa ses deux bons chiens Aldor et Gontar, au moyen de leur curée qu'il recélait tous les jours dans les flancs de la machine, à venir l'attaquer et la déchirer sans peur. Des serviteurs logés dans les pieds du dragon d'osier, le faisaient mouvoir, agitant avec des ressorts et des cordes son horrible tête, ses ailes et sa vaste queue, tandis que Gilles de Chin, sur son cheval favori, caracolait alentour, pour accoutumer aussi son destrier à la vue et aux mouvements du dragon.

Tout cela se fit discrètement; ces sages apprêts durèrent six mois, pendant lesquels le monstre continuait à dévaster la contrée, sans que nul parût songer à autre chose qu'à fuir.

Quand Gilles de Chin reconnut que ses chiens et son cheval ne lui manqueraient pas dans le duel terrible qu'il allait provoquer, il brûla son mannequin; et se présentant devant le comte de Hainaut, il lui demanda la permission d'aller combattre le monstre. Toute la cour, le voyant si jeune et si beau, et se rappelant ses grands faits en Palestine, où il avait combattu, s'affligea d'avance de sa perte. Baudouin fit ce qu'il put pour le détourner d'un projet si téméraire. Mais, à la grande surprise du Comte et du seigneur de Chièvres, Ida, qui n'avait que dix-sept ans, se leva tout à coup, et jetant son écharpe à Gilles de Chin :

— Allez, bon chevalier, dit-elle; et par Dieu et Notre-Dame, vous sauverez le Hainaut.

Gilles prit l'écharpe, la mit à son cou, et s'écria :

— Par le saint nom du Seigneur! par saint Michel et saint Georges! par sainte Waudru notre patronne et par Notre-Dame-de-Wasmes, je jure de ne rentrer dans Mons que vainqueur du dragon.

Toute l'assistance répondit : — Ainsi soit-il. Tout le monde s'agita; et Gilles, au milieu de toute la cour, fut conduit jusqu'à la porte du Rivage. Il était monté sur son bon cheval bardé de fer, escorté de ses deux fidèles chiens, Aldor et Gontar, que protégeaient de larges colliers à longues pointes. Gilles lui-même, vêtu d'une solide cuirasse, le casque d'acier en tête, chaussé de bottes d'airain, portait sa grande lance, et la vaillante épée avec laquelle déjà il avait tué en Palestine un crocodile et un lion. L'écharpe d'Ida flottait à son cou, croisée par une courroie verte qui soutenait son écu, aux armes mêlées de Chin et de Coucy, qui étaient les siennes, de Berlaimont et de Chièvres, qui étaient celles de sa dame. Il était suivi de ses quatre écuyers ou serviteurs vêtus de rouge et montés sur de petits chevaux blancs.

Après qu'on eut fermé les portes de la ville, toute la cour et les bourgeois montèrent sur les tours pour être spectateurs du combat. Les cloches ébranlaient les clochers; dans toutes les églises, les prêtres, les religieuses et les moines priaient au pied des autels. On était à la fin d'octobre 1133. Gilles se rendit d'abord à Wasmes; se mettant à genoux devant la sainte image de Notre-Dame, il ne voulut combattre qu'après avoir imploré l'assistance de la mère de Dieu. Alors se sentant pénétré d'un bon courage, il commanda à ses écuyers de l'attendre à cheval devant la chapelle, et de ne venir qu'à son cri.

Il s'avança donc seul avec ses deux chiens vers le repaire du dragon. Aldor et Gontar, ardents et animés à la voix de leur maître, emplissaient les airs de vastes aboiements. Le monstre les entendit; il parut, siffla, lança des éclairs de ses yeux flamboyants, déploya ses larges ailes, agita sa queue tortueuse et ses lourdes oreilles, et vint comme un torrent au chevalier, qui, s'étant signé, prit sa lance et poussa son bon cheval par bonds inégaux.

Le monstre ouvrait son énorme gueule souillée de sang et d'écume; et le destrier de Gilles commençait à s'étonner, quand l'intrépide Aldor et le courageux Gontar, se jetant aux flancs du dragon, surpris mais furieux de ne pouvoir les entamer, le forcèrent pourtant à tourner la tête. En ce moment Gilles lui enfonça sa lance dans la gorge ; il en jaillit un sang noir et empoisonné ; le dragon hurla d'une voix formidable, se retourna sur le jeune seigneur et fit un bond si puissant, que le cheval de Gilles recula.

Et peut-être, sans un secours merveilleux que quelques-uns attribuent à Ida de Chièvres, mais que d'autres considèrent comme une intervention plus élevée, le chevalier eût-il succombé.

Une jeune fille blanche parut tout à coup, disent les légendaires ; elle tenait en main une petite lanterne. Elle jeta devant le cheval de Gilles un fagot d'épines. Le chevalier, le relevant de la pointe de sa lance, l'enfonça dans la gueule du dragon, dont les deux chiens étaient parvenus à déchirer les flancs. Alors la vaillante jeune fille mit le feu au fagot. Le monstre se débattit de ses ailes et de sa queue, déracina les arbres voisins et fit frémir la terre de ses bondissements. Gilles, ne se troublant point, sauta de cheval, saisit le moment pour se précipiter sous le monstre et lui plongea sa longue épée dans le cœur, au seul endroit où sa peau était pénétrable. Après quoi, il remonta sur son bon coursier, siffla ses fidèles chiens, appela ses écuyers ; et tandis que le monstre expirait, il chercha la mystérieuse jeune fille ; *elle avait disparu*.

On avait vu tout ce combat, du haut des tours de Mons. Dès que le chevalier eut repris le chemin de la ville, escorté des bonnes gens de Wasmes et des villages voisins, qui chantaient ses louanges et fêtaient ses chiens et son cheval, il vit venir à sa rencontre toute la cour de Hainaut, tout le clergé et tout le peuple de Mons, avec les bannières et les instruments de musique. Ce fut une grande fête. Les deux chiens de Gilles marchaient à ses côtés, l'un fier et se dressant comme un vainqueur, l'autre persuadé sans doute que son maître venait d'échapper à un grand péril et ne cessant de lui adresser, tout en suivant le chemin, de bons et tendres regards, tous deux semblant reconnaître, ainsi que le palefroi, qu'ils avaient mérité les caresses et les honneurs dont les comblait la multitude.

Gilles donna son cheval et ses chiens à la ville de Mons, qui les nourrit et les choya honnêtement. Il épousa Ida de Chièvres, devint chambellan de Hainaut, conseiller du Comte, seigneur de Berlaimont, Sart, Germignies et autres lieux, et laissa un nom qui ne périra point.

Jusqu'à la fin du dernier siècle, on faisait le 12 d'août avec grandes cérémonies, dans l'abbaye de Saint-Ghislain, le service funèbre de Gilles (1); et tous les ans, la ville de Mons fête encore, le diman-

---

(1) « L'an 1137, trois jours avant la mi-août, trépassa messire Gilles de Chin, qui fut tué d'une lance, et est celui qui tua le gayant. Et en fait-on l'obit à Saint Ghislain en l'abbaye où il gît, trois jours devant la mi-août, aussi solennellement qu'on fait du roi Dagobert qui fonda l'église, » etc. *Inscription rapportée par Le Mayeur.*

che de la Trinité, le souvenir de sa grande victoire. Des accessoires burlesques se sont joints, il est vrai, aux représentations anciennes. Un immense dragon d'osier, que des hommes cachés font mouvoir, est promené par la ville; un chevalier, couvert de fer et vêtu à l'antique, le poursuit à cheval. Il représente Gilles de Chin.

Les chiens ne sont pas oubliés; les écuyers les représentent, équipés singulièrement dans de petits chevaux de Frise en carton; on les appelle les *chins-chins;* le dragon, par antichrèse sans doute, se nomme le *Doudou.* La jeune fille blanche y figure. Mais nous ne savons pas pourquoi on y introduit des diables, des hommes sauvages et des *chabourlettes* ou jeunes paysannes qui font le *lumçon* (1), tournoyant autour du monstre, vaincu finalement par Gilles de Chin.

Cette mascarade attire toujours à Mons une grande affluence de curieux.

Vous pouvez voir, à la Bibliothèque publique de Mons, la statue ancienne de Gilles de Chin; à ses pieds est un de ses chiens; on a sculpté aussi la tête du dragon, qui a des traits de ressemblance avec celle d'un grand crocodile. Ce qui a fait dire à des critiques que le Doudou était un de ces monstres, tué en Égypte par Gilles de Chin, lequel avait fait la Croisade. D'autres ont prétendu que Gilles avait vaincu un soudan, dont le Doudou ne serait qu'une altéra-

---

(1) Limçon, en patois de Mons.

tion. Quelques-uns l'ont confondu avec un autre Gilles, qui occit Thierry d'Avesnes, de qui ils font un brigand pour consolider leur système. Il en est enfin qui soutiennent que la légende de Gilles est une allégorie, qu'il dessécha tout simplement un marais, parce que *Droog*, d'où est venu dragon, disent-ils, signifie en flamand *sec*. Mais on n'a jamais parlé flamand à Mons. Il en est enfin qui appliquent l'allégorie à quelque idole, que Gilles, dont ils font un saint, parvint à renverser. Quoi qu'il en soit, n'allez pas émettre ces doutes dans les nombreux cabarets qui, autour de Wasmes (où l'on fait aussi la procession du dragon), portent, en mémoire de Gilles de Chin, l'enseigne de l'Homme de Fer.

— Passons, dit Grégoire Moreau, dans un pays voisin. Mais je vais être bien froid, après le récit que vous venez d'entendre. On vous a cité dans beaucoup de livres le célèbre tournoi de la Gruthuse; je prétends vous en donner le tableau.

LE TOURNOI DE LA GRUTHUSE.

> La lice aux bons chevaliers.
> SAINTE-PALAYE.

I.

Le dixième jour de mars de l'année 1392, deux cents charpentiers, à neuf heures du matin, travaillaient encore avec diligence sur le Grand-Marché de Bruges, qui avait totalement changé d'aspect. Là en effet devait avoir lieu le lendemain le grand tournoi, annoncé depuis si long-temps, entre les deux partis ou factions qui divisaient encore les Flamands, partis qui n'avaient plus l'aigreur d'autrefois, et que l'on voulait soumettre enfin au jugement de Dieu et à l'avis des dames. Cinquante chevaliers devaient combattre de chaque côté. L'un des chefs était le puissant seigneur d'Aa, seigneur de la Gruthuse, prince de Steenhuysen; il était partisan de l'indépendance nationale avec l'amitié de la France. L'autre chef était Wolfart de Ghistelle, chambellan héréditaire de Flandre; il s'était déclaré pour le patronage de l'Angleterre.

Le comte de Flandre devait assister au tournoi

avec toute sa cour. On avait sablé une vaste lice qui occupait la place entière du Grand-Marché. Tout autour on avait dressé des gradins où devaient se placer les spectateurs.

Deux barrières solidement plantées à chaque bout du camp devaient s'ouvrir au signal du Comte. A midi, tous les travaux étant terminés, les chevaliers vinrent visiter, avec leurs écuyers, le champ du combat, qu'ils trouvèrent en bon ordre. Alors le sire de la Gruthuse fit crier le tournoi. Un héraut sonna de la trompette et dit à haute voix :

« Seigneurs chevaliers, demain vous aurez le » tournoi, où prouesse sera vendue et achetée au » fer et à l'acier. »

Puis il reprit : « La lice est belle. Écuyers, à vous » les vêpres du tournoi ! Et faites votre devoir. »

On appelait vêpres du tournoi les combats de la veille, qui se livraient ordinairement entre les écuyers, avec des armes plus légères. Souvent dans ces escrimes, un écuyer qui se distinguait gagnait la chevalerie.

La plupart des chevaliers qui se disposaient à combattre le lendemain étaient présents à leur barrière; ceux du sire de la Gruthuse à l'orient, et ceux du sire de Ghistelle à l'occident ; car on avait partagé le soleil, et les coups devaient commencer à midi. Ils firent ouvrir la lice aux écuyers, qui, sur leurs roussins ou chevaux d'amble, s'élancèrent et rompirent des lances courtoises. Il y eut là, sans effusion de sang, de gentils faits d'armes et de beaux triomphes. Deux écuyers se distinguèrent par tant de prouesses et par des coups si habiles, que, de l'aveu de tous les chevaliers présents, on les jugea dignes de recevoir la chevalerie.

Ces deux jeunes seigneurs étaient Guillaume van Hersele, écuyer de Jean de la Gruthuse, et Daniel van Halewyn, écuyer du sire de Ghistelle. On les emmena au son des cloches, au son des trompettes, à l'église de Saint-Donat, où ils devaient prier jusqu'au soir, puis, après une légère collation, passer la nuit avec un prêtre au pied de l'autel, faisant ce qu'on appelait la veille des armes, et demandant à Dieu de les bénir, dans la noble et sainte carrière où il allaient être élevés, pour la défense de la religion, pour l'appui de l'orphelin et de la veuve, pour la cause de l'honneur et de la patrie. Ils avaient chacun vingt-deux ans.

En ce temps-là, les premières années d'un jeune seigneur étaient encore divisées en trois périodes. La première, qui comprenait l'enfance, durait sept ans; l'enfant alors était entre les mains des femmes. De sept ans à quatorze, il était page; de quatorze à vingt et un, écuyer ou varlet.

La chasse ou vénerie étant un des apanages de la noblesse, l'éducation qui s'y rapportait suivait la même division. A sept ans, un enfant pouvait entrer dans la classe des pages de vénerie; à quatorze ans, l devenait valet de chiens; à vingt et un, aideveneur. Il pouvait se voir rapidement maître de chasses. Ces dignités aujourd'hui seraient peu recherchées.

Mais, il était rare qu'on fût fait chevalier, à moins d'être prince, à un âge aussi jeune que Guillaume van Hersele et Daniel van Halewyn. Pour les princes, c'était comme un droit; ce n'était pas le prix du mérite. Un an avant l'époque du tournoi de la Gruthuse, en 1371, Duguesclin, assistant au baptême du petit enfant que la reine de France venait de donner à Charles V, dit le Sage, lui avait mis en main son épée et l'avait reçu chevalier. On voit plus tard Philippe-le-Bon armer chevalier au berceau son fils Charles, qui eut par la suite le surnom de Téméraire. Charles-Quint fut fait chevalier à l'âge de seize jours, et décoré de la Toison-d'Or à dix-huit mois.

En 1372, ces usages n'étaient encore que des exceptions. Il fallait, pour être chevalier, mériter son éperon, et toute l'assemblée qui avait assisté aux vêpres du tournoi, sur la place du Grand-Marché de Bruges, rendait cette justice à Daniel et à Guillaume, qu'ils étaient dignes de l'insigne honneur qu'on leur faisait.

Un écuyer seul en paraissait attristé; c'était Gérard Broeck, varlet du chevalier Arnold van Zweveghem. Le pauvre homme avait trente-huit ans, et n'avait pu encore espérer la chevalerie. Dans la joute qui venait d'avoir lieu, il avait été désarçonné, jeté à dix pas de son cheval, et il se frottait le ventre en gémissant. Il était très-gros, ce qui est mal commode pour un homme qui doit porter ceinturons, harnais et cuirasses. Il gémissait et faisait la leçon à Donat van der Beurse, jeune écuyer de dix-huit ans qui l'avait relevé, et qui donnait de grandes espérances, mais qui était fort dissipé.

— Vous voyez ce qui arrive, Donat, disait Gérard. J'ai trente-huit ans; et voilà que passent devant moi deux jeunes adolescents de vingt-deux. Ils ont la chevalerie; et moi, de bons horions. C'est ma faute. J'ai fait comme vous, Donat, préférant les jeux et passe-temps aux rudes travaux d'un bon poursuivant d'armes. J'ai hanté les cabarets; il m'est venu un gros ventre. Ils ont exercé leur jeunesse aux choses fortes et périlleuses; il leur vient l'éperon d'or. Autant vous en adviendra-t-il, Donat, à vous qui courez plus aux plaisirs et folâtreries qu'aux endurcissements du métier de la guerre?

— Bah! bah! répondit le malin jeune homme, je n'ai pas été désarçonné.

— Aussi, mon fils, dit Gérard, n'avez-vous pas mon âge. Le désarroi vous viendra. Jouteriez-vous contre le sire de la Gruthuse?

— Le plus vaillant de nos chevaliers! Non, certes! je n'oserais.

— Un brave écuyer doit être prêt à jouter contre le plus fort. Un homme n'est qu'un homme; et quand les armes sont égales, les chances sont pareilles.

— Je nie ce propos. Il y en a de plus forts et de plus adroits.

— Vous voyez donc, enfant, qu'il faut acquérir de la force et de l'adresse. On ne les gagne que par grands exercices. Savez-vous comment le sire de la Gruthuse est devenu le parangon des chevaliers? Je vous l'apprendrai, Donat. A votre âge, il s'essayait à sauter tout armé sur un cheval; il y parvint. Le feriez-vous?

— Non, dit le jeune homme en baissant les yeux. Mais vous ne le feriez pas non plus.

— Pardon, si je n'avais pas mon gros ventre. A votre âge, il courait et allait longuement à pied, pour s'accoutumer à souffrir la peine et pour avoir longue haleine au besoin. Il fendait du bois, frappant d'une cognée, puis d'un maillet, les plus grandes pièces qu'il trouvait, et ne renonçait qu'à la besogne faite.

Il faisait des cabrioles et des soubresauts, armé de toutes pièces, pour s'habituer au harnais. Il dansait vêtu d'une cotte d'acier. Tout chargé de fer et l'épée à la main, il sautait sur un coursier de bataille, sans mettre le pied dans l'étrier.

Il faisait mettre un homme sur un grand cheval de guerre, puis, sans autre aide ni avantage que de prendre ledit homme d'une seule main par la manche, il se plaçait en croupe du premier bond. En mettant une main sur l'arçon de la selle d'un haut coursier et l'autre aux crins près des oreilles, il sautait par-dessus le cheval et se retrouvait debout, de l'autre côté.

Il y avait dans sa maison deux murs unis, hauts comme des tours, à trois pieds l'un de l'autre. A force de bras et de jambes, posant un pied et une main deçà et delà, il montait tout en haut, puis en descendait sans autre aide; et jamais il ne lui arriva de choir, ni au monter, ni au dévaloir. Ainsi il se fit robuste, nerveux et ferme en tous ses membres.

Parfois encore, il montait au revers d'une grande échelle dressée contre un mur et s'élevait jusqu'au haut, sans la toucher des pieds, mais seulement sautant des deux mains d'échelon en échelon; il faisait cela, chargé d'une cotte d'acier. S'il ôtait cette cotte pesante, il montait plusieurs échelons avec une seule main.

Dans le temps de ces exercices, il n'était qu'écuyer comme vous, Donat. Quand il se trouvait avec ses jeunes compagnons, il ne les provoquait qu'aux essais de guerre et d'adresse, et s'accoutumait à jeter la lance vers un but. Aussi on l'a vu, dans un tournoi, renverser à la première traversée trois chevaliers, jetant sa lance au premier, sa hache au deuxième et frappant l'autre de sa grande épée...

Pendant tout ce récit, qui prouve que nos pères connaissaient aussi la gymnastique, le jeune Donat restait attentif. Il exprima enfin le vœu de changer de conduite, et de se rendre digne de la chevalerie.

— Pour achever d'animer votre cœur, reprit Gérard, vous allez voir demain la pompe avec laquelle seront armés les deux vainqueurs. Oh! ajouta-t-il en soupirant, si on pouvait m'ôter vingt ans et mon gros ventre!....

Là-dessus, les deux écuyers se dirigèrent vers Saint-Donat, où l'on préparait tout pour la cérémonie du lendemain.

II.

Le lendemain matin, à neuf heures, tous les chevaliers qui devaient figurer au tournoi arrivèrent à l'église de Saint-Donat, en deux files; chaque file conduite par son chef. Ils venaient entendre la messe qui devait précéder la joute, et à la suite de laquelle on allait armer les deux chevaliers. Guillaume et Daniel avaient passé la nuit en prières au pied de l'autel; ils s'étaient confessés; après quoi on leur avait fait prendre un bain, pour que le corps fût purifié aussi bien que l'âme.

Tous deux furent ramenés à l'église, entièrement vêtus de blanc, comme des néophytes. Ils assistèrent à la messe, pieusement agenouillés. Après la consécration, ils donnèrent au diacre leurs épées, qui étaient pendues à leur cou par un ruban blanc; le diacre les mit sur l'autel; et ils s'approchèrent de la sainte table. Un prêtre vénérable leur fit alors un discours sur les devoirs de la profession dont ils allaient être honorés. Puis le doyen qui officiait, ayant fini la messe, bénit tous les chevaliers.

Deux siéges élevés avaient été préparés aux deux côtés de l'autel; Jean de la Gruthuse se plaça sur le premier à droite, Wolfard de Ghistelle s'assit à gauche sur le second. Les deux écuyers blancs vinrent se mettre à genoux devant eux, conduits chacun par quatre parrains, qui devaient appuyer leurs serments.

Pendant que le prêtre bénissait les épées, Jean de la Gruthuse, s'adressant à Guillaume van Hersele qui était à genoux devant lui, lui demanda pourquoi il voulait être chevalier.

— Si ce n'est que pour être riche et en honneur, sans honorer vous-même la chevalerie, dit-il, retirez-vous.

— Non, dit le jeune écuyer, je veux être chevalier, pour consacrer mon épée à Dieu, à l'Église, à l'honneur, pour défendre l'opprimé et le faible, pour protéger les dames.

Le sire de la Gruthuse, s'adressant alors aux quatre parrains de Guillaume, qui étaient Jean van der Hagen, Rasse van Godegont, Henri van Berghen et Liévin van Steelant, leur demanda si l'aspirant disait vrai.

— Oui, répondirent-ils.

— Vous êtes ses répondants? reprit le chevalier.

— Nous les sommes.

— Il ne fuira pas devant le péril?

— Il est vaillant et sans peur.

— Il fera honneur à l'ordre de chevalerie ?

— Il est chrétien et sans reproche.

— Amen, dit Jean de la Gruthuse.

— Alors l'officiant ayant dit une prière sur la tête du jeune homme, on commença à l'habiller; la même cérémonie se répétait de l'autre côté de l'autel sur Daniel van Halewyn, qui avait pour parrains Jean van Varsenare, Jean van Lembeke, Tristram van Messem et Guillaume van Ravescot.

Les sous-diacres apportèrent les éperons d'or, que l'on chaussa au nouveau chevalier, en commençant par le côté gauche. On le vêtit ensuite du haubert ou cotte-de-mailles, de la cuirasse, des brassarts et des gantelets. Puis le prêtre donnant l'épée à Jean de la Gruthuse, celui-ci la ceignit au nouveau chevalier, en lui disant : C'est Dieu qui vous la donne.

— Et Dieu délaisse les chevaliers félons, ajouta le prêtre.

— Dieu sera pour moi, répondit Guillaume.

Il était entièrement armé. Néanmoins, selon l'usage, il restait à genoux les mains jointes.

— Que demandez-vous? dit alors Jean de la Gruthuse en se levant de son siége.

— Je demande, répliqua-t-il, d'être fait chevalier.

— Que disent les parrains?

— Nous répondons de Guillaume van Hersele, corps pour corps, dirent les quatre seigneurs.

Dès que ces mots furent prononcés, Jean de la Gruthuse, s'approchant, baisa le jeune homme au visage; puis tirant son épée, il lui en donna trois coups, un sur l'épaule droite, un sur la tête, un sur l'épaule gauche, en disant : — Au nom de Dieu, de saint Michel et de saint Georges, je te fais chevalier.

— Amen, répondit l'assemblée.

— Soyez preux, hardi et loyal, dit le premier parrain.

Le second dit : — Comme le prêtre est pour prier, le chevalier est pour défendre.

— Un bon chevalier, dit le troisième, est le bras de tous ceux qui ont besoin d'appui.

Le quatrième demanda : — Quelle sera votre devise?

— Redresser les torts, reprit Guillaume.

— Mourir sans tache, répondait en même temps Daniel à la même question.

Les deux nouveaux chevaliers furent ramenés alors au milieu de la nef, où leurs parrains leur donnèrent à chacun un écuyer. Les varlets présentèrent à leurs jeunes maîtres le casque, le bouclier et la lance. Puis deux chevaux caparaçonnés et bardés de fer furent introduits. Les deux chevaliers se mirent en selle sans recourir à l'étrier, et faisant le signe de la croix ils sortirent de l'église au milieu des acclamations de la foule.

Tout le monde fêtait à leur passage les nouveaux

chevaliers, qui allaient célébrer leur élection dans un des plus brillants tournois qu'on eût faits depuis long-temps.

On avait béni la lice ouverte sur le grand marché; toutes les galeries environnantes étaient décorées de draperies, de banderoles et de devises; les dames de Bruges, dans tout l'éclat de leur fraîche parure, faisaient de ce circuit un brillant parterre. De cinquante lieues au loin une foule de seigneurs et de dames étaient venus pour ce tournoi.

Midi sonna. Aussitôt, au son des trompettes éclatantes, les deux troupes de chevaliers parurent aux deux bouts du camp. Le héraut d'armes du sire de la Gruthuse et le héraut d'armes du sire de Ghistelle s'avancèrent à cheval au milieu de la place et crièrent que le tournoi allait s'ouvrir. Les juges du camp levèrent les barrières en disant :

— Laissez aller les bons chevaliers.

Et les deux troupes s'élancèrent.

Peut-être ne sera-t-il pas sans intérêt de citer ici les braves qui combattirent dans cette journée d'honneur. Chaque troupe était composée de quarante-huit chevaliers. Voici la première :

Jean de la Gruthuse, Guillaume van Hersele, Gauthier van Weldene, Jean van Brandeghem, le bâtard Paris, Jean van Rokeghem, Robert van Lewerghem, Rasse van Godegont, H. van Berghen, Gauthier van Ranst, E. van Berghen, Rasse de Renty, Robert de Rouck, Jean Gherolf, Arnold de

Zweveghem, Hector van der Gracht, bâtard, Ghidolf de la Gruthuse, le sire de Steenhuise, Jean van der Haghen, Philippe van der Couderbuerch, Gauthier van Winghene, Henri Craenhals, Louis van der Berghe, Liévin van Steelant, Yves van Straten, Jean de Bochout, Louis van Moerkerke, Jean van Dudsele, Guyot de Caumont, Georges Hasle, Jacques Breidel, Balthazar Langeraed fils, Everard Rinvisch, Louis van Aertrike, Philippe van Aertrike, le bâtard Utenzwane, Aloys de Massin, bâtard, Regnier van Hersele, Jean de Caerlier, Achard van Dorneke, Jean de Crombeke, Jacques de Crombeke, Guillaume de Crombeke, Jean van Temseke, Runschaert Bonni, bâtard, Louis Metteneye, Jacques Brootor, Pierre Metteneye.

Les quarante-huit chevaliers de l'autre part étaient :

Wolfard de Ghistelle, Daniel van Halewyn, Guillaume van Halewyn, Perceval van Halewyn, Olivier van Halewyn, Guillaume van Nevele, Jean Blankart, Jean van Lembeke, Ostelet van den Casteele, Jean van Regaersuliete, Jean Leovejans, Jean van Varsenare, Tristram van Messem, Victor van Jabeke, Jean van der Beerst, Bodin de Maerscalt, Hostin-Faucket van Dorneke, Pauwels de Bassecort, Georges Braderic, Jacques van Aertrike, Georges van Ryssele, Jean van der Beurse, Jacques Vlamyng, Pierre van der Stove, Godscale Perkelmoes, Zegher van der Walle, Gilles van der Breughe, Georges de

Maetsenare, Ravin van Rysele, Jacques de Melant, Hubert Scotelare, Everart Goederic, Philippe de Bul, Gilles van Rysele, Jacques van der Leke, Michel van Assenede, Michel van der Leke, François Slingher, Jean Belle, Nicolas Belle, Corneille van de Heechoute, François van Dixmude, Roelant van Lovendeghem, Guillaume van Ravescot, Siméon van den Hole, Jean van den Hole, Lievin Scotelaere, Gilles Braderic.

Les deux troupes s'étant jetées dans la lice, le combat s'engagea aussitôt. Tous les chevaliers n'avaient que des armes courtoises, c'est-à-dire, des épées à fil rabattu et des lances à pointe émoussée. Cependant il se fit des deux parts beaucoup de prouesses. Le sire de Ghisthelle combattait contre le sire de la Gruthuse, Guillaume van Hersele contre Daniel van Halewyn; ainsi tous les autres, un contre un; et la foule, divisée en deux opinions que représentaient les deux troupes, était attentive.

Selon les lois de la chevalerie toujours loyale, il était défendu de frapper les chevaux de ses adversaires et de toucher son ennemi autrement qu'en face. Dès la première course, plusieurs chevaliers furent lancés hors des arçons; leurs écuyers, toujours présents pour venir à l'aide de leurs maîtres, les relevèrent et les retirèrent du champ. On combattit ainsi jusqu'à quatre heures; et l'avantage se déclara pour le parti de Jean de la Gruthuse, à qui seul il restait quelques chevaliers debout.

Ceux qui n'aimaient pas les Anglais triomphèrent; mais aussitôt tous les combattants se remirent en ligne, et le tournoi devint une mêlée; de beaux faits d'armes se firent admirer encore. La victoire couronna de nouveau le sire de la Gruthuse et les siens.

Pendant trois jours que durèrent les joutes, il en fut de même. Le sire de Ghistelle rendit les armes; on reconnut son opinion comme condamnée. Cependant, selon l'usage, personne ne modifia la sienne.

En quoi on dut seulement admirer ce tournoi, qui fait exception, c'est qu'il se termina sans mort d'homme et sans que le sang eût coulé.

— A cette histoire intéressante, mais un peu sèche, dit Paréja, je ferai succéder, avec votre permission, un récit de sentiment.

LE BAC DE L'ESCAUT.

Il y a des hasards bien singuliers.
FELLER.

Au commencement du règne réparateur de la noble et bonne princesse Isabelle-Claire-Eugénie, vers l'an 1604, il arriva une chose remarquable dont l'Escaut fut le théâtre.

Dans une vaste maison du Marché-aux-Souliers,

à Anvers, presque au coin de la place Verte, presque en face de ce qu'on appelle aujourd'hui le Gouvernement, vieil édifice remplacé maintenant par plusieurs constructions de moindre importance, il y avait un soir, au fond d'une arrière-salle, quatre personnages qui paraissaient gravement occupés. Ils rédigeaient un contrat de mariage.

L'un de ces personnages, enveloppé dans une large houppelande, étendu sur un grand fauteuil de cuir noir, avec un tabouret de crin sous sa jambe droite, était Justus van Mol, vieillard à cheveux blancs, l'un des membres les plus opulents de la confrérie des Cordiers. A côté de lui se trouvait sa fille unique Eulalie van Mol, jeune héritière de vingt ans, aux regards bienveillants et candides, au visage doux et suave; ses mains se croisaient avec l'agitation d'un esprit gravement préoccupé. Cependant elle avait devant elle le beau jeune homme qu'elle allait épouser, Ferdinand Keverberg. Il était riche, bien fait, agréable; il montrait un grand empressement. Tout le reproche qu'on eût pu lui faire, c'est qu'il n'avait pas l'air de remarquer la tristesse intime de sa future et qu'il paraissait en ce moment moins occupé d'elle que des articles du contrat.

Le quatrième personnage était un impassible notaire, qui prenait froidement ses notes et remplissait lentement les lacunes de son acte, dont le cadre était tout dressé.

— Il est donc bien convenu, dit-il enfin, en s'adressant à Justus van Mol, que pour réunir vos deux fortunes, vous donnez tout ce que vous avez à votre fille, comme votre ami Philippe Keverberg donne à son fils tout ce qu'il possède?

— Convenu, répondit gravement le vieillard, à l'exception d'une rente annuelle de deux mille florins courants que je me réserve; de même que mon vieux Philippe garde pour lui ses deux fermes de Beveren.

— Il est stipulé de plus, reprit le notaire, que les deux époux, par le présent contrat, se donnent tout au dernier vivant, sans restriction aucune; de manière que si votre fille venait à mourir la première, M. Ferdinand resterait possesseur absolu de toute la fortune qui est mise en commun : et que dans le cas contraire où mademoiselle Eulalie perdrait son époux, elle n'aurait pareillement affaire à nul héritier et disposerait de tout à son gré?

— C'est stipulé formellement, dit encore Justus van Mol.

Tout le monde alors tomba dans le silence; et le notaire écrivit. Au bout d'une demi-heure, il présenta son acte à signer. Sans dire un mot, Ferdinand griffonna son nom, d'une main ferme; Eulalie, qui savait écrire, mit le sien avec une émotion très-visible; Justus signa d'un air satisfait, mais calme.

Le notaire s'était levé et pliait son acte; Ferdinand prit congé du vieillard et de la jeune fille, dit avec beaucoup d'expression : — A demain ! — et suivit l'officier ministériel, avec qui il allait à Beveren faire signer le contrat par son père.

C'est que les deux amis, Philippe Keverberg et Justus van Mol, étaient tous deux vieux et cassés et travaillés par la goutte qui, les clouant à leur logis, les obligeait, en dépit d'un voisinage de deux lieues, à ne plus se voir que dans leurs enfants. Ils avaient toute leur vie été associés. Mais depuis cinq ans Philippe s'était trouvé malade ; la société s'était liquidée par un partage fraternel. Philippe s'était retiré à Beveren ; Justus, nourri dans le commerce, ne s'était pourtant décidé à maintenir seul la maison d'Anvers que pour l'exécution d'un projet alors arrêté entre eux, savoir, que cette maison et toute la fortune de ses deux chefs seraient cédées à leurs enfants, dès qu'Eulalie aurait atteint sa vingtième année. Ces arrangements, comme on le voit, emportaient un mariage. La goutte était venue bientôt désoler aussi Justus ; et il voyait avec joie le jour où son gendre allait le remplacer. Les deux futurs époux devaient entrer en ménage et dans les affaires à la tête de trois cent mille florins, somme alors très-considérable. Leurs pères, qui depuis cinq ans avaient résolu leur union, supposaient qu'ils devaient s'aimer ; car Eulalie et Ferdinand avaient été élevés ensemble.

Ferdinand, en effet, se montrait fort épris de la fille de Justus, mais épris à sa manière. C'était un jeune homme ardent, appliqué à ses affaires tout le jour, et le soir bon viveur avec ses camarades de plaisir. Il avait le défaut, très-fâcheux en cette circonstance, de regarder trop exclusivement les femmes comme de simples ménagères, à qui il suffit d'être les servantes de leurs maris. La chaude affection qu'il montrait à Eulalie avait un ton protecteur; et lorsqu'il s'approchait d'elle, il lui laissait voir qu'elle aurait dans son époux un maître de qui elle devait attendre peu de sacrifices. C'était un jeune homme au teint coloré, à l'œil ferme, doué de force et de vigueur. Quoiqu'il eût de beaux traits, tout son visage était empreint de quelque chose de sec, qui devait peu attirer le cœur d'une femme douce.

Il aimait Eulalie avec violence; et par la nature de son caractère orgueilleux, il n'avait jamais douté un instant qu'il n'en fût aimé. Il s'occupait de son mariage comme d'une de ces affaires qu'on poursuit avec passion, mais qu'on est sûr de finir.

Cependant Eulalie n'aimait pas celui qu'elle allait épouser. Elle le redoutait; elle frémissait de l'ascendant qui allait peser sur elle, et voyait avec angoisses la main d'acier par laquelle sa vie allait être dirigée. Mais que pouvait-elle faire? Timide, pieuse, soumise, elle savait que rien ne pourrait changer les résolutions de son père. Justus van Mol, le loyal négociant, faisait exception à ces bons et tendres pères si communs aux Pays-Bas, qui laissent au cœur de leur fille la liberté de choisir un mari. Il avait décidé l'union de Ferdinand et d'Eulalie ; c'était irrévocable.

Quand le jeune homme fut sorti avec le notaire, Justus prit la main de sa fille qui pleurait : — Je conçois votre émotion, Eulalie, dit-il ; demain vous serez mariée. C'est l'affaire capitale de la vie d'une femme. Mais dans peu de jours j'aurai la joie de vous voir heureuse. Demain soir, au souper que je vous donne, je vous mets en possession de tout, mes enfants ; et le petit écusson de cuivre est tout prêt ; le voici ; à votre arrivée vous le trouverez cloué à la porte : *Ferdinand Keverberg, successeur de son père et de son beau-père.* Ainsi la maison van Mol et Keverberg se perpétuera.

Après qu'il eut dit encore quelques paroles, le vieillard fit rouler son fauteuil, et un vieux domestique le mit au lit. Eulalie se hâta de rentrer dans sa chambre ; elle fondit en larmes. Toute jeune, elle avait perdu sa mère ; elle n'avait personne dans le sein de qui elle pût déposer ses chagrins. Un seul être devinait ses peines ; mais cet être en était la cause innocente ; et si elle ne l'eût pas connu, elle eût moins remarqué sans doute les rudesses de Ferdinand. Ne le comparant à personne, elle se fut faite à son humeur, tandis qu'à côté de cet homme, en qui rien ne sympathisait avec son âme, elle ne pouvait s'empêcher de placer le pauvre et doux Amand Raffelghem, et alors son cœur se serrait.

Amand Raffelghem était fils d'un humble cordier,

qui travaillait pour la maison van Mol. C'était lui qui toutes les semaines rapportait l'*ouvrage*. Il était de taille moyenne ; il n'avait ni beauté, ni éclat ; mais quelque chose de si bon, de si affectueux, de si dévoué s'épanouissait dans sa modeste physionomie, que la douce et pensive Eulalie en avait été frappée. Elle savait son noble cœur, généreux et ouvert, et ses solides vertus alliées à une douceur constante, seul gage de bonheur ici-bas. Mais que faire, hélas ! d'une illusion sans espoir ? Il avait fallu l'étouffer.

Depuis quinze jours qu'on s'occupait activement du mariage, Amand Raffelghem n'avait plus paru ; on le disait malade. Eulalie, plus touchée qu'elle ne l'avait cru d'abord, voyait arriver avec terreur le moment qui allait élever entre elle et lui une muraille d'airain.

Keverberg et van Mol, les deux pères, ne pouvant se déplacer, l'un d'Anvers, l'autre de Beveren, il avait été convenu que le mariage serait béni à l'église de Beveren, qu'on ferait le dîner de noces chez Philippe Keverberg, et qu'ensuite les nouveaux époux viendraient souper avec leurs parents et leurs amis à la maison d'Anvers, où l'on avait préparé l'appartement nuptial.

Le lendemain matin, Eulalie, accompagnée de ses cousins et cousines, jeunes et vieux, traversa l'Escaut dans une barque dont le mât s'élevait joyeusement surmonté d'un large bouquet de noces ;

elle alla, comme une victime, à la jolie église, fraîche et décorée ; le mariage fut béni ; elle en sortit les yeux gonflés, donnant le bras à Ferdinand, qui marchait avec son ton de tous les jours ; seulement il avait sur les lèvres une sorte de sourire triomphant.

Le dîner fut très-gai de la part de tous les conviés, de la part du marié qu'on accablait de compliments, de la part de son père qui comblait Eulalie de tendres expressions, Eulalie qu'il avait tenue petite enfant dans ses bras, et qu'il appelait sa fille avec un peu d'ivresse. La jeune épousée seule paraissait triste ; mais, selon les habitudes frivoles de la société, on attribuait au mariage des larmes qui ne revenaient qu'au mari, comme s'il n'était pas reconnu qu'une jeune fille ne pleure pas, lorsqu'elle se marie à son gré.

Après le dîner, qui fut long et bruyant, on parla de retourner à Anvers. Eulalie, qui fréquemment avait semblé étrangère à ce qui se passait autour d'elle, demanda avant de partir la permission d'aller prier encore à l'église de Beveren. Les jeunes filles l'accompagnèrent ; les hommes restèrent à table, fixés là par d'excellents flacons de vieux vin d'Espagne.

Elle pria long-temps devant l'autel de la sainte Vierge, demandant la force de repousser tout sentiment désormais contraire à ses devoirs et sollicitant les vertus qui amènent le bonheur dans un ménage. Bientôt, la nuit s'avança ; il fallut se mettre en route.

La société partit, dans plusieurs petits chariots peints, à la mode du pays. Suivant un usage du temps, les jeunes garçons escortaient la mariée et les jeunes filles le nouvel époux ; ce qui faisait comme deux gracieux détachements marchant de concert. Le jour était tombé tout à fait, lorsqu'on arriva à la Tête-de-Flandre sur le bord de l'Escaut. La lune se levait belle, mais voilée de quelques nuages ; la marée montait et le vent contraire agitait la surface du fleuve, qui a dans cet endroit une largeur d'un quart de lieue. On ne vit pourtant aucun péril. Deux grandes barques avaient été retenues ; Eulalie monta la première avec ses jeunes parents qui se hâtaient ; car ils savaient qu'un souper royal les attendait au marché aux souliers ; les jeunes filles et les dames se placèrent dans la seconde barque.

Au lieu de les accompagner, Ferdinand, qui avait amené Miken, son cheval favori attelé à une petite carriole assez semblable aux tilburys de notre époque, déclara qu'il passait dans le bac. On savait qu'avec lui les représentations étaient vaines, et quoique l'Escaut parût mauvais, on se contenta de lui dire qu'il ferait bien de mettre dans le bac son cheval et sa carriole et de venir dans la barque. Il répondit, en entrant dans le bac obstinément, que Miken ne connaissait que sa voix.

Les deux embarcations traversèrent donc. Il fallut aux rameurs de grands efforts ; mais enfin la noce qu'ils ramenaient arriva en moins de vingt minutes sur le quai d'Anvers, sans autres inconvénients que d'abondantes éclaboussures. Le bac n'était encore qu'au milieu de l'Escaut.

Tout à coup, dans l'obscurité, un des quatre hommes qui le manœuvraient heurte Miken avec la corde qui servait de direction ; le cheval s'agite, effrayé par le vent et les flaques d'eau qui bondissent autour de lui ; la lanterne qui est à l'avant le trouble ; il recule vivement ; son maître veut le modérer en vain ; en un moment il se précipite dans le fleuve, entraînant Ferdinand qui cherche à le retenir. Les conducteurs du bac poussent aussitôt de grands cris ; ils abandonnent leur manœuvre, lâchent la corde pour voler au secours de Ferdinand, et le bac est rapidement entraîné par la marée. Le jeune homme surnage, se soutient sur les flots, appelle à son aide ; on l'entend qui se débat et qui s'écrie : La moitié de ma fortune à qui me sauvera ! Mais le fleuve est devenu si furieux que personne n'ose se jeter à la nage. Deux des guides du bac s'élancent dans leur canot ; d'autres petites barques accourent du quai où la noce est dans l'effroi ; mais d'instant en instant la voix change de place. Les matelots jettent des rames pour servir d'appui au jeune homme, dont les forces doivent être épuisées. On croit entendre un choc, comme si une de ces rames eût heurté une tête : et dès lors le silence le plus complet règne sur l'abîme. L'Escaut, au milieu de son cours, devant Anvers, a, dit-on, plus de cent pieds de profondeur. On ne retrouva que deux jours après le cadavre de Ferdinand.

Le souper du soir n'avait pas eu lieu au marché aux souliers. Le vieux Justus van Mol se tordait les mains. Eulalie, veuve presque aussitôt que mariée, pleurait de douleur, d'épouvante, de compassion pour son père. Elle repoussait en même temps un sentiment égoïste, qu'elle ne savait pas se définir, et qui lui représentait bien bas qu'au milieu de son malheur elle était pourtant redevenue libre.

Ce ne fut que six mois après qu'elle revit Amand Raffelghem, qui n'osa pas lui parler. Six autres mois passèrent et modérèrent la vive douleur du vieux marchand de cordes; mais il n'avait jamais vu pour sa fille d'autre époux que Ferdinand. Sentant qu'il lui fallait un successeur pour continuer sa maison, il s'avisa enfin de consulter sa fille : — Vous êtes votre maîtresse, Eulalie, lui dit-il, votre mariage vous a affranchie de mon autorité; votre contrat vous a mise en possession d'une énorme fortune; j'aimerais à vous voir me donner un gendre.

La jeune veuve, après quelques hésitations, avoua qu'elle aimait Raffelghem. Justus soupira; mais enfin comme il était cordier, le vieillard finit par le trouver convenable. Cet autre mariage se fit deux ans après le premier; il ramena les roses sur les joues d'Eulalie. On dit qu'il fut heureux, mais que la craintive Anversoise ne permit jamais à son cher Amand de se confier au bac de l'Escaut.

— Et si vous y consentez, dit alors Clovis d'Anzac, je vous conterai une autre histoire, qui eut pour théâtre les mêmes lieux. C'est une légende d'artiste ; c'est en même temps, ce que désire notre hôte, une tragique et grave légende de la guerre. Elle se clôt toutefois par un dénouement plus doux.

LA FILLE DE L'ORGANISTE.

> La guerre! ce ne sont certainement pas les bonnes gens qui l'ont inventée.
>
> AUG. LAFONTAINE.

I.

Le 4 novembre de l'année 1576, année si déplorable et si triste dans les souvenirs d'Anvers, un homme de quarante ans, mélancolique et taciturne, maigre, haut et bizarre, sortit de la petite maison qu'il occupait au milieu de la rue appelée aujourd'hui le Vieux-Marché-aux-Cordes, et s'achemina vers la cathédrale. Il tenait par la main une jeune fille de dix ans, frêle créature dont il était le père, être aérien comme lui, mais aussi gracieuse que lui-même était rude et répulsif. Cet homme était David Lybens, organiste de la cathédrale d'Anvers, veuf depuis dix ans d'une femme qu'il avait chérie et qui était morte en lui donnant Cécile. Maintenant unique affection de Lybens, après son orgue toutefois, Cécile ne le quittait pas un instant; il la nourrissait de mélodie; il ne lui parlait, disait-on, qu'au moyen des touches d'un clavier, qui faisait chez lui son ameublement principal : il l'éveillait et l'endormait au son d'une douce musique.

Une petite porte de la haute tour, dont il possédait la clef, se referma bientôt sur David. A cette époque de calamités publiques, toutes les fois qu'il prévoyait un danger, il se réfugiait dans son orgue. Il n'était heureux que là; il y vivait hors de ce monde, et c'était pour lui une patrie complète. En 1566, lors du pillage des églises, il s'y était trouvé à l'abri de l'insulte; il avait eu le soulagement de voir les Gueux, saccageant les plus saints objets du culte, respecter son orgue, qu'il gardait au reste comme une lionne veillerait sur ses petits. Peut-être dut-il quelque chose, en cette circonstance, à son rare talent, qui était célèbre non-seulement à Anvers, mais dans tous les Pays-Bas, et à la prédilection que les hommes du Nord ont toujours eue pour la musique.

En 1576, les Espagnols, maîtres de la citadelle

d'Anvers, que le duc d'Albe avait fait bâtir, inspiraient tous les jours de grandes terreurs aux habitants, qui avaient montré par plusieurs tentatives leur sympathie pour les confédérés et leur haine imprudente pour Philippe II. Les confédérés, qu'on appelait les Gueux plus que jamais, et qui, ennemis de la religion, des arts et des mœurs, méritaient plus que jamais ce triste nom, les confédérés avaient essuyé divers échecs; leur soldatesque germanique s'était portée à de hideux excès, et les Espagnols de la citadelle demandaient le pillage d'Anvers. On savait que Sanche d'Avila, commandant de la citadelle, était ennemi des habitants. Les États de Hollande venaient d'envoyer du renfort, sous la conduite du marquis d'Havré et du comte Philippe d'Egmond. Le vicomte de Gand, le duc d'Aerschot, les sieurs de Berséle et de Kèse étaient venus aussi au secours de la ville. Comme on craignait que les Espagnols ne sortissent pour piller, Champigny, gouverneur d'Anvers, laissa d'abord les 6,000 hommes de troupes qui venaient à son aide hors de la ville, afin qu'ils surveillassent la citadelle. Il pensait que, dans Anvers, les neuf compagnies du comte d'Oversteyn et les quatre compagnies de Corneille van den Ende suffiraient, avec les bourgeois armés, à la garde des remparts. Mais, ayant reçu de Bruxelles l'ordre de concentrer ses troupes dans la ville, il fit entrer les nouveaux venus, qui se mirent aussitôt à fortifier Anvers du côté de la citadelle. Les Espagnols, voyant cela, tirèrent le canon sur les travailleurs : les boulets enlevaient la tête à l'un, les bras à l'autre, semant partout le désordre et la mort ; les bombes mettaient le feu au voisinage. Le capitaine Ortis, sur l'ordre de Sanche d'Avila, fit même une sortie ; mais il fut repoussé après avoir tué cinquante hommes et brûlé plusieurs maisons.

La veille du 4 novembre, douze mille habitants d'Anvers s'étaient mis à construire un bastion vis-à-vis la forteresse, et ce jour là, depuis un moment, la canonnade ennemie avait cessé. Alors David Lybens avait pris peur et s'était réfugié dans son asile. Ce même jour, en effet, Don Alonzo de Vergas, venant de Maestricht saccagée, entra dans la citadelle avec de nouvelles troupes, auxquelles il avait aussi promis le pillage d'Anvers. Julien de Roméro arriva en même temps de Lierre, avec des bandes ; et peu d'instants après, le capitaine Jérôme de Rota reçut encore 1,600 soldats bien armés, qui sortaient d'Alost, où ils s'étaient mutinés. C'était l'habitude des généraux espagnols de ne pas payer leurs troupes, qui ainsi ne respiraient que le pillage ; le duc d'Albe, ne recevant pas de fonds de Philippe II, avait été forcé de donner l'exemple.

Il y avait quelques heures que David était dans son orgue avec Cécile ; la cathédrale sommeillait au murmure des variations et des mélodies auxquelles l'artiste l'avait accoutumée. Lui, plongé dans l'harmonie, n'entendait rien de ce qui se passait au dehors. Sa fille, la tête penchée, écoutait d'un air méditatif, et semblait absorbée dans un doux rêve, loin de la pensée des tristes excès qui souillaient des deux parts la guerre des troubles.

Mais si rien de matériel ne se révélait dans l'organiste, alors emporté loin des choses terrestres, la faible humanité ne tarda pas à se faire entendre aux sens de la jeune fille : elle eut faim. Elle n'interrompit l'artiste que lorsqu'elle jugea qu'il achevait une étude dont il était profondément préoccupé. Il se leva en silence ; il ouvrit un bahut qui contenait quelques provisions. Il les mit, sans dire mot, sur une escabelle, et Cécile commençait à manger.

Les retentissements de l'orgue venaient de s'éteindre dans la nef profonde. Tout à coup d'innombrables éclats de voix, plaintives ou furieuses, ébranlant les vitraux du temple, parvinrent jusqu'aux oreilles de l'organiste. Le bruit éloigné du canon, le fracas à toutes distances des fusillades, les hurlements des soldats, les cris déchirants des femmes, tout annonçait que la ville était prise. Elle venait de l'être en effet. La nuit commençait à obscurcir le triste soleil de novembre ; et de toutes parts, sur tous les points de la cité, on apercevait l'incendie qui projetait de loin jusque sous les piliers ses reflets lugubres. Bientôt les portes de l'église s'ouvrirent ; le clergé, les religieuses, les pauvres filles cloîtrées accoururent éperdues ; la vaste cathédrale se remplit de fidèles qui cherchaient un refuge. David, immobile, restait en silence devant son orgue, et sa fille tremblante se pressait contre lui.

A sept heures du soir, Anvers n'étant éclairée que par les flammes qui la dévoraient, un jeune homme, qui s'était vaillamment battu tout le jour près de Saint-Georges, et qui venait d'échapper aux massacres, fuyait devant une douzaine de soldats ivres. Personne ne pouvait le secourir, et il allait être égorgé lorsqu'il disparut derrière une pile de la grande tour. C'est que lui aussi avait la clef de la petite porte qui conduisait à l'orgue. Il monta précipitamment. A sa vue, Lybens ouvrit la bouche.

— Que Dieu soit béni, Charles, puisque vous voilà; dois-je craindre encore? (En disant ces mots, il indiquait son orgue du doigt.) Le jeune homme comprit.

— Non, répondit-il, ce ne sont pas les Gueux ; les Espagnols n'en veulent qu'à nos trésors.

Charles van Beren était tombé assis sur le coffre. C'était un jeune Anversois de vingt-deux ans, élève de l'ingénieur mantouan Frédéric Gennibelli, établi à Anvers, déjà aussi savant que son maître, habile artificier, adroit mécanicien, un peu artiste, aimant et cultivant la musique, et cher à David Lybens, parce qu'il raccommodait son orgue avec une complaisance égale à son talent. L'organiste l'aimait; et c'était après sa fille la seule personne pour qui il se décidât parfois à ouvrir la bouche. Alors, comme si ce qui venait de le rassurer lui eût suffi, comme si tout le reste lui eût été indifférent, il ne demanda plus rien ; mais la petite Cécile avait l'âme plus curieuse et plus compatissante.

— Est-ce que la ville est au pillage? dit-elle en jetant un regard d'effroi sur le jeune homme.

On voyait, à la lueur d'un falot qui éclairait le coin où se tenaient ces trois personnages, que van Beren était inondé de sueur, et ses vêtements tachés de sang. Lorsqu'il eut respiré quelques minutes :

— Oh! c'est une horrible journée, dit-il. Vous n'avez sans doute rien vu? Rendez-en grâce au ciel. Ce n'est qu'à midi que les Espagnols, tous rassemblés, se sont décidés à faire une sortie générale. On pouvait juger à leur nombre, à leur air déterminé, que l'affaire serait cruelle. Ils venaient accompagnés de leurs goujats et de leurs vivandières, qui portaient de la paille et du feu pour brûler la ville. Nous nous sommes défendus bravement ; mais, à l'exception de quelques Français qui se sont dévoués avec nous, toutes les bandes étrangères sur lesquelles Anvers croyait pouvoir compter, nous ont abandonnés. A quatre heures, nous résistions encore près de Saint-Georges, que déjà les Espagnols étaient entrés dans la ville par cinq tranchées. Huit cents maisons brûlent en ce moment ; notre hôtel-de-ville, le plus beau de l'Europe, bâti seulement depuis seize ans, est en flammes, et demain ne sera plus qu'un amas de ruines. Les soldats allemands des compagnies de van den Ende se sont mis du côté des pillards. Oh! c'est effroyable que cette guerre! J'ai vu de malheureux Anversois, qui sautaient par les fenêtres des maisons en feu, tomber presque partout sur les piques des ennemis. Nos magistrats sont égorgés. Un d'eux s'est fait conduire au capitaine Jérôme de Rota, qui l'a tué d'un coup de pied dans la poitrine. Le comte d'Oversteyn, en cherchant à fuir, s'est élancé sur un bateau; un faux pas l'a jeté dans l'Escaut, et comme il était pesamment armé, il s'est noyé. Plusieurs canots gagnant le large, sont chargés de tant de monde, qu'on les voit à tout instant couler à fond. Une multitude de braves gens se sont précipités des remparts dans les fossés, qu'on trouvera demain encombrés de morts. Jean van der Werf, Lancelot van Ursel, notre bourgmestre Jean van der Meeren, sont tués. Combien d'autres, en ce moment, rendent le dernier soupir! et je n'ai vu qu'un coin de l'affreux tableau.

Dans les temps de troubles et de guerres continuelles, les jeunes enfants s'accoutument vite aux récits terribles. Mais, quoique Cécile entendît parler tous les jours de villes pillées, elle ne put s'arrêter sans frémir d'horreur aux détails que donnait Charles. L'organiste garda le silence quelques minutes; puis il dit:

— Les Gueux sont encore pires, quoiqu'ils aient respecté mon orgue!....

La destruction et le carnage s'étaient emparés d'Anvers, dont on eût pu croire qu'il ne resterait bientôt plus que des cendres. Le pillage dura trois jours et trois nuits, constamment escorté de l'incendie, de l'outrage et du meurtre. Six mille Anversois, dit-on (mais il faut rabattre quelque chose de ce chiffre), périrent misérablement dans cette crise de fureur. Les femmes, les enfants, ne furent pas plus respectés que les hommes armés. Tous ceux qui ne pouvaient donner de l'argent étaient accrochés par les pieds à des gibets, torturés, brûlés sous les aisselles, les femmes pendues par les cheveux. De toutes les poulies des magasins de commerce, les soldats avaient fait des estrapades, auxquelles ils attachaient les vieillards par les mains et les pieds, réunis en un seul lien ; et là ils les laissaient retomber jusqu'à six pouces de terre, de manière qu'ils mouraient bientôt disloqués ou brisés, s'ils ne révélaient pas quelque trésor. On brûlait la plante des pieds aux pauvres vieilles femmes jusqu'à les en faire expirer. Des brigands en guenilles, qui prenaient le nom de soldats, torturaient les enfants sous les yeux de leurs parents, pour les forcer à donner ce que la plupart n'avaient pas. — La ville pendant trois jours fut jonchée, non pas seulement de cadavres, mais de débris humains. Tous les ruisseaux traînaient du sang. On n'entendait partout que soupirs d'angoisse, râles de mort, lamentations et clameurs de désespoir, et ces cris déchirants de l'extrême douleur qui donnent à la voix humaine expirante des sons et un accent qui ne sont déjà plus de ce monde.

C'étaient des représailles. Les Espagnols tirèrent ainsi des pauvres habitants quarante tonnes d'or, c'est-à-dire quarante millions. Après quoi, ils se mirent à jouer entre eux le fruit de leurs rapines. La bourse d'Anvers fut pendant quelques jours un théâtre qu'on eût pu prendre pour un retrait de l'enfer. Des hommes, couverts de sang et de boue, y jouaient, sur un coup de dé, des sommes qui eussent fait la fortune de dix honnêtes familles. Ces trois jours portèrent le dernier coup à la puissance d'Anvers et achevèrent de lui ôter son rang de première ville du monde commerçant. Sa prospérité s'anéantit. Avant les troubles, on comptait à Anvers 200,000 habitants : en dix années, sa population décrut de plus de moitié.

Pendant ces trois jours, David, sa fille et son ami ne quittèrent pas leur refuge. L'orgue resta silencieux comme son maître, et Cécile ne cessa de pleurer. Lybens ne reprit le chemin de sa maison modeste que quand tout fut rentré dans l'ordre. Il y cacha van Beren; car l'habitation du jeune ouvrier n'existait plus. Et les vainqueurs ne quittèrent la ville que le 26 mars 1577, époque où la citadelle fut remise au duc d'Aerschot pour le roi d'Espagne.

Bientôt don Juan d'Autriche succéda à don Louis de Requesens, dans le gouvernement des Pays-Bas.

Le 1ᵉʳ août de cette même année, une terreur nouvelle se répandit dans Anvers ; on sema le bruit que la garnison allemande qui tenait la forteresse voulait piller à son tour. Les bourgeois prirent de nouveau les armes ; déjà les Allemands s'étaient rangés en bataille. Les magistrats de la ville, connaissant leur vénalité, coururent leur offrir cent cinquante mille florins, s'ils voulaient évacuer la citadelle. Ébranlés par la vue de l'or d'une part, et de l'autre par la crainte de la bourgeoisie armée, les soldats répondirent du haut de leurs remparts qu'ils allaient consulter leurs chefs. Pendant les négociations, la nuit vint ; et alors on aperçut de loin des voiles qui, poussées par un vent favorable, remontaient vivement l'Escaut ; bientôt une flotte de ces redoutables confédérés, qu'on distinguait par le nom de Gueux de mer, parut devant la ville. Le seigneur de Hautain la commandait. Anvers, voyant là son salut, fut sur-le-champ illuminée. La flotte s'avança à pleines voiles sous la citadelle et lâcha une bordée. Aussitôt les cris : Les Gueux de mer ! ce sont les Gueux de mer ! retentissent dans les rangs allemands et y sèment une telle épouvante, qu'en moins d'une heure la citadelle fut évacuée.....

Le seigneur de Hautain fit, à la lueur des flambeaux, une entrée triomphale dans la ville qu'il venait de délivrer et qui lui offrit une chaîne d'or. Les habitants se portèrent en foule dans la forteresse. Ils y brisèrent en mille éclats la statue d'airain que le duc d'Albe s'était érigée lui-même ; et la ville crut respirer un instant.

Mais ce repos et cette paix ne furent pas de longue durée. Alexandre Farnèse, prince de Parme, avait remplacé don Juan d'Autriche. Le 2 mars de l'année 1579, il se présenta devant Anvers pour en chasser les Gueux. Son avant-garde, commandée par Octave Gonzaga et Juan Delmonte, se composait de cinq mille vieux soldats, qui tombèrent à Borgerhout sur trois mille confédérés et les repoussèrent jusque dans la ville, après un combat acharné. Anvers néanmoins se défendit si vivement, que pour l'instant le prince de Parme fut obligé d'en abandonner le siége.

Pendant qu'il était retenu à Maestricht, les protestants d'Anvers firent courir le bruit que les prêtres et les moines de la ville voulaient la remettre aux Espagnols. Ils profitèrent perfidement de l'indignation que cette calomnie inspira, pour organiser une émeute, qui éclata le 28 de mai, à l'occasion d'une procession catholique ; on fit sortir d'Anvers tous les prêtres et tous les religieux ; et en un instant on se porta aux églises pour les saccager, comme en 1566...

II.

Le 28 mai, jour de l'émeute suscitée par les Gueux, David Lybens, qui avait accompagné les chants de la procession, à son départ de la cathédrale, la vit bientôt rentrer en désordre; et au bout d'un instant, il s'aperçut avec terreur qu'il n'y avait plus dans la vaste église que des profanateurs, qui lui rappelèrent les destructeurs de 1566. Dans tous les troubles, dans tous les désordres publics, il y a une race d'hommes qui toujours se ressemble, qu'on ne voit nulle part dans les jours de calme, qu'on voit partout dans les moments de tempêtes, et qui semblent sortir de dessous les pavés, car on ne sait ni d'où ils viennent quand ils arrivent, ni où ils s'en vont lorsqu'ils disparaissent. Ces hommes de mauvaise mine étaient armés de crochets, de cognées, de fers aigus emmanchés à de longues perches; ils étaient accompagés de ces enfants du mal, qui rient de la destruction et que nos pères croyaient animés d'une âme infernale; des femmes de mauvaise vie, des femmes dont le sexe paraît un problème insoluble, les escortaient, des bouteilles à la main.

Se voyant maîtres de la cathédrale abandonnée, la bande hideuse se partagea en petits groupes; des pierres volèrent: de singuliers cris retentirent; des éclats de joie effrayants annoncèrent le pillage. Les femmes de mauvaise vie prirent les cierges sur l'autel, pour mettre le feu aux tableaux; elles n'y purent réussir. Mais les statues des saints furent renversées; les autels et les stalles brisés; les vêtements des prêtres brûlés en feu de joie au milieu de la nef

David Lybens, immobile contre un pilier de l'orgue, voyait en palpitant cette orgie de démons. Le ciel était devenu sombre et noir ; un orage immense enveloppait la ville ; l'obscurité n'était dissipée en partie que par la faible lueur des cierges ; la voix du tonnerre était vaine et n'empêchait pas les pillards de danser au milieu de l'église, en buvant dans les vases sacrés. La cathédrale n'était plus partout qu'un champ de débris, lorsqu'une voix rauque s'écria :

— Brisons l'orgue !

Ce fut là, sans doute, le moment le plus douloureux de toute la vie du pauvre David. Il était seul. Il avait laissé dans sa maison sa fille malade. Il se soutint pourtant ; mais son cœur était froissé comme dans un écrou.

Il se jeta, en chancelant sur son escabeau, devant son clavier ; il s'appuya un instant pour donner à son sang, qui fluait avec violence, le temps de se calmer un peu. Il fit le signe de la croix, se recommanda à Dieu, à la sainte Vierge, à sainte Cécile, et mit son orgue chéri sous leur protection. Alors le formidable cri : — Brisons l'orgue ! — fut répété par toute la bande qui s'élançait.

Mais aussitôt, une voix puissante et grave s'étendit comme un débordement du fleuve dans la vaste église et fit frémir les vitraux dans leurs angles les plus reculés. On eût dit l'imposant début des trompettes sacrées et les fanfares augustes qui annoncèrent au Sinaï les Tables de la loi données à Moïse.

Jamais de telles harmonies n'avaient frappé des oreilles humaines.

La bande étonnée s'arrêta. Elle avait entendu avec des nerfs d'acier les accents du tonnerre ; elle sentit ses fibres s'amollir sous les paroles de l'orgue, que David Lybens animait de son puissant génie.

Après avoir imprimé la terreur, l'orgue majestueux prit la voix de l'autorité. Il commanda ; il fit trembler ces hommes de matière et de fange ; toute la bande tomba à genoux, le front penché vers les dalles qu'elle venait de profaner....

Alors la cathédrale rentra dans le silence ; l'orgue se tut. Sans doute l'artiste épuisé n'avait plus de vie et de forces. L'enthousiasme, qui de ces brutes avait fait des âmes, se calma peu à peu. Leurs nerfs se redressèrent : ce qu'il y avait dans ces barbares d'humain et de mauvais se remit à palpiter. Au bout d'un quart d'heure, l'esprit du mal surnagea. Les chuchotements ramenèrent les éclats de rire. Quelques verres de genièvre les firent rougir de ce qu'ils appelaient une faiblesse. Honteux d'avoir senti, ils se relevèrent et se remirent à crier :

— Brisons l'orgue !

Ils s'étaient avancés de quelques pas encore.

Mais aussitôt, il sembla qu'un être nouveau se fût saisi du clavier. David Lybens avait repris toute son âme. Ce n'était plus l'autorité et la menace ; c'étaient les soupirs doux et suppliants de la plainte et de la prière. Ses doigts ardents jouaient avec feu l'adagio le plus triste, le plus tendre, le plus douloureux, le plus déchirant. C'étaient les pleurs des mères, les sanglots des enfants : c'étaient les sensations profondes qui attendrissent le lion et le tigre. Les brutes s'arrêtèrent derechef; elles se mirent bientôt à pleurer. Tout rentra de nouveau dans le silence; et sans doute, hors de lui, l'organiste put croire qu'il avait dompté le génie du mal.

Mais comme l'hydre des fables classiques, la bande releva une troisième fois de hideuses têtes; les larmes, peu faites à ces yeux de sang, s'y tarirent; et pour la troisième fois l'effroyable hurlement : — Brisons l'orgue! — retentit aux oreilles de l'organiste, qui se sentait près d'expirer.

Il se jeta une dernière fois sur son clavier chéri. Une mélodie sans ordre en jaillit par saccades, comme le délire d'un agonisant. Jamais le chant suprême du cygne n'eut rien de comparable. La supplication et la colère, l'humble prière et l'austère menace, la soumission et le défi, le désespoir et la fureur, tout ce que produiront de doux et de terrible toutes les voix de la nature à sa dernière heure, tout était là.

Après quelques minutes d'une harmonie si prodigieuse, l'orgue s'arrêta encore tout à coup, sur un grand éclat de tonnerre. Le silence revint de nouveau. Mais cette fois du moins, l'effet était produit, entier, complet, victorieux. Toute la tourbe émue jura de respecter l'orgue, dont les sons l'avaient si vivement ébranlée; et par un mouvement nouveau, qui donna à leurs idées une autre direction, ils montèrent au clavier, résolus à porter en triomphe l'habile artiste dans la ville. Les premiers qui parvinrent auprès de l'organiste le virent penché en avant, les deux mains fortement appuyées sur les touches qui avaient produit les derniers sons dont les vibrations grondaient encore. Mais David Lybens était mort....

Et comme si le feu qui l'animait se fût tout exhalé avec son âme, son corps inondé de sueur était déjà froid et glacé.

III.

Cependant la nuit était venue. Charles van Beren, qui en l'absence de l'organiste veillait auprès de Cécile, commençait à partager les inquiétudes de la jeune fille; il allait partir pour la cathédrale, lorsqu'on frappa à la porte.

Un bruit confus de voix étranges parvint jusqu'à lui; il courut ouvrir. C'étaient les dévastateurs qui, le front contrit, la larme à l'œil et la tête découverte, rapportaient le corps de David.

La terreur de Cécile se changea bientôt en une douleur noire et profonde. Charles, partagé entre le devoir de rendre au défunt les honneurs funèbres, et le besoin de garder la fille dont le mal s'aggrava, sentit naître en même temps une autre obligation.

22.

L'artiste ne laissait absolument rien à Cécile, qui avait alors treize ans. L'ouvrier l'adopta ; il eut l'attention délicate de la faire changer de demeure ; il parvint, à force de soins, à lui rendre la santé. Il fut pour elle un père et un frère, un tuteur et un ami.

Une tendre mélancolie succéda peu à peu à sa douleur filiale ; l'attachement qu'elle avait pour Charles redoubla, lorsqu'il fut devenu sa seule affection en ce monde. Douce, confiante et naïve, elle ne pouvait se décider à le quitter un instant ; lorsqu'il allait reporter, comme il disait, son ouvrage à l'ingénieur Gennibelli, elle devenait triste et soupirait jusqu'à son retour. Deux ans se passèrent ainsi.

A quinze ans, malgré la modestie de sa position, Cécile était charmante. Charles, quoiqu'il fût plus âgé qu'elle de douze ans, ce qui paraît énorme dans le commencement de la vie, ne put vivre toujours ainsi auprès d'un ange de grâce et de douceur sans éprouver un sentiment qu'il fut long-temps à reconnaître.

Mais le 19 février 1582, lorsqu'une fraction des Pays-Bas eut appelé le duc d'Alençon, frère du roi de France Henri III, et qu'on le proclama dans Anvers duc de Brabant, Charles, ayant mené sa pupille à la cérémonie de cette inauguration presque improvisée, ne put voir, sans éprouver un serrement de cœur, les regards d'admiration dont les jeunes seigneurs poursuivaient Cécile. Il sentit avec une sorte d'effroi que son cœur était épris. Il devint triste et pensif ; et lorsque la jeune fille lui demandait la cause de ce changement d'humeur, il répondait par des mots vagues, attribuant aux inquiétudes que lui causait sa patrie ce qu'un œil exercé eût reconnu pour les effets d'une affection vive.

Il en perdait le sommeil ; les soins affectueux de Cécile redoublaient son mal ; la fille de l'organiste observait en silence, et prenait ces symptômes pour les signes cruels d'une maladie alarmante. L'ouvrier n'avait plus de courage en effet. Son caractère se dénatura tellement, que lui, qui n'avait jamais manqué à l'appel de sa patrie en péril, lui si vaillant et si brave, il ne se leva même pas de son siége, lorsque le 16 janvier 1583 on sonna le tocsin dans Anvers, en criant partout aux armes ! Seulement il cessa de travailler ; et il ouvrit la petite fenêtre qui donnait sur la rue où grandissait un enfant qui allait être Rubens et qui lui a laissé son nom. Des voisins, qui sortaient armés, le virent et lui crièrent : — Les Français ! Aux armes ! Le duc d'Alençon est un traître ! Les Français vont piller !

— Je vous suis, répondit l'ouvrier en rougissant. Mais il ferma sa fenêtre, et il resta.

Il passa une horrible journée, dévoré d'inquiétude et d'effroi. Ce ne fut que le soir que Cécile, étant descendue pour les modestes besoins du ménage, apprit ce qui s'était passé. Le duc d'Alençon, élevé en France, où le pouvoir des souverains était presque despotique, fils de Catherine de Médicis, frère de Henri III et de Charles IX, le duc d'Alençon s'était senti mécontent du peu d'autorité que lui laissaient les constitutions brabançonnes. Il venait d'obtenir des États 600,000 florins pour soutenir la guerre contre les Espagnols. Encouragé par les jeunes seigneurs français qui composaient sa cour, il résolut de faire un coup d'État et de s'emparer par la force de la puissance absolue. Un complot, qui fut secrètement organisé, devait le rendre maître, le 16 janvier, de plusieurs villes à la fois : tout devait se faire partout à l'heure de midi ; le Duc s'était réservé à lui-même en personne d'occuper militairement Anvers.

Le 16 janvier donc, il dîna à dix heures du matin ; puis il sortit, comme pour aller passer en revue un corps de ses troupes qui était campé à Borgerhout. Il avait autour de lui une partie de ses compagnies françaises et suisses. Trois cents cavaliers, détachés du camp sous prétexte de venir à sa rencontre, le joignirent comme il traversait le deuxième pont-levis. Là, un désordre supposé arrêta la marche ; le seigneur de Rochepot cria qu'il avait la jambe cassée : c'était le signal convenu. Tous ceux qui entouraient le Duc rentrèrent en ville ; se saisirent de la porte de Borgerhout, et allèrent par les remparts lever les herses voisines. Le camp s'était mis en mouvement ; les canons menacèrent la ville, et trois mille hommes se jetèrent sur les premières maisons en criant : *Ville gagnée !*

Les bourgeois d'Anvers, qui ne s'attendaient à rien de tel, ne comprirent pas d'abord cette échauffourée. Néanmoins, en quelques instants ils tendirent les chaînes, barricadèrent les rues et tirèrent par les fenêtres. Au bout d'une heure toute la ville était en armes : citoyens, militaires, étrangers, femmes et enfants, tout s'émut. Les femmes lançaient des meubles, les enfants des pierres et des briques; les ouvriers se jetaient dans la mêlée avec ceux des outils de leur métier qu'ils avaient à la main. Les hommes du duc d'Alençon, repoussés, s'enfuirent comme ils purent; les uns regagnèrent les portes par où ils étaient entrés, beaucoup d'autres sautèrent par-dessus les remparts. Quelques-uns furent faits prisonniers, et le duc d'Alençon quitta le pays.

On avait appelé *fureur espagnole* le massacre de 1576, on nomma *foule française* la tentative de 1583; celle-ci du moins ne fut bien fatale qu'aux gens du duc d'Alençon, qui y perdit quinze cents hommes.

Charles van Beren, honteux de lui-même, quand il sut tout ce qui s'était fait, quand il songea que lui seul peut-être n'avait pas pris les armes pour défendre sa ville, Charles ne devint que plus malheureux, quoiqu'il se promît bien de se relever de cette tache à la première occasion.

Le spectacle muet de ses douleurs, les inquiétudes qu'elles causèrent à Cécile, la rendirent bientôt elle-même gravement malade. Elevée avec lui, elle voyait en lui le seul homme dont elle eût pu apprécier le cœur. Tous les autres, plus jeunes, mieux faits ou plus riches, n'étaient pour elle que des êtres indifférents. En la voyant pâle et souffrante, Charles reprit de l'énergie. Il fallait travailler pour suffire aux nouveaux besoins.

Bientôt aussi l'occasion de revanche qu'il s'était promise (et que peut-être il redoutait), se présenta longue et pénible.

IV.

Après le départ du duc d'Alençon, le prince de Parme songea avec plus de confiance à la prise d'Anvers. L'assassinat du prince d'Orange l'ayant délivré d'un autre concurrent redoutable, il se décida au commencement de 1584 à entreprendre le siége de la ville.

Il en approcha donc son armée. Il commença par rendre plus difficiles les abords d'Anvers. Dans le dessein de fermer l'Escaut, qui en était la principale ressource, il s'empara de Lille et de Liefkenshoek, forts à moitié achevés par les habitants, à trois lieues au-dessous de la ville, des deux côtés du fleuve. Il y éleva des forts et des redoutes; il arrêta la navigation. Ses officiers eurent beau lui représenter que, pour bloquer Anvers, il lui fallait trois armées, une sur chaque rive de l'Escaut, et une troisième du côté du Brabant, pour couper les vivres aux Anversois avant de les assiéger; le grand capitaine n'en poursuivit pas moins son dessein.

Mais les états, informés de ce qui se préparait, se hâtèrent d'envoyer en abondance des munitions et des vivres à Anvers. Marnix de Sainte-Aldegonde, le même chez qui l'on avait signé le premier manifeste des Gueux, fut chargé du commandement de la ville. Il se hâta de s'y rendre, et dès qu'il se fut entendu avec Martini, greffier d'Anvers, il proposa de rompre la digue de Blawgaeren au-dessous de Lillo, et celle de Kouvestein qui se trouve au-dessus, ce qui devait donner aux flottes de secours le moyen de tourner le fort de Lillo inondé, et d'arriver jusqu'à la porte d'Anvers. Le corps des bouchers, qui engraissaient douze mille bêtes à cornes dans les polders contenus par ces digues, s'opposa à leur rupture. Ils s'en repentirent, quand l'ennemi eut pillé leurs élèves et qu'ils eurent reconnu que le moyen proposé eût maintenu la ville au pouvoir des Gueux; mais alors il n'était plus temps.

Toute la fin de l'année 1584 se passa en préparatifs. Au commencement de l'année suivante, le prince de Parme, toujours ferme dans son plan, se présenta à la Tête-de-Flandre (1). Comme ses troupes, mal payées, se montraient, selon leur habitude, prêtes à

---

(1) Point fortifié, séparé d'Anvers par l'Escaut seulement.

se mutiner, il les tint en haleine en leur promettant la conquête d'Anvers et de tout le Brabant. Des détachements de son armée venaient de prendre Vilvorde et quelques autres places; dès le mois de mars, Bruxelles et Malines furent obligées de capituler; Anvers se trouva isolée, sans correspondance, sans appui, bientôt sans vivres, prenant et perdant tous les jours quelque position; obligée tous les jours à construire de nouvelles redoutes et à soutenir des combats meurtriers.

Charles van Beren avait repris les armes. Quoique la maladie de Cécile s'aggravât, il donnait chaque jour quelques heures à ses devoirs de citoyen; le reste de son temps était employé au travail. Il gagnait un peu d'argent; car si toutes les industries sont suspendues dans un siége, les arts de la guerre sont alors en prospérité. Gennibelli, son maître, employait alors beaucoup de monde à faire des pièces d'artifice et des machines; van Beren était son premier ouvrier.

Le Prince, que la constance des Anversois ne rebutait point, imagina tout à coup un moyen hardi de presser sa conquête, moyen qui épouvanta la ville pendant quelques jours. Il fit construire sur l'Escaut, avec une hardiesse et un bonheur sans exemple, un pont long de deux mille cinq cents pieds, qui allait de Calloo au fort Saint-Philippe : on l'appela le pont Farnèse. Il avait à chaque bout une tête fortifiée; il était armé dans toute sa longueur et porté sur des bateaux enchaînés, assurés par de bonnes ancres, qui lui laissaient la facilité de s'élever ou de s'abaisser selon le flux ou le reflux.

Ce pont avait coûté des sommes et des peines immenses, et on en avait désespéré long-temps. On le vit achevé, menaçant, superbe, dès les premiers jours du printemps. Jusque-là, malgré les efforts du Prince, des vaisseaux amis avaient osé remonter l'Escaut sous le canon qui les foudroyait; mais alors le fleuve fut absolument fermé.

Les assiégés reconnurent que leur premier soin devait être de rompre le pont Farnèse. Mais il était si solide que les brûlots même n'y faisaient rien. Charles, qui était d'autant plus furieux qu'il se trouvait excité par une maladie ardente, fit part à son maître Gennibelli d'une invention qu'on accueillit comme devant sauver la ville. Il choisit quatre grands bateaux plats à hauts bords; il les fit maçonner en briques à trois étages, les remplit de poudre et d'artifice, surchargeant le tout d'une énorme quantité de pierres; et le soir du 5 juin, un peu avant le coucher du soleil, les quatre grandes machines, dirigées par Gennibelli et son élève, et surmontées d'un grand feu clair, furent lancées dans le courant du fleuve, escortées de douze autres petits brûlots de même nature, et s'avancèrent vers le pont. Une partie de l'armée assiégeante y était alors et le traversait. Les soldats s'étonnèrent peu de ce spectacle, car ils voyaient tous les jours arriver des escadres de brûlots qu'ils étaient jusque-là parvenus à détruire.

Arrivés à une demi-lieue du pont, Gennibelli, Charles et les autres conducteurs abandonnèrent leur flotte de destruction et se hâtèrent de regagner la rive dans des chaloupes. Un ingénieur espagnol ayant remarqué ce mouvement, se jeta aux genoux du prince de Parme, qui était à la tête du pont, devant le fort Saint-Philippe, et le supplia de s'éloigner. Le Prince hésita un instant; car deux des grands bateaux venaient de couler à fond, et le troisième dérivait; mais voyant le quatrième avec plusieurs des petits qui étaient près d'arriver au pont, il se retira.

Un instant après, ce que Charles et Gennibelli avaient espéré arriva. Le grand bateau, qu'ils avaient nommé la *machine infernale*, mérita à jamais ce terrible nom. Cette machine s'étant engagée dans les vaisseaux du pont, éclata avec un fracas si épouvantable qu'il surpassa toute imagination. On eût dit que la terre se brisait. Tout fut arraché aux alentours; personne ne put rester debout; le prince et les deux officiers qui l'accompagnaient furent renversés et blessés par les pierres qui tombaient comme une pluie à une demi-lieue de distance; le fort qu'il venait de quitter fut enlevé; plus de mille personnes furent tuées et leurs corps dispersés.

Le tremblement de terre se fit sentir jusqu'aux portes d'Anvers; le fleuve, qui en cet endroit commence à être un golfe, découvrit son abîme, et jeta ses eaux sur les deux rives avec tant de violence que les digues, les forts et les redoutes furent entraînés; et si les quatre grands brûlots eussent éclaté ensemble au travers du pont, assurément tous les alentours eussent été abîmés et la terre en cette contrée eût changé de face.

Mais comme à Anvers on n'avait pas assez généralement compté sur le succès qui venait d'être obtenu, on ne fut pas en mesure d'en profiter, et le prince de Parme, sans se décourager encore, répara son pont.

On tenta d'autres moyens; on essaya, mais trop tard, de crever la digue de Kouwenstein; il y eut là un combat sanglant, où les assiégeants eurent le dessus. Il serait long d'énumérer toutes les sorties, escarmouches, batailles; toutes les machines, tous les projectiles, toutes les ressources qu'imaginèrent Charles et son maître. Qu'il nous suffise de dire que l'attaque et la défense d'Anvers offrirent tous les jours d'héroïques exemples de persévérance et de courage, et qu'il n'a manqué à ce beau siége qu'un Homère pour en faire une Iliade.

Charles sortait tous les jours, pour les combats ou le service public. L'activité forcée qu'il prenait avait fini par fatiguer ses nerfs et lui rendre la santé. Mais celle de Cécile ne revenait point; elle était toujours languissante. Les vivres devenaient rares et chers; et tout le peuple commençait à se lasser du siége.

Un jour que, las et triste, il prodiguait ses soins à Cécile, le médecin qui la traitait déclara qu'il répondait de lui rendre la santé, si elle pouvait prendre matin et soir du lait d'ânesse.

Ce fut pour l'ouvrier une prescription cruelle; car il ne fut pas deux heures à reconnaître qu'il était impossible de s'en procurer dans la ville. Il ne balança pourtant pas. Sans dire un mot de son projet, il sortit à la pointe du jour et gagna la campagne, quoique les assiégeants cernassent la ville de tous les côtés. Il avait eu le bonheur de trouver une ânesse, qu'il ramenait, lorsqu'il fut pris par les Espagnols. Il demanda à être conduit au prince de Parme.

Il vit avec un peu de surprise un homme dont la figure était pleine de noblesse et de bonté. Il lui conta d'une voix émue le motif de son entreprise; il le supplia, s'il le retenait, d'envoyer au moins à Cécile, ce que le médecin avait ordonné.

— Votre conduite est trop louable, lui dit le Prince, pour mériter autre chose que nos éloges. Sans vous, votre jeune pupille trouverait le remède trop amer...!

En même temps, il fit charger l'ânesse de perdrix, de chapons, de poulets et de tout ce qui peut être utile à une malade, et il ordonna que l'habile ouvrier fût reconduit avec honneur jusqu'à la porte Rouge.

En rentrant dans Anvers, Charles, que tout le monde connaissait, ne put s'empêcher de conter l'accueil généreux que lui avait fait le Prince. Il envoya les chapons aux femmes des magistrats. On commença à penser que le prince de Parme n'était pas si féroce ; le conseil de la ville lui fit porter des confitures et du bon vin : cet échange de politesses adoucit les esprits. On sut qu'un capitaine français, qui était à son service, lui avait dit : — Si vous prenez Anvers et si vous voulez la conserver, je vous conseille, Prince, de déposer votre épée ; — que le Prince avait répondu : — Je le veux ainsi. Le peuple finit par se prononcer. On obligea Marnix de Sainte-Aldegonde à aller parlementer avec lui. La ville capitula le 17 août. Elle fut traitée avec les honneurs militaires.

Lorsque le prince de Parme fit son entrée le 27, les magistrats chargèrent Cécile de lui présenter les clefs de la ville ; l'une était de fer et l'autre d'or ; il mit la clef d'or à son cou à côté de son grand collier de la Toison, qu'il venait de recevoir. Il s'annonça comme un pacificateur. Et Philippe II eut tant de joie d'apprendre la soumission d'Anvers, quoique cette ville eût perdu alors, au profit d'Amsterdam, plus de la moitié de sa population, qu'il réveilla sa fille Isabelle au milieu de la nuit, pour lui annoncer cette grande nouvelle.

Vous comprenez que, la paix faite, Charles devint bientôt l'heureux époux de la fille de l'organiste.

— Vous m'avez arrêté, dit alors l'abbé Lenoir, en s'adressant à Paréja. Avant votre anecdote du bac de l'Escaut, j'aurais voulu rattacher un peu au tournoi de la Gruthuse une singulière histoire de duel chevaleresque. Comme étude de mœurs dans le passé, permettez-moi de vous retracer ce petit tableau.

LE DUEL DE RICHARD DE MÉRODE.

> Celui qui parle si haut, n'a pas toujours le cœur à la hauteur de sa voix.
> FORJOT.

I.

Le carnaval de l'année 1556 était très-animé dans la jolie ville de Lierre. Charles-Quint, le 25 octobre précédent, avait comme on sait, dans son abdication de Bruxelles, donné les Pays-Bas à Philippe II, son fils ; il venait, depuis peu de jours, de lui céder toutes ses couronnes d'Espagne et des Indes. Beaucoup de seigneurs espagnols, venus au-devant de leur nouveau roi, se réjouissaient avec quelque morgue du règne qui commençait. Trop long-temps Charles-Quint, né Flamand, avait montré, dans la répartition de ses faveurs, qu'il n'oubliait pas ses compatriotes. Philippe II, du moins, était Espagnol ;

et ses sujets des bords de l'Escaut et de la Meuse allaient à leur tour avoir le dessous.

Néanmoins, les seigneurs hospitaliers des Pays-Bas faisaient généreusement et magnifiquement les honneurs de la bienvenue aux gentilshommes de l'Aragon et de la Castille; ils les invitaient à toutes leurs fêtes. Dans le bal paré très-élégant qui réunissait à l'Hôtel-de-ville de Lierre une société nombreuse et choisie, on admirait le riant mélange des fières Espagnoles et des figures fraîches d'Anvers, du Brabant et de la Flandre. On voyait se heurter à chaque instant la cape de Madrid et le pourpoint de Bruxelles; et parmi toute cette noblesse, suivant les intentions de Philippe II, on pouvait remarquer avec quel soin s'observaient l'étiquette et les rangs.

Comme les danses allaient s'ouvrir, un jeune seigneur des Pays-Bas, tenant par la main une Bruxelloise, sa parente ou sa fiancée, s'arrêta devant une banquette de velours sur laquelle on avait marqué sa place et celle de la dame qu'il conduisait. Ce seigneur de bonne mine était Richard de Mérode; il avait au côté une petite épée; derrière lui ou derrière sa jeune compagne marchait, dans les usages d'alors, un serviteur qui portait sur l'épaule une arquebuse en bandoulière. Richard de Mérode, seigneur de Frentzen, vit avec surprise, au mépris des convenances, sa place occupée. Un seigneur espagnol, Don Roderigo de Benavidès s'y pavanait. Il avait sa rapière; et derrière lui deux laquais et deux pages qui ne portaient pour armes que de grands poignards. Un gentilhomme en ce temps-là occupait beaucoup d'espace.

— Senor, dit Mérode avec politesse, cette place que vous tenez est à moi et à madame.

— Elle serait à vous, si vous l'occupiez, répondit l'Espagnol ; — et se reculant un peu : — La senora peut s'asseoir, ajouta-t-il ; mais moi, je reste.

Malgré le ton calme avec lequel ces paroles étaient prononcées, la colère monta au front du seigneur brabançon. Il releva Roderigo avec vivacité. Des paroles dures arrivèrent bientôt. Les parents de la jeune Bruxelloise s'approchèrent d'elle avec empressement et l'éloignèrent de la querelle. Sans élever la voix, Richard de Mérode ayant dit un mot piquant, accompagné d'un geste peu respectueux, Benavidès, en s'agitant pour se rasseoir, par mégarde ou par fanfaronnade, toucha de son gant la joue du sire de Mérode.

Pâle et furieux, celui-ci saisit le bras de son adversaire ; et se penchant à son oreille : — Si vous êtes gentilhomme, dit-il, vous me ferez raison à l'instant.

— Raison à l'instant ! répliqua Benavidès avec un rire effronté, vous pouvez la prendre. N'êtes-vous pas armé ? Pour moi, rien ne me presse ; et il sera temps de nous voir après le bal.

Un moment le sire de Mérode voulut à son tour mettre son gant sur la figure de l'Espagnol. Mais il pensa qu'un gentilhomme ne se venge pas avec un soufflet, et il sortit.

Dès qu'il fut à son logis, où Louis de Bréderode, le seigneur d'Ermeyde, le seigneur d'Aspren, le seigneur de Seratz, tous chevaliers ses amis, l'avaient accompagné, il écrivit à Don Roderigo de Benavidès une lettre où il l'appelait au combat à l'épée, sans autre défense que la chemise. Ainsi va le monde. Ainsi ce que le monde appelle plaisirs cache sous ses fleurs si trompeuses le germe des cruelles passions. Il indiquait pour lieu du rendez-vous la porte de Caudenberg à Bruxelles, pour jour le surlendemain, pour heure de l'aube du jour à midi. Il fit porter ce cartel par Jacques Brunel, l'un de ses serviteurs; et il partit de Lierre.

Le jour indiqué, de l'aube du jour à midi, Richard de Mérode se tint à la porte de Caudenberg, l'épée à la main, ayant pour seconds un seigneur du pays, le comte d'Egmond, et un seigneur espagnol, Louis de la Truoliéra. Mais Benavidès ne vint pas.

L'offenseur, qui refusait ainsi réparation, s'était retiré en Flandre, où trois mille Espagnols, au grand déplaisir du pays, tenaient garnison. Le sire de Mérode, ayant découvert sa retraite, renouvela son cartel. Benavidès continua à garder le silence, et au bout de deux mois on apprit qu'il avait disparu.

II.

Le 4 septembre de la même année 1556, un grand nombre de gentilshommes, réunis à Mantoue dans le palais du Prince, s'entretenaient, en présence de Richard de Mérode, de sa querelle avec Don Roderigo. Ces gentilshommes, tous amis de Richard, étaient Camille de Castiglione, Frédéric de Afféi, Antoine de Hippoliti, Pierre Gonzaga, Nicolo, comte de Lodron, seigneur de Castel-Nuovo; Sylvestre de Hippoliti, seigneur et comte de Gazoldo; Jean-Baptiste, seigneur et comte d'Arco; Camille Caula et beaucoup d'autres.

— Pour notre honneur à tous, disait Frédéric de Afféi, nous ne devons pas souffrir que l'affront fait à un gentilhomme reste impuni.

— Ce Roderigo est un lâche, un vilain et méchant chevalier, dit Pierre Gonzaga; il paraît que dans la scène du bal il se retrancha derrière ses laquais.

— Et plus tard, ajouta le comte de Lodron, il s'enfuit de Flandre.

— Il nie toutes ces choses, ajouta le comte d'Arco.

— Il en a menti par la gorge, dit Camille Caula, il ment, et mentira toutes les fois qu'il niera ces imputations. Ce démenti, je le signe, je le publie et je l'affiche à toutes les portes de Mantoue. Qui le signe avec moi?

Quinze seigneurs se présentèrent; et le démenti du seigneur Camille Caula et de ses quinze adhérents fut placardé.

— Ce n'est pas tout, dit Sylvestre de Hippoliti, le Don Roderigo de Benavidès se cache; on l'a cherché en tous lieux; on lui a écrit en toutes langues. Maintenant qu'après quatre mois de recherches le seigneur Richard de Mérode a pu trouver enfin un camp franc, il faut envoyer dans toutes les cours un cartel dans la forme la plus solennelle. N'oublions pas que, pressé, il a dit à quelqu'un qu'étant provoqué il ne se battrait qu'en donnant les armes. Mais il doit donner armes de chevalier.

Richard de Mérode, entouré de ses amis, écrivit donc ce qui suit :

« Seigneur Don Roderigo de Benavidès, tu te dois souvenir du méchant acte dont tu usas envers moi, à Lierre, et que te demandant incontinent raison tu te tenais sous la défense de tes laquais. Il faut montrer si tu es prêt à te défendre seul à seul, comme tu fus prompt à m'offenser. Je t'ai fait provision de trois patentes de camps, francs, sûrs et libres, à tous passages d'outrance, et te veux prouver, avec les armes que tu choisiras, que tu fis envers moi œuvre de vilain, lâche et méchant chevalier. Je t'eusse envoyé ces patentes de camps, si je savais où te trouver; mais, ignorant en quels lieux tu te caches, je fais publier ce cartel à notre cour, à celles d'Espagne, de France et d'Angleterre et dans toutes les cours d'Italie, te prévenant que les patentes sont déposées à Liége, dans les mains d'Everard de Mérode, seigneur de Vaulx, mon légitime procureur, te donnant un mois pour choisir un des camps et m'envoyer le billet des armes, qui doivent être armes de chevalier, communément usitées en nos guerres. Cet envoi de ta part doit avoir lieu vingt jours au plus après l'acceptation du camp : autrement je te proteste que je procéderai contre toi à ton déshonneur. Et afin que tu puisses mieux choisir la patente, tu peux lire ci-dessous copie des trois. J'attends ta réponse en cette ville.

» Donné à Mantoue, le 4 septembre 1556. »

Richard de Mérode signa ; et après lui signèrent ses parrains Camille de Castiglione et Frédéric de Mafféi, et ses témoins Pierre Gonzaga et Antoine de Hippoliti.

Il transcrivit ensuite la triple patente suivante :

« Nicolo, comte de Lodron, seigneur de Castel-Nuovo, Sylvestre de Hippoliti, seigneur et comte de Gazoldo, Jean-Baptiste, seigneur et comte d'Arco, assurent et concèdent formellement par les présentes camp libre et franc, à tout passage, par leurs domaines, aux seigneurs Richard de Mérode et Roderigo Benavidès, pour y terminer en toute sûreté leurs différends, les armes à la main. »

Ces pièces furent expédiées partout, en français, en espagnol, en italien, en allemand, en anglais.

Mais Benavidès continua à se tenir à l'écart et ne répondit point.

On découvrit enfin qu'il était en Espagne, à Saint-Étienne-du-Port, chez son père. Richard lui adressa sur-le-champ ce second cartel.

« Seigneur Don Roderigo, tu te caches chez ton père. Voici onze mois que tu t'exerces: sans doute pour le combat que tu ne peux éviter avec moi. Je m'offre donc de nouveau de te prouver que, à Lierre, tu fis acte de vilain, lâche et méchant chevalier. J'attends ta réponse à Parme, avec le billet des armes, te laissant le terme de soixante jours après que ce cartel aura été publié à la cour de notre souverain et au lieu où tu me fis l'offense.

» Mantoue, 31 mars 1557. »

Benavidès, lorsqu'il reçut cette lettre, avait auprès de lui son ami le seigneur de Saint-Séverin, qui l'obligea à répondre.

— Mais, lui dit-il, après tant de délais, vous ne pouvez répondre que de Mantoue. Il faut donc partir.

Le 24 mai suivant, Roderigo, environné de ses amis, écrivait cette réponse :

« Seigneur Richard de Mérode, j'ai eu advertance de ton cartel, donné à Mantoue le 4 septembre de l'an 56. Par quoi je m'en vins soudainement embarquer aux galères pour passer en Italie. Je suis content de venir en bataille avec toi, au camp du seigneur Sylvestre de Hippoliti, comte de Gazoldo, où je me trouverai le 25 juillet, jour de Saint-Jacques, et te prouverai que je ne suis lâche, vilain ni méchant chevalier. Avec cette lettre, tu trouveras le billet des armes dont tu te devras pourvoir, protestant toutefois que j'en pourrai ajouter, diminuer et changer, comme bon me semblera, et en porter encore d'autres de toute qualité, pour toi et pour moi. Par quoi tu me manderas ici, à Mantoue, la mesure de ta personne, de part en part, et de tous les membres, par un tien procureur légitime ; et ce en dedans le terme de quinze jours. Tu vois que je veux en finir. Mantoue, 24 mai 1757. Signé par Don Roderigo de Benavidès, et par ses parrains ou témoins Christophe de Benavidès, Jean de Benavidès, Louis de Benavidès, Antoine-Florès de Benavidès. »

Le billet des armes joint à cette lettre était conçu en ces termes :

« Un harnais d'homme d'armes de toutes pièces ; une armure de cheval-léger ; un corselet avec ses avant-bras et gantelets de piéton ; une jaque de maille-jaserine avec manches et gants ; une rondelle d'acier ayant au milieu une pointe longue d'un quartier ; une coracine sans dossure, et un morion ; un cabasset et une bavière ; un gorgerin de maille-jaserine qui arrive jusqu'au nombril ; un bouclier grand et un autre petit, avec une demi-tête ; une chausse de maille qui couvre depuis la demi-cuisse jusqu'à la demi-grève ; une targe ; un gant gauche de maille pour empoigner toutes armes.

» Les chevaux seront un cheval turc avec sa selle armée ; un coursier avec selle, barde et chanfrein d'acier ; un cheval espagnol avec selle et bride à la genette ; un cheval espagnol avec selle d'armes et chanfrein. »

Benavidès comprenait, comme on le voit, qu'il s'agissait d'un duel à outrance. Ces hommes pourtant étaient des chrétiens. Le seigneur de Mérode répondit que les seigneurs du camp avaient remis leur journée, du 25 juillet au 13 août ; qu'il lui envoyait la mesure de son corsage, de membre en membre ; que quant aux armes, s'arrêtant sur ses cartels précédents, il protestait que si par changements ou retards il se consumait quelque heure du jour du combat, le tout devait courir au préjudice du seigneur Don Roderigo.

Quelques jours avant le 13 août, on apprit que Benavidès avait changé d'idée ; qu'il adoptait d'autres armes très-bizarres, qu'il les avait fait peindre et afficher en manière de trophée d'honneur, sur la porte de son logis à Mantoue, avec deux épées et cette devise : *à pied*.

Cette nouveauté surprit tout le monde. Néanmoins, le jeudi 12 août, les notaires de Richard de Mérode se rendirent avec lui en la ville de Gazoldo, au palais des seigneurs-comtes qui fournissaient le camp. Là, Richard prit pour parrains, selon les termes du procès-verbal, l'illustrissime seigneur marquis Maximilien Gonzaga et le très-magnifique et vaillant capitaine Camille Caula. Tous deux acceptèrent solidairement ce titre et s'obligèrent à faire jurer qu'il n'y avait pas d'enchantement dans les armes, à recevoir lesdites armes, à opposer, répliquer, tripliquer. Nous conservons le style. Richard promit de se soumettre au jugement de ses parrains.

A vingt-quatre heures, le soir (calcul italien, car en ce pays la première heure commençait au coucher du soleil, et le cadran ne faisait qu'un tour, au lieu de deux qu'il fait chez nous), c'est-à-dire à la dernière heure de la journée, on constata juridiquement que Benavidès ne s'était pas présenté pour les arrangements préliminaires, et pour le choix des armes.

Le lendemain, vendredi 13 août, à 13 heures, ce que nous pourrions traduire par huit heures du matin, les parrains de Richard de Mérode entrèrent dans la lice. Le seigneur Camille Caula fit observer que le soleil était déjà haut, et que Roderigo ne paraissait pas. On l'envoya chercher ; on demanda que les armes fussent présentées. Alors Roderigo s'avança avec ses deux parrains et ses deux témoins; il jura, et les notaires écrivirent son serment au procès-verbal, à mesure qu'il le prononçait, qu'il croyait combattre une juste querelle et non calomnieuse, qu'il n'avait ni charmes, ni enchantement sur lui, non plus que dans ses armes; qu'il ne s'en aiderait aucunement, que s'il le faisait, le tout fût contre sa personne. Saint-Séverin, son principal assistant, jura et attesta la même chose. Après quoi Richard fit son serment à son tour, appuyé de ses parrains et du seigneur Everard de Mérode, son procureur.

Ensuite on présenta les armes données par Benavidès. Ces armes singulières élevèrent de toutes parts les murmures. Il y avait d'abord une avant-cuirasse, percée à la poitrine de deux trous, que Roderigo appelait les yeux de la mort ; à la gauche de cette pièce était fixée en éventail une plaque de fer très-large, qui allait de l'épaule à la ceinture et qui empêchait tout à fait l'usage du bras gauche ; en haut de l'avant-cuirasse, des cercles de fer placés sous la gorge ne laissaient ni plier le cou, ni remuer la tête. Tous les chevaliers présents se récrièrent :

— C'est une torture qu'on nous propose, et non un combat.

— Les armes de chevaliers doivent être reçues et admises par des chevaliers ; celles-là ne le seront jamais.

— Sommes-nous venus pour juger un combat de vilains ?

— On se sert de telles armes gênantes aux joutes et jeux, mais non aux combats à outrance.

— Une cuirasse doit être défensive. Celle-là ne l'est pas.

— Tous les docteurs disent que les juges du camp ne doivent souffrir les armes discourtoises ; car le duel n'est pas l'assassinat.

— Un jour en notre Italie, dit le seigneur Camille Caula, en un champ-clos, le chevalier qui présentait les armes apporta des épées taillantes et non pointues. disant que c'étaient armes de chevaliers. Le juge du camp pria les seigneurs présents de tirer leurs épées, qui toutes étaient pointues, et dit « Celles-ci ne sont donc pas armes de chevaliers. » Un autre jour, à Brescia, un gentilhomme présenta des armes dont une pièce empêchait de plier le genou ; sur quoi son parrain dit : «Vous renoncerez à présenter ces armes discourtoises ou à m'avoir pour parrain. » Un autre jour, à Castel-Guifredo, le présentant offrit des treillis qui ôtaient la vue des chevaux. Le seigneur du camp les interdit, prononçant qu'on pouvait armer les chevaux jusqu'aux ongles, si on le voulait, mais qu'il n'était pas permis de les priver de la vue, ni d'aucun membre. Et si l'on doit avoir ce respect pour un cheval, ne le doit-on pas bien plus encore pour un chevalier?

Le seigneur Sylvestre de Hippoliti ajouta à ces anecdotes quelques vers qu'il cita en manière de satire; ils sont tirés du Girardi en son *Hercule* :

> De peur qu'ils ont, quand le temps se poursuit,
> D'entrer en lice, et que l'excuse fuit,
> Leur cœur alors c'est lier mains ou vue
> A l'ennemi, d'arme étrange et non vue....
> Mais ne devront, qui du camp font franchise
> Et juges sont de leurs faits en tels lieux,
> Y consentir, ni qu'osant telle guise
> Cœur si vilain vienne devant tant d'yeux ;
> Vu qu'ils y sont, afin que le droit luise
> Force et vertu, comme un soleil aux cieux.

— Mais, reprit Pierre Gonzaga en examinant la lame de fer clouée au côté gauche de l'avant-cuirasse, cette lame est mise là comme pour diriger la lance dans le trou qui découvre le cœur. Jurez-vous, Saint-Sévérin, qu'il n'y a ni tromperie, ni mauvais dessein sous ces armes?

Saint-Sévérin refusa ce serment.

— Nous offrons, dit alors Everard de Mérode, de recevoir ces armes, si un des parrains veut jurer qu'elles sont armes de chevaliers.

Tout le monde garda le silence; et toutefois, Saint-Sévérin passant outre, présenta de la part de Roderigo une paire de souliers de corde blanche, faits à l'espagnole en façon de pantoufles avec des talonnières qui se lâchaient. Les parrains les acceptèrent. Il présenta deux grèves de fer à bandes pour armer la jambe droite de chaque combattant, faites sur leur mesure, et une pièce de mailles large de quatre doigts pour armer le col du pied droit; on les reçut, ainsi que deux brayettes de fer avec lames pour garnir le dessus de la cuisse droite de chaque chevalier.

Après cela, malgré les réclamations, Saint-Sévérin fit sonner les trompettes, battre les tambourins et crier que don Roderigo de Benavidès étant prêt, si on ne se battait pas, c'était la faute de Richard de Mérode. Mais les juges du camp déclarèrent qu'ils ne permettraient pas le combat avec de telles armes. Nous sommes prêts aussi, dit Everard; seulement fournissez des armes qui puissent être reçues. Nous nous en rapportons aux seigneurs présents, tant de votre part que de la nôtre.

— Nous ne le voulons pas, dit Saint-Sévérin.

— Eh bien ! s'écria Richard, je m'en réfère, Saint-Sévérin, à votre propre jugement. Dites-moi que ces armes sont armes courtoises.

Saint-Sévérin ne voulut pas répondre ; et comme s'il se fût engagé à empêcher le combat, il consuma la journée en difficultés et paroles subtiles ; au coucher du soleil, il emmena son chevalier.

Richard, que l'on n'avait pas laissé combattre, s'en retourna à son logis, et le procès-verbal de cette journée, clos et signé par François Vecchi, notaire public pour le seigneur du camp ; Jules Cipata, notaire public pour Richard de Mérode, et Hilaire Mascoppi, notaire public pour Benavidès, fut certifié vrai et légalisé le 31 août suivant, par le podestat de Mantoue.

Le seigneur de Mérode, pour son honneur, fit encore attester les torts de Roderigo et le refus de réparation qu'il lui avait fait, par Hercule, Alphonse et François d'Est, à Ferrare, par Corneille Bentivoglio, à Modène ; par Manfroni, à Vérone ; par Martinengo, à Brescia ; par Louis Pic de la Mirandole, Palavicini, Vitelli, et par une foule d'autres seigneurs. Après quoi il revint en son pays de Brabant, comptant bien qu'un jour arriverait où Benavidès lui ferait raison.

III.

Au mois de mai de l'année 1568, dans la rencontre qui eut lieu près de l'abbaye d'Heyligerlée, en Frise, entre les Gueux et le comte d'Arenberg, qui commandait les troupes catholiques, on remarquait parmi les Brabançons un chevalier impatient de la bataille. Elle s'engagea rapidement.

Le chevalier, parcourant de son œil enflammé les lignes qui s'ébranlaient, retrouva tout à coup dans les rangs espagnols un homme qu'il semblait y chercher. Il piqua son cheval, courut sur le cavalier qu'il guettait, et le combat le plus acharné se livra entre ces deux hommes au milieu de la mêlée. Ce furent de part et d'autre des efforts inouïs, qui durèrent une demi-heure. Enfin l'épée du Brabançon entra tout entière dans la gorge de l'Espagnol; il tomba mourant; et le vainqueur s'en revint parmi les siens, en disant :
— A la fin, j'ai eu le camp.

C'était Richard de Mérode.

La plupart des détails très-exacts de cette anecdote sont tirés d'un in-quarto fort-rare, intitulé : « La justification du seigneur Richard de Mérode, seigneur de Frentzen, touchant sa querelle avec le seigneur Don Rodrigue de Benavidès ; translatée de l'italien en françois. » Mantoue, 1560.

— Et moi, à mon tour, dit Jacques Saint-Albin en saluant l'abbé Lenoir, vous m'avez arrêté dans une légende d'artiste, que je prétendais accoler à l'Organiste d'Anvers. La voici :

LA CHAIRE DE SAINTE-GUDULE.

>*Ici, se réformer, c'est s'améliorer.*
>OXENSTIERN.

Notre siècle se plaît à s'exalter lui-même comme siècle des arts et des productions. Mais il n'y a pas long-temps qu'il justifie un peu cette prétention ; et pour que son avenir laisse de toutes parts des masses de monuments variés, originaux, hardis, comme ces siècles féconds qui sont venus entre les croisades et la réforme, époques où tous les arts s'unissaient pour élever un édifice, où tous les meubles étaient sculptés, où toutes les murailles étaient peintes, il a encore beaucoup à faire.

Un sculpteur créait alors ce que rabote aujourd'hui un menuisier, ou ce que moule un pétrisseur de pâtes ; un peintre animait ce que badigeonne un maçon ; un ciseleur égayait ce qu'un forgeron polit au marteau et à la lime.

C'était le siècle des artistes, que celui où l'on festonnait une cathédrale comme un tabernacle ; où les chaires et les autels, les stalles et les buffets d'orgues étaient des œuvres d'art ; où les meubles et les portes, les siéges et les tables étaient sculptés ; où l'on ciselait le manche du poignard, la coupe de famille, la poignée du sabre; où la miniature ennoblissait le missel de ses vives couleurs; où la gravure sur bois faisait de la chronique une galerie de tableaux; où la peinture décorait les murailles, les plafonds, les poutres, qui étincelaient d'arabesques, les vitraux des croisées gothiques; où, comme nous venons de le dire, tous les arts étaient tenus d'apporter leur tribut à tout monument.

Ces jours de poésie, étouffés par le polype de la réforme, commençaient à passer déjà au dix-septième siècle, devant le goût des arts dits classiques; et déjà on pouvait entrevoir que nous arriverions à la grande menuiserie de pierre qui nous a dotés des larges aplats du Panthéon. Les planches qui ont composé les meubles de l'Empire en sont la géométrique conséquence. Cependant, comme il y avait encore au dix-septième siècle des amateurs, il restait aussi quelques-uns de ces artistes originaux, qui ne disparaissent tout à fait que quand tout le monde les abandonne.

C'était ainsi un véritable artiste que Henri Verbruggen, le plus habile sculpteur d'Anvers; — joyeux, insouciant, bon viveur, il ne prenait cœur qu'à deux choses, à son art d'abord, et ensuite à ce qu'il appelait ses distractions.

Il s'était marié, comme tant d'artistes se marient, par un besoin de situation nouvelle, par l'horreur de la solitude, par la joie qu'on éprouve à se sentir l'objet de soins attentifs, par l'espoir de trouver un ange dans une femme, au regard candide et modeste, au cœur doux et soumis.

Il avait épousé Marthe Van Meeren. Elle était si timide et si bonne, qu'il avait cru trouver en elle une muse; car il ne voyait que cela.—Mais, positive et simple, la bonne Marthe se montra bientôt, pauvre jeune dame ; ce qu'on appelle si dédaigneusement une femme de ménage. Elle compta la dépense ; elle recula devant les dettes ; elle chercha l'ordre dans sa maison ; — et Verbruggen s'écria que ce n'était pas là une femme d'artiste.

Il y avait quelques années qu'il était marié. Sa femme, — qui eût été l'excellente compagne d'un homme raisonnable, le trésor d'un négociant, — devenue avec lui habituellement triste, lui semblait acariâtre. Elle se plaignait, pour elle qui n'avait pas d'argent, pour sa fille qui manquait de robe, pour son ménage qui était en désarroi. Elle criait un peu — contre son mari qui se dissipait trop sous prétexte de se distraire, — contre ses amis qui l'entraînaient au cabaret, et, — par une bizarrerie plus d'une fois observée, — contre les voisins qui blâmaient son mari. Elle n'était pas heureuse, la pauvre Marthe !

Lui aussi, Verbruggen, se plaignait : il était désenchanté. Un artiste sait-il toujours ce qu'il veut ? Il eût demandé une femme insouciante comme lui ; et une telle femme, vous qui connaissez les exigences du cœur humain, l'eût-elle pu rendre heureux ?

L'état des choses était ainsi, quand les pères jésuites de Louvain, en 1699, connaissant le beau talent de Verbruggen, lui commandèrent une chaire pour leur église. Ces pères comprenaient les arts et savaient les encourager.

L'artiste fut ravi. Il lança librement sa pensée dans l'espace; puis, il imagina, sur le thème qui lui était prescrit, une composition, vaste, immense, admirable, qui devait contenir comme un livre toute l'histoire de la religion chrétienne :

— Je mettrai, dit-il, au-dessous d'un globe qui sera le globe terrestre, Adam et Eve, un moment après la désobéissance funeste qui nous a perdus tous. De ce globe qui est la terre, je ferai la chaire de vérité. La parole évangélique doit remplir le monde. Je la fortifierai, à tous ses angles, des quatre évangélistes. Le ciel la couvrira, supporté à droite par un ange, à gauche par la vérité même; le dattier nous donnera son ombre. Les longs anneaux du serpent fatal iront de l'homme, plus bas que la terre, jusqu'à la Vierge très-sainte; plus haut que le ciel; et Marie, sur le croissant qui lui sert de marche-pied, brisera avec la croix la tête immonde du tentateur. A côté de l'homme, je placerai le chérubin qui étend à regret l'épée flamboyante; près de la femme, jeune et belle, mais moins belle qu'elle eût été avant sa chute, la hideuse mort : ce sera un contraste.

Je veux, ajouta-t-il, que le divin enfant Jésus, debout devant sa mère qu'il tiendra par la main, presse

24.

du pied la gueule du monstre. Je veux que sa mère auguste brille de sa radieuse couronne d'étoiles. Je placerai là des Anges immortels, de brûlants Chérubins, des Séraphins ardents; et le bois seul s'animera sous mes doigts.

L'artiste se mit à l'ouvrage. Il travailla avec feu, mais pourtant sans renoncer à ses plaisirs; et sa femme en gémit d'autant plus, qu'elle entendait davantage les témoignages de l'admiration prodigués à son génie.

Irrité des plaintes de sa femme, Verbruggen, plus malicieux que méchant, résolut de se venger dans son chef-d'œuvre et de perpétuer ainsi sa vengeance. Il avait terminé le corps de sa chaire, dans tout son plan magnifique, n'en supprimant que les évangélistes. Il faisait les escaliers. Il décida, dans sa petite taquinerie, qu'il maltraiterait les femmes. Un artiste de mauvaise humeur en est capable.

Henri Verbruggen crut donc qu'il punirait Marthe, s'il caractérisait la femme par des emblèmes satiriques. — Sur l'escalier qui se trouve à côté d'Ève, qui a péché et qui tient encore la pomme, il mit pour figures un paon, symbole d'orgueil, un écureuil, symbole de légèreté, un coq, symbole de bruit, une guenon, symbole de malice, quatre défauts qui, en vérité, ne connaissaient pas le chemin du cœur de Marthe.

Il fit l'homme avec complaisance; ce fut un chef-d'œuvre; il fit la femme avec dépit; elle est plus roide et moins vivante. Puis, voulant compléter sa leçon, dans les emblèmes dont il ornait l'escalier qui s'élève du côté de l'homme, il plaça d'abord l'aigle, à son avis symbole du génie.

Il en était là de son œuvre, quand les douleurs d'un second enfantement obligèrent Marthe à se mettre au lit. Elle donna le jour à un enfant mort, et rendit elle-même le dernier soupir quelques heures après.

On a dit que les hommes ne connaissent le prix d'une digne femme que lorsqu'ils l'ont perdue ; c'est ce qu'éprouva le sculpteur : il pleura Marthe ; il se souvint seulement de ses excellentes qualités ; il se reprocha les peines qu'il lui avait faites. Il ne se sentit plus le courage de travailler.

Bientôt il reconnut davantage encore tout ce que vaut une bonne femme. Il s'était accoutumé à des soins, à des prévenances. Il trouvait, du vivant de Marthe, une main toujours prête dans tous ses besoins. Il lui fut triste de rentrer dans sa maison déserte, de n'avoir plus personne qui songeât à ses repas, qui apprêtât ses vêtements. Ce que dit plus tard Franklin, il le sentit : C'est qu'un homme seul n'est que la moitié d'une paire de ciseaux.

Au bout de six mois, ses amis, le voyant tout démoralisé, le décidèrent, comme unique remède, à reprendre une femme.

— Tu regrettes Marthe, lui dirent-ils ; mais tu peux encore trouver mieux. Tu n'as que trente-six ans; épouse Cécile Byns. C'est une jeune veuve aimable; et c'est une femme artiste ; car elle est peintre. Elle est, comme toi, d'humeur joyeuse; tu donneras à ta fille une seconde mère, et à toi une compagne agréable.

Verbruggen accueillit ce bon conseil; et il fit la cour à Cécile. Elle ne tarda pas à lui plaire. Mais ce n'était plus le caractère de Marthe. Cécile était de ces femmes coquettes qui rient, mais qui savent vouloir ; de ces femmes qui captivent un homme, qui le soumettent, qui le mènent ; qui lui imposent des chaînes assez pesantes, et qui exigent qu'il bénisse ces chaînes. — Heureuses femmes, car on les sert ! cœurs habiles, car ils ont l'art de dominer.

Et vous le voyez souvent ; qu'une femme dévouée soit toute à ses devoirs, qu'elle se livre avec simplicité aux honnêtes occupations de sa vie, sera-t-elle aussi ferme sur elle-même que la femme qui a du tact, du calcul, et qui dirige avec talent ceux qui s'imaginent qu'ils sont ses maîtres?

Je parle ici de ces ménages mondains, trop nombreux encore, où la religion n'est pas le point d'appui dominant de la famille. Dans les unions chrétiennes, il en doit être autrement.

Cécile avait de l'esprit. Dès qu'elle vit l'artiste conquis, elle prit sur lui de l'empire. — Je vous épouserais, dit-elle ; mais votre nom souffre. On se plaint de l'apathie où vous vivez. Le chef-d'œuvre qui doit sortir de votre ciseau et rendre une femme fière de porter le nom de Verbruggen, n'est pas achevé.

— Dites un mot, répondit-il, et bientôt je l'aurai fini.

Elle se fit conduire dans son atelier. Voyant les emblèmes qu'il avait mis du côté de la femme, elle lui en demanda l'explication. Le sculpteur rougit :

— Quand je fis ce qui vous étonne, dit-il, je ne connaissais pas Cécile Byns.

— C'est fort bien cependant, répliqua la jeune femme. Le coq, vigilance ; l'écureuil, timidité ; la guenon, dépendance ; le paon, noble éclat, mais aussi orgueil humilié. C'est juste. Mais après ces symboles de qualités et de défauts, que peut-être nous n'avons pas seules, comment pensez-vous désigner votre sexe ?...

— J'avais commencé, reprit-il en rougissant de nouveau. Déjà vous voyez l'aigle. C'est peut-être de la superbe.

— Pas le moins du monde ; l'aigle, un oiseau de proie ! c'est la tyrannie brutale. Que prétendez-vous ajouter ?

On ne sait ce que balbutia Verbruggen ; mais Cécile lui dit : — Pour être juste avec les hommes, comme vous avez cru l'être avec nous, vous mettrez auprès de l'aigle, un renard, symbole de la tromperie ; un perroquet, symbole du babil vain ; un singe mangeant du raisin, symbole de la hideuse ivresse ; un geai, symbole de la sotte présomption. Avouez, mon cher Verbruggen, que ces qualités vont aux hommes, comme à nous les défauts de l'autre escalier ; — et quand ce grand ouvrage sera terminé, je me croirai heureuse d'aller à l'autel avec vous.

Le sculpteur était donc soumis. — Il ne répliqua rien. — Il exécuta docilement les prescriptions qui venaient de lui être faites. La chaire, placée dans l'église des Jésuites de Louvain, fut l'objet d'un concours universel de louanges. L'artiste épousa Cécile ; et depuis, ses travaux ne se distinguèrent par aucune insulte aux femmes.

Après l'incompréhensible expulsion des Jésuites, Marie-Thérèse donna le chef-d'œuvre de Henri Verbruggen à l'église de Sainte-Gudule de Bruxelles. Cette magnifique chaire est là ; de grandes et saintes leçons y ont été enseignées. Mais le bois sculpté lui-même est un petit chapitre muet qui semble dire aux hommes : — Si votre femme est trop excessivement douce, n'oubliez pas qu'il y a des cœurs petits, qui ne se sentent forts que devant la faiblesse. Ne soyez pas de ces cœurs petits ; et songez que votre compagne, quoiqu'elle soit trop bonne, n'en est pas moins l'autre moitié de la paire de ciseaux.

L'honnête assemblée rit un peu de la moralité finale. D'autres légendes s'apprêtaient à jaillir, lorsque quelques-uns des convives annonçant l'urgente nécessité d'un prochain départ, il fut convenu que la lutte demeurait suspendue, que tous les conteurs se réuniraient l'année d'après au même lieu, pour achever les joutes de ce paisible tournoi ; qu'on adjugerait alors le prix offert; et en attendant, le bon chanoine de Tours ne voulut interrompre ses plaisirs les plus chers qu'en offrant aux douze narrateurs, en manière d'indemnité et d'encouragement, douze petites bourses de cuir vert qui contenaient chacune douze cents francs. Elles furent acceptées comme elles étaient offertes, avec simplicité et avec joie ; et chacun se promit de faire pour le congrès suivant provision de bonnes chroniques.

FIN.

TABLE.

	Pages.	
INTRODUCTION		1
Une Histoire de Révoltés		5
Messire Olivier van Steeland		12
Henri de Marlagne. (Première légende de l'Évêque Notger)		20
Le Repaire de Chiévremont. (Deuxième légende de l'Évêque Notger)		32
Matthieu Laensberg		43
Le Prince d'un jour		55
Les douze Mendiants d'Enghien		79
Le sire de Beaumont		89
Le Marché aux Cochons		99
Marie-Thérèse à Bruges		107
Le Médecin de Kozma		126
La Vieille de Lokeren		132
La Tour de Cordouan		139
La Légende de Blankenberg		147
La Santé de l'Empereur		156
Les Matinées de Marie de Champagne		168
Une Aventure de Baudouin IX		178
Le Peintre dans l'embarras		195
Un Homme pour un Faucon		205
Le Sacristain de Boussu		215
Le Voleur vexé		226
Les Enfants de la Giroflée		233
— Appendice		284
La Légende de Gilles de Chin et du Dragon		287
Le Tournoi de la Gruthuse		298
Le Bac de l'Escaut		312
La Fille de l'Organiste		323
Le Duel de Richard de Mérode		352
La Chaire de Sainte-Gudule		368

www.ingramcontent.com/pod-product-compliance
Lightning Source LLC
Chambersburg PA
CBHW070438170426

43201CB00010B/1134